합격생 사례로 분석한

서울대로 통하는 학생부종합전형

책 읽는 방법

1. 저자가 2명인 경우, 본문 내에서 인용할 때마다 두 저자의 성을 모두 쓴다.

　　예) 정윤경, 김윤정(2011)

2. 저자가 3명 이상인 경우, 처음에 인용할 때는 모든 저자의 성을 쓰고, 두 번째 인용부터는 다음 예와 같이 한다.

　　예) 처음 인용 시: 송시한, 정낙식, 박진호(2011)

　　　　두 번째 인용 시: 송시한 외 2인(2011)

3. 책명은 『　』로 표시한다.

4. 논문명은 「　」로 표시한다.

5. 기사명은 '　'로 표시한다.

6. 독자의 편의를 위하여 일부 인용문에 번호를 지정하거나 밑줄을 사용한다.

합격생 사례로 분석한

서울대로 통하는 학생부 종합전형

김종률

학생부종합전형은 '생각하는 활동'이며, 그 활동은 '행복'을 꿈꾸게 한다

무더위가 한창 기승을 부리는 7월 말에 이 글이 완성되었다. 이 글은 교사와 학부모, 학생을 위해 그리고 관심 있는 연구자를 위해 학생부종합전형이 무엇인지 또 학생부종합전형에 맞추어 어떻게 학생부를 기록해야 하는지, 좋은 학생부를 만들기 위해 학생들은 어떻게 활동해야 하는지를 사례 분석을 중심으로 밝힌 연구서이다.

학교마다 선생님마다 학생부종합전형에 대한 생각이 조금은 다를 수 있을 것이다. 입학사정관전형과 큰 차이가 없을 것이라는 생각, 학생부종합전형보다 객관적 수치가 명확하게 드러나는 수능이 학생 선발에 더 좋을 것이라는 생각, 학생부종합전형은 선생님들을 과중한 업무에 시달리게 할 것이라는 생각 등이 그러하다.

학부모는 학부모대로 학생부종합전형이 알 수 없는 애매모호한 선발 방법이라는 생각, 선발기준이 아무런 근거 없이 특목고 학생만을 위한 전형이라는 생각, 우리 아이는 내신이 낮아 오로지 수능 공부에만 매달려야 명문대에 진학할 수 있다는 생각, 유명 컨설팅 업체에 의뢰하는 것이 속편하다는 생각을 하는 경우도 있을 것이다.

또 학생들은 내신이 좋지 않아서 수능이 나에게 더 좋을 것이라는 생각, 수능 공부하기에도 힘든데 수행평가는 대충 하면 되지 하는 생각, 학생부에 좋은 말만 써 주기를 바라는 생각을 할 수도 있을 것이다.

이 생각들을 다 잘못이라고 말하기에는 참으로 어렵다. 수능과 논술, 학생부 종합전형이 공존하는 교육 현실에서 누구의 생각은 맞고 또 누구의 생각은 그렇지 않다고 볼 수 없기 때문이다. 하지만, 미래 사회의 인재를 선발하려는 대학의 노력과 학생부종합전형의 취지를 생각하면, 수능에 매몰된 학생들을 보면서 한편으론 안타까움이 가시지 않는다. 단편적인 학습에다 5지선다형 문제풀이만을 반복하면서 깊이 있게 생각하지 않는 학생으로 성장하는 것을 보면 가끔 가슴을 시리게 한다. 어떤 학생은 이런 말을 한다. '선생님 진도가 너무 늦어요. 빨리 책을 끝내 주세요.' 이런 말을 들을 때 참으로 고민이 된다. 어린 학생에게 무엇을 말해줘야 할까.

니콜라스 카의『생각하지 않는 사람들』에서 저자는, 인터넷이 자신을 초고속 데이터처럼 기기 같은 물건으로 바꾸어 놓았다고 하면서 자신의 이전의 뇌를 잃어버린 것이라고 말한다. 수능은 아이들을 문제 푸는 기계로 만든다는 생각을 할 때가 있다. 잠자는 시간만이 아이들의 뇌를 쉬게 할 뿐이다. 우리의 아이들은 얼마나 자신의 행복을 만들어 가고 있을까. 자신의 꿈을 미래 사회로 옮겨 놓을 수 있을까.

어느 날인가부터 학생들이 조금씩 바뀌는 것을 보았다. 수업 시간에 궁금한 것을 묻기도 하고, 연구실로 찾아와 자신의 생각을 밝히기도 한다. 졸거나 자는 학생이 예전에 비해 훨씬 줄고 스스로 대답하거나 의견을 내기도 한다. 전자펜으로 글씨를 써가며 친구들에게 설명하기도 한다. 동아리활동에 교사가 없어도 자신들이 주제를 정하고 독서를 하며 토론도 한다. 몇 년 전에 보지 못한 풍경이 교정을 채우고 있다.

지금은 정보화 사회이지만, 미래 사회는 초연결 사회가 된다. 창의성과 더불어 인간성과 사회성을 고루 갖춘 인재가 필요한 사회가 조만간 우리 눈앞에 펼쳐진다. 대학과 기업은 이런 미래 사회를 내다보고 있다. 대학은 그 사회의 인재를 양성하기 위해 잠재적 인재를 선발하려고 노력한다. 단편적인 지식만을 요구하는 수능이 미래 사회의 인재를 길러낼 수 없음을 알고, 그 대안을 찾기 위해 10여 년 전부터 연구한 결과물이 바로 학생부종합전형이다. 미래 사회의 인재를 선발하기 위한 학생부종합전형은 '생각하는 활동'이며, 그 활동은 '행복'을 꿈꾸게 한다.

이 글을 쓰게 된 직접적인 계기는 서울대 서어서문학과 김경범 교수님과 공동연구자의 연구보고서인 『학교생활기록부 정보의 재구조화』이다. 이 보고서가 없었다면 필자는 여전히 피상적인 상태에서 학생들을 지도하고 있었을 것이다. 교사로서의 부끄러움을 조금이나마 지울 수 있게 해준 김 교수님과 공동연구자들께 감사드린다. 미래 사회를 위해 창의적 인재 선발에 힘쓰시는 권오현 서울대 입학본부장님과 필자가 근무하는 학교를 방문해 학생들에게 꿈을 심어준 진동섭 서울대 입학사정관님께도 감사드린다. 그리고 본교에서 밤늦도록 학생들을 보살펴 주시는 류동춘 교장선생님과 이준설 교감선생님, 학생들에게 열정을 받치고 퇴임하신 윤영동 교장선생님, 강기인 교감선생님, 학생들의 학업능력을 향상시키기 위해 지금도 열의를 보여 주시는 모든 선생님들께도 진심으로 감사드린다.

끝으로 바쁘신 가운데도 세심한 정성을 쏟아 이 책을 펴주신 채륜에도 깊이 감사드린다.

2017년 2월
김종률

▌CONTENTS

학생부종합전형은 '생각하는 활동'이며,
그 활동은 '행복'을 꿈꾸게 한다 5

하나

학 생 부
종합전형
이 란 ?

제1장

학생부
종합전형과
미래 사회

1 희망을 교육하는 학생부종합전형

> 행복은 성공이 아니다. 단지 위대한 나를 실현토록 돕는 경우의 성공만이 행복에 기여한다(Matthew Kelly, 이창식 역, 2015: 115)

몇 해 전, 어느 고등학교의 교실 모습을 매체를 통해 본 적이 있다. 대부분의 학생들이 책상에 엎드려 잠자고 있는 모습이었다. 쉬는 시간이라고 생각했는데, 교사가 혼자서 수업을 하고 있는 것을 보고 무척 놀랄 수밖에 없었다.

인터넷 뉴스에 이런 제목의 기사가 보인다. ''여관'으로 등교하는 학생들, 어쩌면 좋을까요'라는 기사는 우리교육의 황폐화된 단면을 여과 없이 보여준다. 그 기사의 내용 중 일부를 보면 다음과 같다.

수업시간에 엎드려 자는 아이가 여름방학 보충수업 때보다 더 늘어난 것 같다. 무슨 '닭병' 환자도 아니고, 등교하자마자 책상에 엎드려 점심시간 때까지 줄곧 자는 경우도 학급마다 드물지 않다. 대학입시를 앞둔 고등학교 교실이라고는 도저히 믿기지 않을 정도다.

일단 자리에 가서 흔들어 깨운다. 그래도 잠을 못 이기면 찬물로 세수를 하라며 내보내고, 아예 코를 고는 등 수업에 적잖이 방해가 된다 싶으면 교실 뒤로 가서 선 채 수업을 받으라고 벌을 주기도 한다. 그래봐야 교실 뒷면에 설치된 사물함에 기대 꾸벅꾸벅 졸기 일쑤지만, 적어도 다른 아이들에게 방해는 되지 않으니 그나마 만족할 밖에.

어떻든 엎드려 자는 아이들과 씨름하다 50분 수업시간이 어느새 지나 버린다. 그들이 학교에 와서 대놓고 잠자는 이유는 삼척동자도 다 안다(오마이뉴스, 2012.10.10.).

늦은 밤까지 사교육을 받으러 학원에 가거나 과외를 하려고 순례하는 학생들은 새벽이 되어서야 귀가한다. 그리고 다음날 새벽 6시가 되면 지친 몸을 이끌고 다시 학교로 등교한다. 개미 쳇바퀴 돌듯 한다.

사교육 열풍을 잠재우기 위해 등장한 것이 EBS 방송 교재와 연계된 수능 출제이다. '2015년 EBS 수능강의 사업성과 분석 및 개선 방안 연구' 결과에 따르면, 전체 고등학생의 86.6%가 EBS 수능강의 서비스를 이용하고 있으며 EBS 수능 강의로 인해 억제된 사교육비는 연간 1조 800억 원에 이른다. 1997년부터 '위성 교육 방송'과 2004년 '인터넷 수능 서비스', 2010년 'EBS-수능 70% 연계 정책' 시행을 통해 EBS는 각 가정의 사교육비 부담을 완화했으며, 그 효과는 지금도 지속되고 있다(한국일보, 2016.06.19.).

그럼에도 불구하고 교실 수업이 정상화되었다고 보기는 어렵다. 특히, 고3 수업에서 교과서보다 EBS 방송 교재로 5지선다형 문제풀이 위주의 파행적 수업이 이루어지는 것을 볼 수도 있기 때문이다. 교과서에 의한 수업보다 EBS 방송 교재에 따른 수업이 우선되고, 교사의 수업보다 EBS 강사의 인터넷 강의가 더 중요한 교육현장은 결코 바람직한 모습은 아니다. 어떤 신규 교사는 하루 일과를 EBS 인터넷 강의로 시작해서 EBS 인터넷 강의로 끝내는 경우도 있었다. 그래서 현길언의 다음과 같은 말은 시사하는 바 크다.

> EBS 방송과 그 교재가 교실에서 이뤄지는 선생님 수업이나 교과서보다 학생들에게 필요한 교육 기회와 교재가 된다면, 교육 현장인 교실과 그곳에서 학습활동을 주도하는 교사의 존재 이유는 무엇인가? 이러한 수업이 계속된다면, 그리고 응당 그렇게 되는 것이 정상이라고 모두가 인정하게 된다면, 학교 수업은 겨우 내신을 위한 방편으로 추락하게 될 것이고, 교실의 황폐화는 더욱 심화될 것이다. 교실의 황폐화를 극복하지 못한다면, 교육활동은 모래 위에 짓는 집에 불과하다.
>
> 학생들의 과외 부담을 덜어주기 위해 교육방송에서 교과별 수업 방송을

강화했다 하더라도, 그것은 학교 수업을 보완하는 수준에 머물러야 한다. 그 것이 교육방송의 고유한 몫이다. 교실은 교육활동의 중심 공간이다(국민일보, 2011.12.22.).

교사와 학생이 교과서 중심의 학습활동이 이루어지는 교실 공간의 모습은 교육의 본질에 다가설 수 있다. 한국철학사상연구회(2007: 210)에 의하면, 교육의 본질은 자율적인 인간을 형성하는 데에 있다. 특히, **청소년 교육에 있어서 가장 존중되어야 할 것은 자율성이다.** 다른 개인의 자유와 공동체의 질서를 침범하지 않는 범위 내에서 각 개인의 자율성을 존중하는 것이 보장되어야 하고, 그러한 사회를 만드는 것이 교육의 목적이기 때문이다.

교육의 목적을 달성하기 위한 기본적인 공간이 교실이다. 교실이 살아 움직이려면 학생들의 꿈과 끼를 키워주어야 한다. 특히, 학생들 스스로 질문하고 답을 찾으며, 자발적인 발표와 토론을 통해 자존감을 키우는, 그러면서 교사가 자긍심을 가지고 실천적 교육활동을 펼칠 수 있는 공간이어야 한다. 이러한 공간은 교육과정에 기술된 문자로만 이루어지지 않는다. 아무리 교육과정이 정련되어 있다고 하더라도 국가 수준이나 대학 수준의 선발 평가가 뒷받침되어야만 살아있는 교육활동의 공간을 마련할 수 있을 것이다.

최근 매체를 통해 자주 접할 수 있는 학생부종합전형은 수능 중심의 일방적인 강의식 수업이나 성적 지상주의적 경쟁교육에서 벗어나 살아있는 교실을 만들고 있다. 현장교육을 담당하는 일선 고등학교 교사들의 학생부종합전형에 대한 생각을 보면 그러하다.

김상근 덕원여고 교사는 "학생들의 수업태도도 내신강화 학생부기록 중요성으로 인해 현저히 좋아지고 있다. 교사들도 토론수업, 그룹수업 등을 활성화하며 수업방식을 바꾸고 있다. …… 학생부 기재라는 강력한 동기로 인해 이전에는 꿈꾸지도 못했을 고3 영어 수업시간에 그룹수업을 하는 일도 생겼다."라고 고교 교육현장 변화에 대해 자세히 설명했다.

인천 소재 고교의 한 진로진학 교사는 "학종이 교육과정을 정상화한다는데 조금도 이의가 없다. 학생들에게 다양한 체험, 프로젝트수업, 과제연구, 진로맞춤형 동아리, 독서, 봉사 등 전인적인 교육을 통해 미래의 인재를 길러내는 학종"이라고 주장했다.

성태모 능주고 교사는 "학생들의 수업 참여도 높아졌다. 학생들이 다양한 활동을 할 수 있도록 학교에서 준비해주면 자유롭게 참여하는 형태기 때문에 성적순으로 참여 학생을 선별하는 일도 없다. 학교가 해야 할 일은 학생들이 마음껏 활동할 수 있도록 선택의 폭을 넓혀주는 데 있다. 학종이 가지는 의의 중 하나는 진로에 대한 고민이 선행되는 전형이란 점이다. 단순히 교과/비교과, 스펙 쌓기를 하는 것이 아니라 학종이 정착되는 과정에서 진로탐색을 훨씬 더 심도 깊게 하다 보니 비교과가 자연스럽게 늘어난다."라고 말했다.

김성길 연수여고 교사는 "인천은 학종으로 학교가 활기를 띄고 있는 지역이다. 학종은 학교 수업의 변화를 가져왔다."라고 설명했다.

안연근 교사는 "10년 전 연극 동아리 지도를 맡았던 때에는 수능 공부에 방해된다고 학부모들이 강력히 반발했지만 지금은 학부모들이 다양한 동아리 활동을 반기고 있다"고 말했다. 교사들은 "학종이 확대되면서 많은 학교에서 발표·토론 등 학생 중심 수업이 늘고 동아리가 활성화되는 등 긍정적 변화가 일어나고 있다"고 입을 모은다(중앙일보, 2016.06.15.).

이와 같이 학생부종합전형은 학교 수업의 변화뿐만 아니라 학교활동이 활성화되는 긍정적 변화를 가져온다. 특히, 학생부종합전형에 대한 교사들의 인식은 매우 인상적이라고 할 수 있다. 〈표 1〉을 통해서 보도록 하자(중앙일보, 2016.06.15.).

<표 1> 학생부종합전형에 대한 교사들의 인식

설문 내용 \ 대답	그렇다	보통	아니다
① 학종은 공교육 정상화에 기여했다고 생각한다	76.6%	11.7%	11.7%
② 학종 실시 이후 교육과정이 다양해졌다	61.3%	26.0%	12.7%
③ 학종 실시 이후 수업 및 학교활동에 학생들이 더 활발하게 참여하게 되었다.	75.3%	16.4%	8.3%
④ 단위 학교의 교육과정과 진로·진학 프로그램의 질에 따라 학생의 입시 결과가 바뀔 수 있다	85.5%	9.3%	5.2%
⑤ 학종 실시 이후 진학 결과가 향상됐다	54.0%	32.0%	14.0%
⑥ 교사의 열정에 따라 학생의 입시 결과가 바뀔 수 있다	88.1%	8.5%	3.4%

학생부종합전형이 공교육 정상화에 기여했다고 생각(①)하는 교사는 76.6%이며,✔ 학생부종합전형 실시 이후 교육과정이 다양해졌다(②)에 그렇다고 답한 경우는 61.3%, 수업 및 학교활동에 학생들이 더 활발하게 참여하게 되었다(③)에 그렇다고 답한 경우는 75.3%, 단위 학교의 교육과정과 진로·진학 프로그램의 질에 따라 학생의 입시 결과가 바뀔 수 있다(④)에 그렇다고 답한 경우는 85.5%이다. 그리고 학생부종합전형 실시 이후 진학 결과가 향상됐다(⑤)에 그렇다고 답한 경우는 54.0%, 교사의 열정에 따라 학생의 입시 결과가 바뀔 수 있다(⑥)에 그렇다고 답한 경우는 88.1%이다.

학생부종합전형에 대한 이러한 인식은 5지선다형 문제풀이 중심의 수능에 매몰되어 가는 학생들을 활동 중심의 장으로 이끌기 위한 교사들의 갈망을 보여주는 것이다. 특히 쪽집게 과외, 비법 강의, 수능의 신, 찍신과 같은 용어가 남발하는 사교육 현장에서 점수에 함몰되어 가는 교육, 그러면서 황폐해진 현장교육을 살리기 위한 절실한 희망을 찾는 것

✔ 대입 관련 공교육기관으로 사교육기관보다 뛰어난 공력을 자랑해온 서울교육연구정보원(서교연)이 관내 일반고/자공고 소속 학년부장, 기획/진로부장 등 419명을 대상으로 학생부종합전형(학종) 관련 설문조사를 실시한 결과 '학종이 학생 선발에 적합한 전형인가'에 대해 긍정적이라고 답한 교사가 73%에 달했다(베리타스알파, 2016.05.17.). 이렇게 보면, 학생부종합전형에 대한 교사들의 인식은 10명 중 7명이 긍정적 시각을 가지고 있는 것으로 볼 수 있다.

이다. 그러한 희망은 어쩌면 행복한 학교 만들기일지도 모른다. 서울대 권오현 입학본부장이 말하는 학생부종합전형이 꿈꾸는 미래는 교육자라면 한 번쯤 가슴에 되새겨볼 만하다.

학생부종합전형은 학업역량이 뛰어난 순서가 아니라 행복한 순서로 학생을 뽑으면 어떨까 하는 상상을 해본다. 학업역량으로 대변되는 사회적 가치는 타인이 평가하는 것으로서 장차 우리 사회에 유익한 역할을 하리라는 기대를 담고 있는 반면, 행복은 본인 스스로 느끼는 것으로서 현재의 상태나 미래의 기대에 대한 나름의 만족감을 나타낸다. 대학입시는 엄격한 사회적 기준을 토대로 진행되어야 하기 때문에, 행복과 같은 내적 즐거움이 평가요소가 될 수 없음은 너무나 자명하다. 그러나 교육의 본질이 학업역량을 갖추면서 행복한 사람이 되도록 이끄는 데 있다고 한다면, 학생부종합전형도 행복이라는 기준을 한 번쯤 생각해 보아야 한다. 문/이과 통합형 교육과정이 경쟁적 지식 위주 수업에서 벗어나 행복을 체험하는 교육으로의 패러다임 전환을 강조하는 것도 같은 맥락이다. ……

이참에 성취평가제와 학생부종합전형의 궁합을 통해 학교에서의 '자존심 교육'이 '자존감 교육'으로 바뀌는 계기가 마련되면 참으로 좋겠다. 자존심 교육이 남과의 경쟁을 통해 상대적으로 유리한 위치를 확보하도록 재촉하는 반면에, 자존감 교육은 남을 의식하기보다는 자신의 세계를 차분하게 만들어가도록 유도한다. 자존심이 타인과의 상대적 위치의 확인을 통해서만 만족을 느끼는 '티'에 가깝다면, 자존감은 자기존중과 계발에 충실하게 하는 '끼'라 할 수 있다. 이러한 '끼'를 지닌 학생은 옆으로 곁 눈길을 보내는 대신에 내부에 자리 잡은 근성과 열정 속에서 자신만의 굵은 심지를 다져갈 것이다. 학생부종합전형의 정착을 통해 학생들이 '가장 자기다운 모습'을 만들어 가는 분위기가 학교에 더욱 무르익어 갔으면 좋겠다. 그러면 학생부종합전형이 행복한 사람을 뽑는 날에 대한 상상이 현실이 될 수도 있지 않을까(베리타스알파, 2015.04.09.).

2 학생부종합전형이 지향하는 인재

> 대학이 학생들에게 진정으로 원하는 것은, 졸업 후에 학교의 이름을 빛내주는 것입니다. 대학이 진정으로 찾는 인재들은, 대학의 명성을 보고 찾아온 사람이 아니라, 그 사람 때문에 대학의 명성이 빛날 수 있는 그런 사람입니다. …… KAIST의 서남표 총장이 대학혁신을 위해 뽑고자 했던 학생들은 이러한 학생들입니다. 포항공대의 백성기 총장이 뽑고자 하는 사람도 그러한 사람입니다. 서울대도 다르지 않습니다(하영목, 2009: 114).

서울대는 아시아의 관문으로서 세계를 선도하는 고등교육기관으로서의 비전을 설정하고 있다. 서울대는 2012년 QS 세계대학평가에서 37위를 기록하며, 한국의 고등교육을 견인하는 세계적인 대학으로서의 발전가능성을 보여주었다. 서울대는 확대된 자율성을 토대로 교육과 연구 역량을 세계적인 수준으로 높여나갈 수 있는 발전의 기틀을 마련하였다. 이를 토대로 한걸음씩 나아가면서 대학의 본질적 목표를 달성하고, 새로운 시대정신을 뒷받침할 학문적 가치 창조의 중심축으로서 고등교육과 국가 발전에 기여하고자 한다(한국대학교육협의회, 2013: 41-42). 서울대는 이를 '세계를 선도하는 창의적 지식 공동체'라고 한다.

서울대는 이러한 가치를 지향하는 인재를 선발하고 싶어 한다. 그런데 고등학생은 완성된 인재가 아니다. 학생들은 언제나 발전가능성과 성장잠재력을 지니고 있을 뿐이다. 그래서 교육환경에 변화를 주면 얼마든지 성장 가능한 인재, 그것이 학생이다. 서울대는 바로 이러한 잠재적 인재를 선발하려는 것이다. 서울대가 지향하는 잠재적 인재의 모습은 이러하다.

① 학교 교육과정을 성실히 이수하고 학업능력이 우수한 학생

② 학교생활에서 적극적이고 진취적인 태도를 보인 학생

③ 글로벌 리더로 성장할 수 있는 자질을 지닌 학생

④ 다양한 교육적, 사회적, 문화적 배경과 경험을 지닌 학생

⑤ 사회적 약자에 대한 배려심과 공동체의식을 가진 학생

　　서울대는 우수한 학업능력과 적극적인 학업태도를 지닌 학생을 선발하고자 한다. '글로벌 리더'나 '진취성'이란 단어가 다소 거창하여 구체적인 개념이 쉽게 떠오르지 않을 수 있다. 고등학생들에게는 멀리 있는 목표이기도 하다. 서울대는 이러한 모습으로 완성된 인재를 선발하려는 것이 아니라, 장차 훌륭한 인재로 성장할 가능성을 지닌 학생들을 선발하려는 것이다. 그 가능성은 단순히 수능 몇 점 또는 내신 몇 점의 점수만으로 파악하기 어렵다. 학생부종합전형에서는 서울대에 지원한 학생들을 정량화된 수치로 판단하는 것이 아니라, 하나의 인격체로 파악한다(서울대학교 입학본부, 2016b: 4).

　　성균관대가 지향하는 인재도 서울대와 유사하다. 성균핵심역량은 인성을 가치로 하며, 소통역량, 인문역량, 학문역량, 글로벌역량, 창의역량, 리더역량의 유기적 구성을 이루고 있다. 이러한 핵심역량과 관련하여 성균관대가 원하는 인재는 아래와 같다.

ⓐ 고교 교육과정을 충실히 이수하고 학업능력을 지녀야 한다.

ⓑ 성숙한 인성과 건전한 가치관을 지니고 타인을 이해하며 소통할 수 있어야 한다.

ⓒ 새롭고 다양한 관점으로 문제를 바라보고, 적극적으로 해결하려는 태도를 지녀야 한다.

ⓓ '글로벌 창의 리더'로서 성장할 수 있는 잠재력을 지녀야 한다(성균관대학교 입학처, 2016: 8).

'고교 교육과정을 충실히 이수하고 학업능력을 지녀야 한다.'(ⓐ)는 서울대의 인재상인 '학교 교육과정을 성실히 이수하고 학업능력이 우수한 학생'(①)과 동일하다. '성숙한 인성과 건전한 가치관을 지니고 타인을 이해하며 소통할 수 있어야 한다.'(ⓑ)는 서울대의 인재상인 '사회적 약자에 대한 배려심과 공동체의식을 가진 학생'(⑤)과 유사하다. '새롭고 다양한 관점으로 문제를 바라보고, 적극적으로 해결하려는 태도를 지녀야 한다.'(ⓒ)는 서울대의 인재상인 '학교생활에서 적극적이고 진취적인 태도를 보인 학생'(②) 및 '다양한 교육적, 사회적, 문화적 배경과 경험을 지닌 학생'(④)과 무관하지 않다. 그리고 ''글로벌 창의 리더'로서 성장할 수 있는 잠재력을 지녀야 한다.'(ⓓ)는 서울대의 인재상인 '글로벌 리더로 성장할 수 있는 자질을 지닌 학생'(③)과 동일하다고 볼 수 있다.

만약 학생들이, 대학이 원하는 인재로 성장하고 싶다면 자신을 되돌아보아야 한다. 먼저, '나는 왜 대학에 가고, 왜 공부를 하는가?'에 대한 진솔한 답을 구해야 한다. 더 나은 직장을 갖기 위해서? 혹은 막연히 성공하기 위해서? 만약 이런 답변이 머릿속을 맴돈다면 아직도 'better'와 'best'를 외치는 구시대의 패러다임에 갇혀 있는 것이다. 비교대상을 갖는 패러다임을 자신을 미래로부터 단절시킬 뿐이다. 대동소이한 지식의 축적은 아무리 총합이 크다고 하더라도 미래가 요구하는 인재의 역량이 아니다. 미래는 비교 가능한 인재가 아니라 대체 불가능한 역량을 가진 인재를 요구한다(서강대학교 입학처, 2016: 3).

다음으로, 지금 자신이 얼마나 학교수업에 충실히 임하고 있는지 되돌아보아야 한다. 학교 수업시간에 궁금한 것을 질문하고 있는지, 아니면 교사의 질문에 얼마나 대답하고 있는지, 수업 중 호기심이 생긴 내용을 독서를 통해 해결하였는지, 주어진 과제를 해결하기 위해 얼마나 노력하고 있는지 성찰해 보아야 한다. 이는 자기주도적인 학업능력을 성장시키는 계기가 될 것이다. 뿐만 아니라 진로활동을 통해 자신의 꿈이 무엇이고, 그 꿈을 실현시키기 위해 어떻게 해야 할지 깊이 고민해 보아야 한다. 그 고민 속에서 사회적 자아를 형성시켜야 한다.

마지막으로, 학교생활 중 자율활동이나 동아리활동 및 봉사활동 등을 하면서 얼마나 적극적인 모습을 드러내고 있는지, 그 활동이 자신에게 어떤 의미가 있는지, 그리고 자신에게 어떤 영향을 끼쳤는지 생각해 보아야 한다. 그 생각 속에서 이타적 정체성을 추구해야 한다.

하루를 시작하기 전 '오늘 나는 어떤 일로 사람들에게 공헌할 것인가'를 생각하고 하루를 마치며 '오늘 나는 사람들의 어떤 필요를 채워 주었는가'를 자문해보라. 이런 습관이 반복되면 저절로 당신은 이타적 사고를 지니게 될 것이고 당신의 의견에 다른 사람들이 동조하게 될 것이다(이동연, 2007: 242). 만약 학생 자신의 견해에 다른 학생들의 동조가 이루어진다면, 충분히 리더의 자질을 키울 수 있을 것이다.

서울대 권오현 입학본부장은 다음과 같이 말한다.

> 미래 한국이 찾는 인재는 해당 분야의 전문성뿐 아니라 우리 사회가 요구하는 가치관을 실현할 수 있는 따뜻한 리더십으로 무장한 사람이다. 그러한 사람은 환경적 어려움을 이겨내며 다양한 경험을 성장 동력으로 내면화하고 있는 청소년들에게서 만들어질 가능성이 크다(베리타스알파, 2016.01.03.).

이러한 시각은 비단 서울대만이 아니다. 대부분의 대학이 청소년들에게 만들어질 가능성을 염두에 두고 인재상을 내세우는 것으로 보아야 할 것이다.

3 미래로 나아가는 학생부종합전형

> 미래의 인재가 되길 원한다면 '흥미'를 단순히 개인적인 취미나 기호로 치부한다거나 가볍게 생각해서는 안 된다. …… 미래학자 엘빈 토플러는 "재미가 부를 낳는다."고 말했다(정순원, 2008: 206).

농경사회에서 최고의 인재는 신체 건강한 남자였을 것이다. 그래서 아들을 선호했고, 남자들은 대우받았다. 산업화 사회가 되자 기계를 사용할 수 있는 꼼꼼하고 이해력 좋은 사람들이 인정을 받았다. 그래서 사람들은 교육을 받았고, 각종 매뉴얼을 이용할 수 있는 기본적인 지식과 언어를 습득해야 했다. 정보화 사회가 되자 전문적 지식이 중요해졌다. 아무도 모르는 나만이 알고 있는 전문성이 생존의 관건이 되었다. 그래서 사람들은 자격증과 전문직에 매진하고 있다(윤수정, 2010: 142).

산업화 사회에 대학을 졸업하고 정보화 사회에 살고 있는 우리는 여전히 전문직만이 살 길이라고 생각한다. 정보화 사회가 현재 진행형이기 때문이다. 그래서 학부모들 중에는 자녀들의 적성을 고려하지 않고 정량화된 성적을 내세워 의사나 한의사, 아니면 법조인이 되기를 희망하는지도 모른다. 그러나 우리의 자녀들이 살아갈 미래 사회는 어떻게 변화할까?

미래 사회는 지금의 정보화 사회를 넘어 인터넷과 통신기술의 발달에 따라 네트워크로 사람과 기기가 연결되는 초연결 사회hyper-connected society가 될 것이다. 이러한 사회에서 인공지능AI, 사물인터넷IoT, 클라우드 컴퓨팅Cloud Computing은 자연스러운 용어가 될 수도 있다. 특히, 인공지능 알파고와 이세돌 9단의 바둑 대결은 미래 기술과 현실을 접목한 것이지만, 30년 후의 모습을 예측 가능하게 한다. 『2045 미래사회@인터넷』에 실린 '2045년, 은서네 가족의 하루'는 미래의 모습을 상상한 것이다.

"아빠, 오늘 증조할아버지 댁에 가는 거 잊지 않으셨죠?"

가족들이 둘러앉은 아침 식탁에서 5살짜리 동생 민서가 들뜬 표정으로 묻는다.

"어, 아침에 일어날 때 스마트 스케줄러가 알려줘서 기억하고 있지."

아빠가 젓가락으로 불고기 한 점을 집어 입에 넣으며 말한다. 소의 줄기세포를 배양해 만든 인공고기다.

"고기만 먹지 말고 채소도 좀 먹어요~ 우리 집 주방에서 키운 상추라서 싱싱하고 맛있어요."

"아, 채소는 싫어~ 그냥 캡슐로 먹을래."

고기를 좋아하는 아빠의 편식은 우리 집에서 유명하다. 엄마는 요즘 아빠를 위해 실내에서 수경재배가 가능한 작물재배기를 주방에 들여놓고 직접 채소를 키우신다.

"엄마, 저 늦어서 먼저 갈게요~"

이층에서 우리 집의 요주의 인물, 준서 오빠가 내려오며 말한다. 공부도 안 하면서 밤마다 뭘 하는지 매일같이 늦잠이다. 알람이 울리면 방안이 서서히 밝아지면서 금세 대낮같이 환해지는데, 어떻게 그렇게 계속 잘 수 있는지, 대단히 무딘 감각의 소유자다. 엄마는 30년 전이나 지금이나 중2병에는 치료약이 없다고 말씀하시곤 한다.

준서 오빠는 밥도 안 먹고 근처 수직농장에서 키운 사과 하나만 집어든 채 밖으로 나간다. 오늘도 분명 요란하게 튜닝한 개인용 전동 이동수단을 타고 학교에 갈 것이 뻔하다. 요즘 청소년들 사이에서는 누가 더 성능 좋고 개성 있게 튜닝한 개인용 전동 이동수단을 타고 다니는지가 제일 뜨거운 관심사 중 하나다. 개인용 전동 이동수단을 튜닝하는 데 필요한 정보와 영상 콘텐츠를 만들어 공유하는 사람의 인기는 아이돌 못지않다.

달리기만 하면 자동충전 되는 도로, 목적지만 입력하면 학교까지 데려다주는 이동수단 덕분에 운전면허가 없어도 청소년들이 개인용 이동수단으로 통학할 수 있도록 하고 있지만, 교통질서가 문란해지지 않을까 우려한 경찰이 학교 근처에서 불법 개조에 대한 단속을 벌이기도 할 정도다.

아침을 먹고 나서 방으로 돌아온 나도 학교 갈 준비를 서두른다.

"오늘 수학수업 있지? 스마트 안경은 챙겼어?"

"그럼~ 당연하지! 수학이 제일 좋아하는 과목인데…"

내 이름은 김은서. 초등학교 4학년이다. 내가 제일 좋아하는 과목은 수학과 미술. 수학은 스마트 안경만 쓰면 풀이과정을 다 볼 수 있다. 단순한 계산보다 수학의 원리를 배우는 데 초점이 맞춰져 있어서 재미있다. 미술은 그야말로 나의 상상력을 마음껏 펼쳐볼 수 있는 과목이다. 친구들과 함께 다양한 창작활동을 하는 것은 언제나 즐겁다. 수학이든 과학이든 음악이든 마음만 먹으면 집에서도 스마트 기기로 무엇이든 배울 수 있지만, 학교에 오면 창의성과 사회성을 키울 수 있어서 학교교육은 여전히 우리 삶에 중요한 역할을 한다.

학교 수업이 끝나고 오후가 되자, 가족들은 런던 근교에 사시는 증조할아버지 댁을 방문하기 위해 짐을 꾸렸다. 내일로 112번째 생신을 맞는 증조할아버지를 위해 준비한 선물을 챙긴 가족들은 시속 6,000km로 달리는 진공관 열차를 타고 2시간 만에 런던에 도착했다. 진공관 열차는 진공 튜브관 내부를 따라 이동하는 고속열차로 지구촌 어디든 당일여행을 가능하게 해주는 획기적이고 친환경적인 교통수단이다. 요금도 기존 고속철도의 10분의 1밖에 되지 않아 우리 가족도 주말이나 휴일이면 종종 진공관 열차를 타고 세계여행을 떠나곤 한다.

런던에 도착한 후에는 증조할아버지가 런던역으로 보내주신 자율주행 자동차를 타고 할아버지 댁으로 향했다. 자율주행 자동차는 자동차가 알아서 목적지까지 안내하기 때문에 길을 몰라도 걱정할 필요가 없다. 3층으로 구성된 전용도로를 따라 할아버지 댁까지 가는 데는 불과 10분도 채 걸리지 않았다. 그사이 가족들은 홀로그램을 이용해 증조할아버지와 영상통화를 하다 보니 어느새 목적지에 도착했다.

"아이고~ 우리 강아지들 왔구나~"

우리를 반갑게 맞아주시는 증조할아버지는 5년 전부터 런던 근교의 제로에너지 타운에 살고 계신다. 옛날 분이라 영어를 잘 못하시지만 실시간 번역기가 내장된 디스플레이 덕분에 의사소통에는 아무런 문제가 없다고 하신다. 젊은 시절, 할머니를 암으로 일찍 떠나보낸 증조할아버지는 76세까지 직장을 다니시다가 은퇴한 후 세계여행을 다니셨다. 그러다가 여행에서 만난 친구들과 이곳에서 직접 농사도 짓고 취미생활을 즐기며 즐겁게 살고 계신다.

한때 신장이 좋지 않아 신장 이식수술을 받은 것을 제외하면 건강에도 큰 이상이 없으시다. 할아버지가 이식받은 신장은 줄기세포를 이용해 체세포 복제 방식으로 만들어진 장기이다. 요즘은 신소재를 이용해 정교한 3D 프린터를 통해 혈관과 같은 미세 조직을 갖춘 인공장기가 생산되고 있어 암을 비롯한 난치병 환자들도 치료만 잘 받으면 장수할 수 있는 길이 열려 있다. 덕분에 평균수명이 120세를 넘은 지 오래다.

건강한 증조할아버지를 뵐 때마다 아빠는 "할머니도 조금만 더 오래 살아계셨더라면, 암을 치료할 수 있었을 텐데…" 하며 늘 아쉬워하신다.

증조할아버지는 한 달에 한 번씩 3D 디스플레이 벽과 홀로그램 기술을 통해 병원에 가지 않고 집에서 원격진료를 받으신다. 그리고 매일 아침, 변기에 장착된 진단기기를 통해 소변의 상태를 체크하면서 신장 기능과 당뇨를 관리하신다. 부모님은 아무리 친구들이 이웃에 살고 있다고 하지만, 그래도 가사

도우미 로봇과 단둘이 사는 할아버지의 건강이 걱정되시나보다. 그래서 올해 할아버지를 위한 생신 선물로 자동치료머신을 준비했다. 자동치료머신은 아직 고가이긴 하지만 병이나 상처를 치료하거나 복원할 수 있어 요즘 집집마다 하나쯤 가지고 있는 생활필수품이다.

모처럼 한 자리에 모인 가족들은 가상현실, 증강현실 기술과 3D 디스플레이를 통해 재미있는 입체영화를 함께 관람하고 서라운드 입체 음향을 반주 삼아 노래도 부르며 즐거운 시간을 보냈다. 또 가족들과 함께 거실에서 가상현실 기술을 바탕으로 서바이벌 게임도 즐겼다.

그렇게 즐거운 1박2일을 보내고 떠날 시간이 다가오자 증조할아버지께서 우리에게 작은 선물을 하나씩 건네주셨다. 궁금한 마음에 뜯어보니 너무 귀여운 강아지 로봇이었다. 비염 때문에 부모님이 강아지를 사주시지 않아 속상했는데, 내 기분까지 읽을 줄 아는 애완봇 덕분에 하루하루가 더 즐거워질 것 같다 (2045 인터넷@인간·사회 연구회, 2016: 20-25).

이러한 은서네 가족의 하루 생활 속에는 미래 사회의 전망이 고스란히 담겨 있다. 2045 인터넷@인간·사회 연구회(2016)에 의하면, 미래 사회는 '더 빠르고, 더 멀리, 더 편안하게' 발전한 교통, 평균 수명 120세 시대, 창문, 도어, 가구까지 연결되는 차세대 지능형 홈네트워크, 창의성, 인간성, 사회성이 강조되는 교육, 소비자와 생산자의 경계가 없는 프로슈머 경제시대, 가상과 현실이 혼재된 Mixed Reality 세상, 친환경 에너지 이용과 우주자원개발 시대가 도래할 것이라고 한다. 그리고 세상을 바꾸는 창의, 누구에게나 열린 평등사회, 모든 것을 잇는 공유, 행복한 삶이 보장되는 안전, 배려하는 자유와 책임이 미래를 여는 5가지 열쇠라고 한다.

미래 사회의 전망과 미래를 여는 5가지 열쇠 중, 교육적 관점에서 관심이 가는 것은 창의성, 인간성, 사회성이 강조되는 교육, 세상을 바꾸는 창의, 그리고 배려하는 자유와 책임이다. 이는 대학이 지향하는 인재상과 맞닿아 있는 것이기도 하다. 글로벌 창의 리더, 새롭고 다양한 관점의 문제해결 태도, 적극적이고 진취적인 태도, 성숙한 인성과 건전한 가치관, 사회적 약자에 대한 배려심과 공동체의식 등과 연관되어 있다. 특히, 이러한 관련성 아래 우수한 학업능력을 지닌 학생은 미래 사회의 잠재적 인재라고 보아야 할 것이다.

그러나 문제는 대학이 잠재적 인재라고 말할 수 있는 학생을 어떻게 선발하여 미래 사회를 맞이할 것인가에 있다. 미래 사회가 초연결 사회라고 한다면, 선다형 문제풀이만을 잘하는 학생을 미래 사회의 잠재적 인재라고 규정하기는 어려울 것이다. 대학은 몇 가지 전형을 열어 두고 학업능력과 활동능력 그리고 인성 등에 대한 학생들의 가능성과 자질을 검토해야 한다.

학생들의 가능성과 자질은 사람들의 얼굴만큼이나 다양하다. 따라서 하나의 정형화된 공식과 기계적인 수치는 학생의 다양한 능력을 모두 보여주지 못한다. 학생이 속한 환경과 학업 동기, 학업에 대한 의지, 열정, 노력과 같은 요소들도 반영할 수 없다. 이러한 문제를 보완하기 위하여 도입한 종합적인 평가 제도가 바로 학생부종합전형이다. 학생부종합전형은 수치로 계산된 성적만을 반영하지 않고, 지원자가 제출한 서류를 바탕으로 학업능력뿐만 아니라 학업에 대한 노력, 의지, 열정, 적극성, 도전 정신, 발전 가능성 등을 종합적으로 평가하는 방식이다(서울대학교 입학본부, 2016b: 6). 이러한 평가 방식은 미래 사회의 창의성, 인간성, 사회성이 강조되는 교육에 대한 준비 과정으로 충분하며, 세상을 바꾸는 창의 그리고 배려하는 자유와 책임을 갖는 인재 양성의 토대가 될 것이다.

그동안 이루어져왔던 정형화된 공식과 기계적인 수치에 의한 정량적 평가 방식은 선발의 편의성을 제공한 것은 사실이나, 그 편의성보다 더 중요한 것은 미래 사회를 준비하기 위한 올바른 인식과 노력이 선행되어야 한다는 점이다. 점수 위주의 선발 방식이 "창의적 인재를 필요로 하는 대학과 사회의 요구에 부응하는 적절한 방식"(서울대학교 입학본부, 2016b: 6)이 될 수는 없을 것이다.✔ 또한 도덕성과 윤리의식을 갖춘 미래 사회의 인재를 양성하기에도 부족할 것이다. 신문에 보도된 여대생 막말이나 의대생 성폭행과 같은 사건은 대학생들의 비도덕적 행위를 잘 말해준다.

물론 이러한 기사 내용은 일부 대학생에 의해 빚어진 사건이지만, 이는 성적 지상주의가 낳은 결과물일 수도 있다. '너는 공부만 열심히 하면 돼'라든가 '과정이야 어떻든 성적만 좋으면 돼'라든가 '무조건 일등만 살아남는 거야'라는 기성세대의 그릇된 가치관의 주입과 맞물린 정량적 평가 방식의 전형이 빚어낸 소산물일 것이다.

이러한 문제를 해결하기 위해서 기계적 수치에 의한 정량적 평가 방식에서 벗어나 수업 및 활동 결과와 과정에 의한 창의성, 인간성, 사회성 등을 종합하여 정성적 평가가 이루어지는 학생부종합전형은 미래 사회가 요구하는 인재 양성의 토대가 될 것이다.

✔ 문제풀이 수능위주의 정시에서는 기계적인 점수 순 선발에 매몰돼 다양한 학생선발이 불가능하지만, 학종은 학생의 학업능력부터 발전가능성 등 잠재력, 인성, 적성, 학습방식, 학습결과 등 다양한 적성과 소질을 평가대상으로 하기 때문에 선발의 결과 역시 다양성을 지니게 된다. 정시가 수능이라는 단일요소로 치러지기 때문에 대입에 실패한 학생들과 소위 '늦게 철든' 학생들을 대상으로 패자부활전으로 기능한다는 점은 긍정적인 부분이나, 그간의 정시 선발결과 사회가 요구하는 인재상을 길러내는 데 적합한 전형인지에 대한 의문점이 끊임없이 제기돼 왔으며, 이미 선발된 학생들의 추수지도/종단연구 등을 통해 정시 선발학생이 상대적으로 타 전형에 비해 우수성을 지녔다고 보기 어렵다는 점이 드러난 상태다. 학종이 고교 현장뿐만 아니라 선발주체인 대학에서도 긍정적인 평가를 받는 이유다(베리타스알파, 2016.05.17.).

제2장

서류평가 기준과
학생부
정보 분류

1 서류평가 기준

> 세계적인 기업에서는 창의적 인재의 가치를 더 높이 인정한다. 잭 웰치 전 GE 회장은 "창의적인 아이디어를 낸 사람은 영웅이나 스타로 대접해줘야 한다."고 말했다. 구글의 앨런 유스타스 수석부사장도 "최고 인재의 가치는 평균적 인력의 300배"라면서 직원들의 독자적 창의력을 키워주는 것이 구글의 비전임을 강조한다(조관일, 2009: 118).

서울대 학생부종합전형의 1단계는 서류평가로 학생이 제출한 학생부, 자기소개서, 교사추천서 등을 종합적으로 평가한다. 서류별 반영 비율이 별도로 정해져 있지 않으며, 학생부의 특정 영역만을 평가하는 것도 아니다. 학생부 영역의 수상경력, 창의적 체험활동, 교과 성취도, 세부능력 및 특기사항, 독서활동상황, 행동특성 및 종합의견 등 거의 모든 영역에 기록된 내용을 평가 대상으로 삼는다. 그 대상에 대한 서울대의 평가기준은 학업능력, 학업태도, 학업 외 소양이다. 이 평가기준은 〈그림 1〉과 같다(서울대학교 입학본부, 2016b: 8).

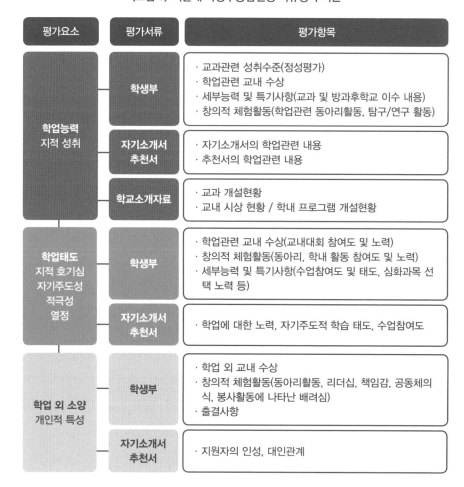

〈그림 1〉 서울대 학생부종합전형 서류평가 기준

평가요소	평가서류	평가항목
학업능력 지적 성취	학생부	· 교과관련 성취수준(정성평가) · 학업관련 교내 수상 · 세부능력 및 특기사항(교과 및 방과후학교 이수 내용) · 창의적 체험활동(학업관련 동아리활동, 탐구/연구 활동)
	자기소개서 추천서	· 자기소개서의 학업관련 내용 · 추천서의 학업관련 내용
	학교소개자료	· 교과 개설현황 · 교내 시상 현황 / 학내 프로그램 개설현황
학업태도 지적 호기심 자기주도성 적극성 열정	학생부	· 학업관련 교내 수상(교내대회 참여도 및 노력) · 창의적 체험활동(동아리, 학내 활동 참여도 및 노력) · 세부능력 및 특기사항(수업참여도 및 태도, 심화과목 선택 노력 등)
	자기소개서 추천서	· 학업에 대한 노력, 자기주도적 학습 태도, 수업참여도
학업 외 소양 개인적 특성	학생부	· 학업 외 교내 수상 · 창의적 체험활동(동아리활동, 리더십, 책임감, 공동체의식, 봉사활동에 나타난 배려심) · 출결사항
	자기소개서 추천서	· 지원자의 인성, 대인관계

학업능력에서는 지적 성취로서 교과학습능력, 지식의 누적, 지식의 양과 확장을 중심으로 평가한다. 학생부 영역의 학업 관련 교내 수상, 교과 관련 교과 성취도(정성평가),✔ 세부능력 및 특기사항(방과 후 수업 포함), 창의적 체험활동(학업 관련 자율활동, 동아리활동, 진로활동, 탐구/연구 활동), 독서활동 등을 통해서 학업능력을 평가한다. 방과후학교 이수 내용의 경우는 이수 자체를 평가하는 것이 아니라 이수하기까지의 학생 개인의 활동 내용을 본다. 자기소개서와 교사추천서에서도 학업 관련 내용을 학생부와 연계하여 평가하며, 학교 소개 자료의 교

과 개설현황, 교내 시상 현황, 학내 프로그램 개설현황 등을 참고자료로 활용한다.

학생부종합전형에서 가장 중요하게 고려되는 평가기준이 학업능력이다. 서울대가 말하는 진정한 학업능력은 자기주도적 참여 학습에 의한 교과학습의 확장과 심화 과정을 통해 만들어지며, 단순 암기에 의한 정답 찾기와는 질적으로 구별된다. 인간이 (이차)함수를 왜 만들었는지, 어떤 과정을 통해 그 개념이 만들어졌는지, 그리고 어디에서 활용되고 있는지를 아는 것은 이차함수와 일차함수의 접점을 찾는 것보다 더 중요하고 그 사이 면접의 넓이와 부피

✔ 교과 성적 지표는 학생의 학업능력을 판단할 수 있는 많은 자료 중 하나이다. 교과 성취도를 파악할 때에는 교과 성적을 동일한 공식으로 수치화하여 기계적으로 반영하지 않는다. 상이한 교육 환경과 교육과정에서 얻은 성적을 단순히 수치상으로 비교할 경우, 지원자의 학업능력 수준을 판단하기 위한 정확한 정보가 될 수 없기 때문이다. 정량평가를 하지 않으므로 학년별/과목별 반영 비율은 존재하지 않으며, 전 교과목의 3년간의 성취도를 정성적으로 평가한다(서울대학교 입학본부, 2016b: 10).

를 아는 것보다 더 중요하다. 하지만 수능과 내신 때문에 수업 시간에 문제를 풀어야 한다면, 수업 시간이 아닌 다른 활동에서는 학생 스스로 자신이 풀고 있는 문제와 연관된 수학적 개념을 알고 이해하려는 노력이 있어야 한다. 다른 교과에서도 정해진 답과 지식을 일방적으로 주입하기보다는 그러한 답이 어떤 과정을 통해 도출되었는지 학생 스스로 탐구해 보도록 유도하고, 다른 답까지도 찾아보도록 허용해야 우리의 학교 교육이 창의적인 인재를 육성하고 있다고 말할 수 있다(김경범, 2016: 69).

학업태도에서는 학생들의 자기주도적 학습경험과 노력에서 나타나는 교과 지식의 활용, 지적 호기심, 자기주도성, 적극성과 능동성, 진취성, 학업에 대한 열정과 의지 등을 평가한다. 학생들의 학업태도는 교과학습뿐만 아니라 탐구 및 연구 활동(보고서나 소논문, 실험 등), 학업 관련 창의적 체험활동, 독서활동 등 다양한 경험과 노력에서 나타날 수 있다. 학생부 영역의 학업 관련 교내 수상(교내대회 참여도 및 노력), 창의적 체험활동(자율활동, 동아리활동, 진로활동, 학내 활동 참여도 및 노력), 세부능력 및 특기사항(수업참여도 및 태도, 심화과목 선택 노력 등), 독서활동상황, 행동특성 및 종합의견 등을 통해 학업태도를 판단한다. 자기소개서와 교사추천서에서도 학업에 대한 노력, 자기주도적 학습 태도, 수업참여도 등

을 학생부와 연계하여 평가한다.

학업 외 소양에서는 학교생활에서 나타나는 학생 개인의 성품(배려, 나눔, 협동, 포용 등), 리더십, 공동체의식, 책임감, 대인관계 등을 평가한다. 출결사항, 학업 외의 교내 수상, 창의적 체험활동(자율활동, 동아리활동, 봉사활동), 행동특성 및 종합의견 등의 학생부 영역과 자기소개서, 교사추천서를 통해 학생 개인의 인성과 대인관계를 평가한다.

학업 외 소양에서 주의할 점은 학생의 개인적 특성을 경험의 유무나 활동의 양으로 판단하지 않는다는 것이다. 예컨대 임원 활동 경력이 많은 학생이 리더십이 있다고 판단하지 않는다. 임원 활동의 횟수보다 맡은 역할과 활동 내용을 질적으로 판단하며, 봉사활동 역시 봉사활동의 양이 아닌 활동 내용과 학생에게 미친 영향을 중심으로 평가한다(서울대학교 입학본부, 2016b: 12).

2 우수한 학생부, 이상적인 학생부

> 앎은 인간에게 저절로 존재하는 속성이라는 것이다. 즉, 앎에 대한 의지, 관심 자체가 앎 속으로 한 발짝 다가가 있다는 것. 여기에서 우리는 대상에 대한 관심을 표명하는 일이 얼마나 중요한지 감지할 수 있다. 학습자는 이미 지적 호기심과 동기를 지니고 있다. 그리고 학습자는 지적 호기심을 불러일으키고 있다는 사실 자체는 이미 앎의 과정이다(신창호, 2004: 191).

학생부 영역의 하나인 교과 세부능력 및 특기사항을 들여다보면 교사의 수업 방식이 일방적 강의에 의한 교사 중심의 수업인지, 학생이 주도적으로 참여하는 학생 중심의 수업인지를 알 수 있다. 전자의 경우는 학생 개인이 수업시간에 어떤 활동을 했는지가 잘 나타나지 않으며, 교사의 평가가 '적극적', '성실히', '열심히' 등과 같은 용어들로 채워져 추상적이며 피상적으로 기술되는 경향이 강하다. 하지만 후자의 경우는 학생 개인의 노력 과정이 구체적으로 기술되어 있다. 학생들이 수업시간에 어떤 질문을 던지는지, 어떤 주제에 관심을 가지고 공부를 하고 있는지 등을 알 수 있다.

대학은 학생부의 기록이 구체적으로 기술되기를 원한다. 교과활동이든 비교과활동이든 관계없이 학생 개인의 활동 과정을 중심으로 학업능력과 학업태도, 학업 외 소양을 판별한다. 이러한 판별은 몇 가지 정보 분류에 의해 분석되는데, 이를 알게 되면 대학이 어떤 학생부를 우수하게 여기는지도 알 수 있다.

서울대 연구보고서인 학생부 정보의 재구조화에는 고등학교 학생부 영역과 대학의 평가요소의 관계를 〈표 2〉와 같이 밝히고 있다(김경범, 2016: 55).✔

> ✔ 김경범(2016)에서 사용된 용어 '학업역량'을 '학업능력'으로, '개인적 소양'을 '학업 외 소양'으로 변경한다. 이는 연구 목적의 편의를 위해 서울대가 밝힌 평가기준(2장 1절)과 용어를 일치시키기 위해서이다.

<표 2> 고등학교 학생부 영역과 대학의 평가요소의 관계

고등학교 학생부 영역	대학의 평가요소
수상경력	학업능력, 학업태도, 학업 외 소양
자격증 및 인증, 진로희망	학업 외 소양
창의적 체험활동	학업능력, 학업태도, 학업 외 소양
내신	학업능력
세부능력 및 특기사항	학업능력, 학업태도, 학업 외 소양
독서활동	학업능력, 학업태도, 학업 외 소양
행동특성 및 종합의견	학업능력, 학업태도, 학업 외 소양

그리고 이 관계를 학생부종합전형의 평가요소에 따라 세부적으로 기술하면 〈표 3〉과 같다(김경범, 2016: 56).

<표 3> 평가세부사항과 학생부 영역의 관계

평가요소	평가세부사항	학생부 영역
학업능력	교과학습능력(이해와 암기) 지식의 누적 지식의 양과 확장	수상경력 창의적 체험활동 내신 세부능력 및 특기사항 독서활동 행동특성 및 종합의견
학업태도	교과 지식의 활용 지적 호기심과 의지 자기주도성(적극성과 능동성) 비판적 사고력	수상경력 창의적 체험활동 세부능력 및 특기사항 독서활동 행동특성 및 종합의견

평가요소	평가세부사항	학생부 영역
학업 외 소양	배려와 나눔 협동과 포용 모험심 상상력	수상경력 자격증 및 인증상황 진로희망 창의적 체험활동 세부능력 및 특기사항 독서활동 행동특성 및 종합의견

학생부종합전형의 평가요소인 '학업능력'의 세부평가사항은 교과학습능력(이해와 암기), 지식의 누적, 지식의 양과 확장이다. 이는 학생부 영역의 수상경력, 창의적 체험활동, 내신, 교과세부능력 및 특기사항, 독서활동, 행동특성 및 종합의견에서 제공하는 정보로 평가된다.

'학업태도'의 세부평가사항은 교과지식의 활용, 지적 호기심과 의지, 자기주도성(적극성과 능동성), 비판적 사고력이다. 이는 학생부 영역의 수상경력, 창의적 체험활동, 교과 세부능력 및 특기사항, 독서활동, 행동특성 및 종합의견을 참고하여 평가한다.

'학업 외 소양'의 세부평가사항은 배려와 나눔, 협동과 포용, 모험심, 상상력이다. 이는 학생부 영역의 수상경력, 자격증 및 인증, 진로희망, 창의적 체험활동, 교과 세부능력 및 특기사항, 독서활동, 행동특성 및 종합의견을 참고하여 평가한다.

하지만 이러한 평가에 대하여 기존의 학생부에서 정보를 취하려고 하여도 그리 쉽지는 않다. 이는 학생부의 기록이 학생의 활동에 대해 구체적으로 기술되지 않고 있기 때문이다. 따라서 대학의 입장에서 보면 학생부의 정보를 재구조화할 수밖에 없다.

학생부의 정보란 사실의 기록 + 관찰과 평가의 기록이다. 여기서 사실의 기록을 두 섹션으로 나누어, 학교가 모든 학생을 대상으로 실시한 교육과 활동, 그리고 학생 개인이 학교 프로그램 내에서 수행한 활동과 학교 프로그램 밖에서 행한 활동으로 구분한다. 예를 들어 수상경력의 경우 학교의 관점에서 언제 몇 명이 참가하여 해당 학생이 어떤 수상을 했는지는 학교의 사실 기록이고, 그 수상을 받기 위하여 학생이 구체적으로 노력한 사실은 학생 개인 기록이다. 학생이 그 수상을 받을 때까지 학생의 동기와 과정, 그리고 수상 이후의 활동이라는 학생 개인의 사실에 대한 관찰과 평가 의견이 별도로 구분되어 기재될 필요가 있다. 수학여행을 갔다는 기록은 학교의 기록이고, 수학여행에서 학생이 무엇을 준비하여 실행하였다면 그것은 학생 개인의 사실 기록이 된다. 학생 개인이 수행한 것을 관찰하여 기록하면 그것이 관찰과 평가이다. 창의적 체험활동, 독서활동 등 모든 기록이 그러하다(김경범, 2016: 56-57).

학생부 영역의 기록은 '학교공통'의 사실, '학생 개인 노력'의 사실, 교사의 '관찰과 평가'라는 3가지 정보 분류에 의해 이루어진다. 이 분류에 의해 학생부의 모든 영역은 선명하게 드러나게 되는데, 이를 〈표 4〉로 나타내면 다음과 같다(김경범, 2016: 58).

〈표 4〉 학생부 정보 분류

구분		수상	자격증	진로 희망	자율	동아리	봉사	진로	교과 세특	독서	행동 특성
사실	학교 공통										
	학생 개인 노력										
관찰과 평가											

그리고 학생부 기록에 '사실(학교공통+학생 개인 노력)'과 '관찰과 평가'를 분배한 정도에 따라 다섯 개의 사례를 제시하며, 그 사례 가운데 학생평가의 관점에서 우수한 학생부가 어느 것인지를 밝히고 있다. 이를 〈표 5〉로 나타내면 다음과 같다(김경범, 2016: 58).

〈표 5〉 학생평가의 관점에서 본 학생부 유형

구분		학생부 A	학생부 B	학생부 C	학생부 D	학생부 E
사실	학교 공통	――――― ――――― ――――― ―――――	――――― ――――― ―――――	――――― ―――――	―――――	―――――
	학생 개인 노력		―――――			
관찰과 평가			――――― ―――――	――――― ―――――	――――― ―――――	――――― ―――――

학생부 A는 가장 좋지 않은 사례이다. 관찰과 평가를 누락하고 사실 가운데 학교공통만 넘쳐나고 있기 때문이다. 이는 학교 내신만 알려줄 수 있을 뿐 학생 개인의 노력이나 교사의 관찰·평가를 전혀 알 수 없다. 이러한 학생부는 주로 수능 중심의 활동이 이루어지는 학교에서 발생할 가능성이 높을 것이다. 학생부 A의 사례(진로활동)를 보면 다음과 같다.

교내에서 실시한 홀랜드 직업검사(2015.04.12.)를 통해 자신이 예술가형과 진취형의 특성을 좀 더 많이 지니고 있음을 알게 됨. 디자인과 정보 분야에 관심이 많은 학생으로 진로체험활동 큐레이터체험(2015.09.11.)을 통해 보다 다양한 직업세계를 체험함. 원격화상 멘토링(2015.11.02.)을 통해 현직 디자이너의 다양한 활동을 알게 됨으로써 패션디자이너의 직업세계에 대해 관심이 커짐(교육부, 2015: 72-73).

이러한 사례는 학교공통의 사실만을 나열하여 학생 개인의 노력에 대한 과정과 그 과정에 의한 교사의 관찰 및 평가를 드러내지 못한다. 결과적으로 학교 자체의 노력은 돋보일 수 있으나, 학생 개인의 노력은 전혀 알 수 없으므로 학생부종합전형에 지원하기에는 부적절한 학생부가 될 것이다.

학생부 B는 학생 개인 노력이 누락되어 있으며, 학생부 C는 교사의 관찰·평가가 누락되어 있다. 이 중에서 더 좋은 기록은 학생부 C이다. 평가자인 입학사정관의 입장에서 보면 교사가 학생을 관찰해 평가한 기록보다는 학생이 학교생활을 하면서 개인적 노력을 기울인 사실이 더 유용한 정보가 될 수 있기 때문이다. 학생부 B의 사례(진로활동)를 보면 다음과 같다.

교내에서 실시한 홀랜드 직업검사(2015.04.12.)를 통해 자신이 예술가형과 진취형의 특성을 좀 더 많이 지니고 있음을 알게 되어 문화를 통한 삶의 질 향상 관련 직업에 관심을 갖고 좀 더 구체적인 탐색과 노력을 하고 있음. 디자인과 정보 분야에 관심이 많은 학생으로 진로체험활동 큐레이터체험(2015.09.11.)을 통해 보다 다양한 직업세계를 체험함. 본인의 진로희망에 대한 정보를 구하고자 내셔널지오그래픽 채널의 다큐멘터리를 즐겨보고 학업에 열중하고 있음(교육부, 2015: 72-73).

이 사례는 학생부 A의 사례에 교사의 관찰·평가(밑줄 부분)를 덧붙여 기록한 것이다. 하지만 교사의 관찰·평가가 있다고 하더라도 학생 개인의 노력 과정이 누락되어 있기 때문에 그 기록은 의미를 지니지 못한다. 따라서 이 사례 또한 학생부종합전형에 지원하기에는 부적절할 것이다. 다음 학생부 C에 대한 사례(동아리활동)를 보도록 하자.

> 2014학년도 TRP(팀별과제연구)에서 가격대에 따른 효과적 할인 표현 방식 연구 라는 주제로 6개월 동안 공동 연구함. 동일 금액이 할인 될 때 %와 \중 어느 경우에 더 큰 심리적 만족감을 느끼는지를 금액대별로 분류, 10대부터 50대까지 총 443명의 표본으로 설문조사를 하여 google docs에서 응답결과를 정리하고 참고문헌과 연결하여 마케팅현장에서 활용할 수 있도록 함(김경범, 2016: 144).

이 사례는 교사의 관찰·평가는 없지만, TRP(팀별과제연구)라는 학교공통의 사실과 그에 따른 학생 개인의 노력을 담아내고 있다. 이를 토대로 입학사정관은 지원 학생에 대한 학업능력을 어느 정도 평가할 수 있을 것이다.

학생부 D는 학교공통과 학생 개인 노력 및 관찰·평가에 대한 기록이 다 채워지지는 않았지만, 균형적인 학생 정보의 배치를 보여준다는 점에서 우수하다. 만약 학생부 정보가 A에 가까운 학교라면 학생 개인의 적극적인 노력을 유도함과 동시에 교사가 이를 관찰·평가하여 학생부 D에 근접할 수 있도록 해야 할 것이다. 학생부 D의 사례(동아리활동)를 보도록 하자.

> 2014학년도 TRP(팀별과제연구)에서 가격대에 따른 효과적 할인 표현 방식 연구 라는 주제로 6개월 동안 공동 연구함. 동일 금액이 할인 될 때 %와 \중 어느 경우에 더 큰 심리적 만족감을 느끼는지를 금액대별로 분류, 10대부터 50대까지 총 443명의 표본으로 설문조사를 하여 google docs에서 응답결과를 정리하고 참고문헌과 연결하여 마케팅현장에서 활용할 수 있도록 함. 특히 팀장으로서 전체 연구계획을 정교하게 세우고 조원들에게 원활하게 업무를 분담하는 등 전체적으로 프로젝트가 잘 진행되도록 리더십을

이 사례는 학생부 C의 사례에 교사의 관찰·평가(밑줄 부분)를 덧붙여 기록한 것이다. 이 기록에 의해 학교공통의 사실, 학생 개인의 노력, 교사의 관찰·평가가 다소 균형을 유지하면서, 리더십과 관련된 학생에 대한 정보가 추가된다. 이러한 점에서 학생부 A, B, C의 사례에 비해 학생부 D의 사례는 좋은 보기가 될 것이다.

가장 좋은 학생부는 당연히 E이다. 학교공통과 학생 개인 노력 및 관찰과 평가 모두 채우고 있어 학생에 대한 정보를 가장 많이 알 수 있기 때문이다. 그러나 학생부 E는 우리의 교육현장을 고려했을 때 과연 이렇게 적어줄 일반적인 학교가 있을지 여부와 학생부 영역별 글자 수의 제한 등의 문제로 인하여 실현 가능성이 떨어진다. 한마디로 현실과는 거리가 있는 이상적인 학생부라고 보아야 할 것이다.

3 학생부 정보 분류와 사례

> 능력이 뛰어난 사람이 꾸준히 노력하면 위대한 인물이 된다. 능력은 평범하지만 부지런히 노력한 사람은, 재능은 뛰어나지만 노력하지 않은 사람보다 더 큰 명성을 얻는다. 성공하기 위해서는 노력이라는 대가를 치러야 하고, 노력이 부족하면 성공할 확률도 그만큼 줄어든다(Balthasar Gracian, 임정재 역, 2012: 205).

　서울대를 지원한 2명의 학생부 영역의 자율활동 기록 사례를 학생부 정보 분류에 적용해 보자. 먼저, 학생 1의 기록이다.

　〈학생 1〉

　① 학급자치회 조직 및 회의, 회장단 선거(2013.03.12, 04.09, 10.08, 11.05, 12.24)에 학급 선도부원(2013.03.04-2014.02.28)으로서 적극 참여하여, 학교 활동 및 생활에 대한 자기의 의사와 의견을 민주적인 방식으로 표현하였음. ② 흡연, 음주, 약물오남용 예방교육(2013.03.05)을 통해 우리 삶에 미치는 심각성과 영향에 대해 알고 경각심을 가지는 계기를 마련함. ③ 성폭력 예방교육(2013.04.23)을 통해 성에 대해 올바르게 인식하게 되었으며, ④ 안전교육(2013, 06.04)을 통해 안전의식을 고취시키고 위험에 대처하는 올바른 생활태도를 함양함. 또한 ⑤ 학교폭력 예방교육(2013.03.05, 08.20, 2014.02.11)에 참여하여 예방차원의 교육활동이 학교폭력 사전 예방에 큰 영향을 미칠 수 있다는 것을 알게 됨. ⑥ 결핵예방교육(2013.03.19)을 통해 건강관리의 중요성을 인식함. ⑦ 청소년 성 관련 피해 예방 교육(2013.04.23.), ⑧ 성고정 관념과 양성평등 교육(2013.05.21.), ⑨ 성적자기 결정과 선택 및

성충동에 대한 대처와 해소 방안 교육(2013.06.25)을 통해 건전한 성의식 함양과 양성평등의식을 갖추는 계기가 됨. ⑩ 성폭력 이해, 청소년 성폭력피해, 성매매 피해, 사이버 성폭력, 성 상품화(2013.09.17, 10.01, 10.08, 12.17, 2014.02.11)에 관한 교육을 통해 성폭력의 심각성과 성매매가 건전한 사회 형성에 미치는 광범위한 악영향 등에 대해 알게 되었고 이를 통해 경각심을 고취시키는데 좋은 계기가 되었음. ⑪ 장애이해교육(2013.12.01)을 통해 장애인에 대한 편견을 없애고 공동체에서 더불어 살아갈 수 있는 배려심을 배움. ⑫ 약물오남용 예방교육(2013.12.10)을 통해 자신의 몸을 사랑하고 아껴야 함을 깨닫고 ⑬ 생명존중(자살예방)(2013.12.10)을 통해 생명의 존엄성과 삶의 의미를 알게 되는 시간을 가짐. ⑭ 독도교육 및 홍보주간(2013.10.22)을 통해 독도의 의미를 다시금 새기게 되었으며 나라 사랑을 실천하는 방안에 대해 고민을 하게 되는 계기가 됨(김경범, 2016: 59).

이 기록을 앞 절의 '학생부 정보 분류'(〈표 4〉)에서 말했던 방식으로 분류하면 아래와 같이 〈표 6〉이 만들어진다.

〈표 6〉 학생 1의 학생부 정보

구분		자율활동
사실	학교 공통	① 학급자치회 조직 및 회의, 회장단 선거, ② 흡연, 음주, 약물오남용 예방교육, ③ 성폭력 예방교육, ④ 안전교육, ⑤ 학교폭력 예방교육, ⑥ 결핵예방교육, ⑦ 청소년 성 관련 피해 예방 교육, ……
	학생 개인 노력	없음
관찰과 평가		적극 참여

학생 1의 학생부 정보에서 학교공통의 사실은 2013학년도에 무려 14개나 된다. 하지만, 학생 개인의 노력에 대한 사실은 전혀 알 수 없다. 학생이 한 것이라고는 '방식 표현', '계기 마련', '올바르게 인식', '생활태도 함양', '알게 됨', '중요성 인식', '배려심 배움', '깨닫고', '시간을 가짐' 등이다. 기록된 내용들이 매우 관념적이다. 학생이 무엇을 어떻게 구체적으로 활동을 했다는 기록이 없으며, 인식이나 깨달음에서 이어질 수 있는 후속활동도 나타나지 않는다. 특히, 교사의 관찰과 평가는 '적극 참여'라는 매우 피상적인 기록에 불과하다. 학생평가의 관점에서 본다면, 이 기록은 학생부 A나 B에 해당한다.

다음은 학생 2의 자율활동 기록이다.

〈학생 2〉

① 축제(2013.7.18)의 가장행렬 연습에 적극적으로 참여하여 공연을 성공적으로 마침. ② 2학기 학급부반장(2013.7.19~2013.12.31)으로서 대의원회에 성실히 참여하여 학생자치를 위해 노력함. 체육대회 진행일정, 학생생활규정 개정안 등에 대한 학급회의를 진행하여 의견수렴에 기여함. 수학여행 장기자랑을 준비하는 과정에서 학급회의의 원활한 진행을 돕고 연습에 적극적으로 참여하였으며, 한라산 등반을 성공적으로 마치며 도전정신과 인내력, 협동심을 기름. ③ 교내체육대회(2013.7.17) 응원, 수능응원영상 촬영, 스승의 날 영상 촬영에 열심히 참여함. ④ 학생회장선거 서포터즈로서 홍보활동을 함으로써 지지 후보 당선에 기여함. ⑤ 테이블매너 교육을 수료하여 국제적 매너를 기름(김경범, 2016: 62).

이 기록을 앞과 동일한 방법으로 분류하면 다음과 같이 〈표 7〉이 만들어진다.

〈표 7〉 학생 2의 학생부 정보

구분		자율활동
사실	학교 공통	① 축제, ② 2학기 학급부반장(대의원회, 학급회의, 한라산 등반), ③ 교내체육대회, ④ 학생회장선거, ⑤ 테이블매너 교육
	학생 개인 노력	없음
관찰과 평가		적극적 참여, 열심히 참여

학생 2의 학교공통의 사실은 5개이나, 학생 개인의 노력에 해당하는 사실은 전혀 없다. 학생이 한 것은 '성공적 마침', '노력', '기여', '진행 돕고', '도전정신, 인내력, 협동심 기름', '매너 기름'이다. 학생이 개별적으로 무엇을 어떻게 구체적으로 활동했는지 그 과정에 대한 기술이 나타나지 않는다. 이런 점에서 학생1과 차이가 없다. 교사의 관찰과 평가 또한 학생 1과 마찬가지로 피상적이다. 이 또한 학생평가의 관점에서 본다면, 이 기록은 학생부 A나 B에 해당한다. 다만 이 학생과 앞의 학생 사이에 기록의 차이점이 있다면 학생 1은 학생 2에 비해 분량이 많다는 것뿐이다. 즉, 기록의 분량 차이는 있으나 학생 개인의 노력에 대한 차이는 없다. 학생부 기록은 양적 팽창이 중요한 것이 아니라, 질적 수준을 어떻게 끌어올릴 것인가에 방점을 두어야 한다.

제3장

학생부와
학업능력
평가 사례

창의적 체험활동과 학업능력 평가 사례

> 역경지수가 높은 아이들은 어려운 일이 닥쳐도 쉽게 물러나지 않는다. 오히려 도전의식을 불태우는 등 문제해결에 대한 강한 의지를 보인다. 게다가 이렇게 도전과 노력을 통해 얻은 성취와 성공 경험은 아이의 자신감과 자존감을 높이는 데도 큰 역할을 한다(채널 스토리온·영재의 비법 제작팀, 2010: 143).

학생부종합전형에서 학업능력을 평가할 수 있는 학생부 영역 중의 하나가 창의적 체험활동이다. 창의적 체험활동은 다시 4개의 하위 영역으로 구성되어 있는데, 자율활동, 동아리활동, 봉사활동, 진로활동이 여기에 해당한다. 보통 학업능력은 교과학습발달상황의 세부능력 및 특기사항에서만 평가될 수 있다고 생각하기도 하지만, 대학은 창의적 체험활동에서도 이 능력을 평가한다. 그리고 대학에 진학해서 학업을 지속할 수 있는 능력을 평가하기 때문에 반드시 모집단위와 일치하지 않아도 된다. 따라서 학생이 관심 있는 동아리활동에 참가하여 개인적인 노력과 자신의 성장과정을 보여줄 수 있다. 설사 진로가 결정되지 않았다고 하더라도 진로활동을 하면서 희망하는 진로를 찾을 수 있는 계기를 마련하고 활동의 결과물에 대한 과정을 구체적으로 보여줄 수 있다.

창의적 체험활동에 기록된 내용들을 토대로 입학사정관이 어떻게 평가를 내리는지를 이해하면, 교사들이 학생부를 작성할 때 많은 도움이 될 것이다. 또한 학생들이 자신의 활동에서 어디까지 성장·발전시켜야 하는지를 알게 되면, 학생부종합전형을 준비하는 데에 많은 도움이 될 수 있을 것이다.

다음의 인용문은 서울대학교 학생부종합전형에 지원한 학생들의 창의적 체험활동을 기록한 내용과 이에 대한 입학사정관의 총평이다.

〈학생 A〉

· 동아리활동 ①: ○○제 부스에 '타투체험'을 운영하여 예술과 과학이 융합된 STEAM 체험을 접할 수 있음을 보여주는 활동에 최선을 다함.

· 진로활동 ①: 학교에서 실시한 대학원 박사과정 연구원과 함께 하는 '2014 과학자초청 이공계 진로 특강 - cancer related noncoding RNA로 암세포에서 발현되는 RNA의 구조와 기능에 관한 연구 (2014.08.25.)'에 참가하여 암세포를 배양한 수 단백질 합성을 억제하고 RNA의 작용을 확인하는 실험 내용에 대한 소개를 들으며 평소 관심이 많던 분야라 더욱 집중함.

· 동아리활동 ②: 동아리원들이 모두 실험에 참여한 농도에 따른 반응속도를 확인하는 시계반응 실험 결과를 육안으로 확인하여 흥미로움을 느꼈고 녹말-요오드 반응 대신 앙금생성반응을 이용하여 차이를 확인하는 실험을 계획함. 산화 환원반응을 이용한 은나무 실험, 신호등 실험은 교과과정과 연계된 실험이라 학습내용을 정확하게 인시할 수 있었고 작은 자극에도 반응이 일어나는 것을 토대로 귀중품 보관에 이용하면 좋을 것 같다는 생각을 적극적으로 발표하며 동아리 활동에 참여함. 교내 동아리 발표 대회(2014.12.26.)에서 최우수상을 수상함.

· 진로활동 ②: 탐구논문 발표대회에 참가하여 '작용 환경에 따른 페니실린의 감수성 검사'에 관한 논문을 쓰면서 항생제에 대한 연구의 이론 조사와 실험을 하였으며 미래의 의학도로서의 자질을 갖추기 위해 많이 노력함. 이론 조사 과정에서는 항생제에 관한 영어로 된 논문을 읽고 요약하는 활동도 하였으며 관련된 책을 읽기 위해 많이 노력함. 또한 외부 병원에서 실험 기구와 실험 장소를 제공받아 좋은 경험을 하였고 실험결과에 대해 왜 그런 결과가 나왔는지 스스로 추측해 봄. 그 과정에서 예상치 못한 결과들이 있어 어려움이 있었지만 결과 분석을 하는 과정에서 많은 것을 배움.

〈총평〉

ⓐ 타투 체험에는 학생 관련 정보가 없다. ⓑ 과학자 초청 특강은 학생의 활동이라기보다는 학교활동으로서, 학생은 수동적으로 참여한 것으로 보인다. ⓒ 교내동아리 활동과 발표대회에서 이 학생의 역할은 무엇이었는지 궁금하다. 실험을 계획하고 발표하여 수상을 했다는 기록은 좋지만, 이 학생의 수행한 기록이 좀 더 구체적이거나 학생부 다른 항목에 이 부분에 대한 설명이 더 있어야 한다. ⓓ 외부 실험에 참여한 계기는 무엇이고, 어떤 책을 읽었는지도 궁금하다. 실험 과정에서 발생한 예상치 못한 결과가 무엇이며 이를 극복하는 과정이 어떠했는지를 기록했다면 학생에 대하여 좀 더 알 수 있었을 것이다. ⓔ 여러 가지 많은 노력과 활동을 한 학생이지만, 이 기록만으로 학업능력이 뛰어난지 확신하기는 어렵다(김경범, 2016: 91).

먼저, '타투 체험에는 학생 관련 정보가 없다.'(ⓐ)라는 평가는 '○○제 부스에 '타투체험'을 운영하여 예술과 과학이 융합된 STEAM 체험을 접할 수 있음을 보여주는 활동'(동아리활동 ①)이라는 학교공통 정보만 있을 뿐, 학생 개인의 노력이 전혀 없다는 것을 의미한다. 다만, '최선을 다함'(①)은 교사의 관찰과 평가이지만, 매우 추상적으로 기술되어 있다.

다음으로, '과학자 초청 특강은 학생의 활동이라기보다는 학교공통으로서, 학생은 수동적으로 참여한 것으로 보인다.'(ⓑ)라는 평가에서 알 수 있듯이, 특강의 내용이 주를 이루고 있다. 즉, '암세포를 배양한 수 단백질 합성을 억제하고 RNA의 작용을 확인하는 실험 내용'(진로활동 ①)이 그것이다. 그리고 교사의 관찰과 평가에 해당하는 '평소 관심이 많던 분야라 더욱 집중함'(진로활동 ①)은 학생 개인의 노력이 없으므로 추상적으로 작성될 수밖에 없다. 그러니 입학사정관의 입장에서 보면 수동적이라는 평가가 당연하다.

그 다음으로, '이 학생의 수행한 기록이 좀 더 구체적이거나 학생부 다른 항목에 이 부분에 대한 설명이 더 있어야 한다.'(ⓒ)라는 평가는 '작은 자극에도 반응이 일어나는 것을 토대로 귀중품 보관에 이용하면 좋을 것 같다는 생각'(동아리활동 ②)과 관련된다. 즉, 작은 자극의 반응과 귀중품 보관의 인과 관계가 구체적으로 드러나지 않는다. 특히, 좋을 것 같다는 표현은 추측이나 불확실한 단정이므로 신뢰성을 떨어뜨린다. 따라서 입학사정관은 학생부의 다른 영역을 더 검토해야 한다고 보는 것이다.

마지막으로, '외부 실험에 참여한 계기는 무엇이고'(ⓓ)라는 평가는, 외부 대회의 참여가 학생의 진로와 어떤 상관관계에 있는지를 알고 싶기 때문이다. 그래서 참가하게 된 계기가 궁금한 것이다. '어떤 책을 읽었는지도 궁금하다.'(ⓓ)라는 평가는 논문을 쓸 경우 반드시 참고자료가 있어야 하지만, 학생부 기록에는 '항생제에 관한 영어로 된 논문을 읽고 요약하는 활동'(진로활동 ②)으로만 기술되어 있다. 영어로 된 어떤 논문, 즉 학술논문인지 아니면 석사학위논문이나 박사학위논문을 참고했는지 알 수 없을 뿐만 아니라, 그 참고가 요약하는 정도에 불과했다는 것을 드러내고 있다.

따라서 이러한 몇 가지 평가에 의해 입학사정관은 '여러 가지 많은 노력과 활동을 한 학생이지만, 이 기록만으로 학업능력이 뛰어난지 확신하기는 어렵다'(ⓔ)라는 결론을 도출하게 된다.

전반적으로 학생 A의 창의적 체험활동에서 보여주는 기록은 구체적이지 못하다. 그래서 학생의 정보가 제대로 생성되지 못하고 있음을 볼 수 있다. 그러나 이와는 대조적으로 아래의 학생 B의 기록은 매우 구체적으로 나타나 학생의 정보를 자세히 알 수 있다.

〈학생 B〉

· 동아리활동 : (C(탄소화합물연구))(14시간) 학생은 생명과학 스터디에서 유전자의 발현을 공부하면서 좀 더 심화된 내용에 관심을 가지게 되었습니다. 그래서 유기화학, 생화학 섬유공학 등 탄소화합물과 관련된 학문에 관심이 많은 학생들을 직접 모아 탄소동아리 'C'를 조직하여 본인

이 동아리 회장이 되어 대학에서 배울 심화된 학문을 함께 공부하였습니다. 기존의 생명과학 스터디에서 공부하던 친구들과 조를 편성하여 생화학의 원핵생물에서 유전자 발현의 조종을 공부하였습니다. 학생은 유도성 오페론과 억제성 오페론의 차이를 다른 조원들에게 설명하였으며, 젖당 오페론 구조, CAP-cAMP복합체의 작용기작, 트립토판 오페론에 대해서 다른 조원들과 함께 토론하며 공부하였습니다.

· 진로활동 : 학술대회(2015.4.17.)에 참가하여 '암세포에서 apoptosis 회피방식'이라는 주제로 논문형식의 학술 보고서를 작성하고 친구들 앞에서 자신의 탐구 결과를 발표함. ○○대학교 의생명과학캠프에서 PBL이라는 조별 프로젝트에서 apoptosis라는 개념을 처음 접한 후 학술제를 위해 더 탐구하여 apoptosis가 세포의 생사와 관련이 있고 암세포의 무한 분열하고도 깊은 연관이 있다는 사실을 알게 됨. 또한 apoptosis가 발생하는 경로를 공부해 암세포가 apoptosis를 어떤 방식으로 회피하는지 알아보고 이를 통해 앞으로의 암치료 방법에 대해 알아보는 보고서를 작성함. 먼저 'Christopher Potten, James Wilson : Apoptosis'를 구입하여 정독한 후 'Richard S. Hotchkiss, M.D., Andreas Strasser, Ph.D., Jonathan E. McDunn, Ph.D., and Paul E. Swanson, M.D : The New England Journal of Medicine Mechanisms of Disease Cell Death'를 찾아서 읽고 '뉴턴 코리아 : 세포의 모든 것'까지 참조함. 난해하고 복잡한 세포자멸사의 메커니즘을 꾸준히 탐구하여 Extri nsic pathway(p53-independent)와 Intrinsic pathway(p53-dependent)를 작성함. 마지막으로 '암세포에서는 pro-apoptotic과 anti-apoptotic 단백질의 불균형, caspase활성 감소 및 death receptor의 신호전달계에 문제가 발생하여 apoptosis가 잘 발생하지 않을 것이다.'라는 가설과 '암세포는 p53 유전자에 발생한 돌연변이, apoptosis를 억제하는 bcl-2가 활발한 작용에 의한

caspase-9의 불활성화, death receptor 신호전달계에 생긴 문제에 의해 apoptosis를 유발하지 못한다.'라는 결론을 세움.

〈총평〉

ⓐ 학업에 대한 학생의 관심과 학업역량이 잘 드러나고 있다. ⓑ 학생이 자신의 관심 영역을 확장하며 주도적으로 학업역량을 향상시키고 있음이 나타나고 기록도 구체적이다. ⓒ 제시된 도서는 확인이 필요하며 성취수준을 파악할 수 있는 내용이 될 수 있다. ⓓ 영어 책을 읽었다는 것이 장점이 아니라, 학생이 지속적으로 알아가는 과정을 보여주기에 좋은 기록이라고 할 수 있다(김경범, 2016: 89-90).

먼저, '학생이 자신의 관심 영역을 확장하며 주도적으로 학업역량을 향상시키고 있음이 나타나고 기록도 구체적이다.'(ⓑ)라는 평가는 학생의 다음과 같은 활동 순서와 연관된다.

동아리활동에서는 '생명과학 스터디에서 유전자의 발현 공부' → '유기화학, 생화학 섬유공학 등 탄소화합물과 관련된 학문에 관심이 많은 학생들을 직접 모아 탄소동아리 'C'를 조직' → '생화학의 원핵생물에서 유전자 발현의 조종 공부' → '유도성 오페론과 억제성 오페론의 차이 설명', '젖당 오페론 구조, CAP-CAMP복합체의 작용기작, 트립토판 오페론 토론'으로 이어진다.

진로활동에서는 '○○대학교 의생명과학캠프에서 PBL이라는 조별 프로젝트에서 apoptosis라는 개념을 처음 접함' → '학술제를 위해 더 탐구하여 apoptosis가 세포의 생사와 관련이 있고 암세포의 무한 분열하고도 깊은 연관이 있다는 사실을 알게 됨' → 'apoptosis가 발생하는 경로를 공부해 암세포가 apoptosis를 어떤 방식으로 회피하는지 알아봄' → '앞으로의 암치료 방법에 대해 알아보는 보고서 작성'의 순으로 이어진다.

그리고 보고서 작성의 구체적인 과정은 "Christopher Potten, James

Wilson : Apoptosis'를 구입하여 정독' → "Richard S. Hotchkiss, M.D., Andreas Strasser, Ph.D., Jonathan E. McDunn, Ph.D., and Paul E. Swanson, M.D : The New England Journal of Medicine Mechanisms of Disease Cell Death'를 찾아서 읽음', '뉴턴 코리아 : 세포의 모든 것'까지 참조' → '난해하고 복잡한 세포자멸사의 메커니즘을 꾸준히 탐구하여 Extri nsic pathway(p53-independent)와 Intrinsic pathway(p53-dependent)를 작성' → "암세포에서는 pro-apoptotic과 anti-apoptotic 단백질의 불균형, caspase 활성 감소 및 death receptor의 신호전달계에 문제가 발생하여 apoptosis가 잘 발생하지 않을 것이다.'라는 가설' 세움 → "암세포는 p53 유전자에 발생한 돌연변이, apoptosis를 억제하는 bcl-2가 활발한 작용에 의한 caspase-9의 불활성화, death receptor 신호전달계에 생긴 문제에 의해 apoptosis를 유발하지 못한다.'라는 결론' 제시로 나타난다. 이와 같이 학생 B의 기록은 자신의 관심 영역을 확장하면서 동시에 개인적 노력의 구체적 과정을 잘 보여주고 있다.

다음으로, '제시된 도서는 확인이 필요하며 성취수준을 파악할 수 있는 내용이 될 수 있다.'라는 평가는, 학생이 읽은 도서가 주로 전문적인 수준의 외서에 해당하므로 이를 확인할 필요가 있다는 것이며 성취수준의 정도를 파악할 수 있다는 것이다.

마지막으로, '영어 책을 읽었다는 것이 장점이 아니라, 학생이 지속적으로 알아가는 과정을 보여주기에 좋은 기록이라고 할 수 있다'(ⓓ)라는 평가는 앞서 살펴본 보고서 작성의 구체적인 과정을 통해 학생의 앎에 대한 성장과정이 잘 타나나고 있기 때문이다.

따라서 입학사정관은 이러한 몇 가지 구체적인 과정을 토대로 '학업에 대한 학생의 관심과 학업역량이 잘 드러나고 있다.'(ⓐ)라고 호평할 수 있는 것이다.

세부능력 및 특기사항과 학업능력 평가 사례

> 부모들은 공부란 책상 앞에 앉아서 하는 것만이 공부라고 생각한다. 하지만 우리가 흔히 '인생 공부'라는 말을 쓰듯 뭔가 배우고 깨우쳐 나가는 것은 다 공부다. 그러니 축구 좋아하는 아이가 축구를 하는 것도 공부고, 만화 좋아하는 아이가 만화책 보는 것도 공부고, 동물을 좋아하는 아이가 동물원에 가는 것도 공부다. 아이들은 자기가 좋아하는 것을 꾸준히 하면서 자기 길을 찾아간다(문용린, 2006: 45).

학생부종합전형에서 세부능력 및 특기사항은 학생부의 '꽃'이라고 볼 수 있다. 학생의 교과학습활동을 한 눈에 볼 수 있는 영역이기 때문이다. 입학사정관은 이 영역에서 학업능력뿐만 아니라 학업태도 등을 다양하게 평가할 수 있다. 따라서 교사는 학생의 존재감을 구체적으로 기술해야 한다.

김춘수 시인이 노래한 "내가 그의 이름을 불러주기 전에는 / 그는 다만 / 하나의 몸짓에 지나지 않았다. // 내가 그의 이름을 불러주었을 때 / 그는 나에게로 와서 / 꽃이 되었다."(김춘수, 1996: 55)라는 구절은 학생의 교과학습활동에 의미를 불어넣어야 한다는 교육적 해석이 가능하다. 즉, 세부능력 및 특기사항에는 '학습활동이 어떤 과정으로 이루어지는가'와 '학생은 학습활동을 어떻게 해야 하는가'에 대한 교육적 해명과 실천을 밝히는 영역이다.

아래의 인용문은 서울대학교 학생부종합전형에 지원한 학생들의 세부능력 및 특기사항에 기록된 내용과 이에 대한 입학사정관의 총평이다.

〈학생 C〉
· 국어 : 12월 2일에 수업한 중세국어 '월인석보' 수업에서 중세국어의 주격조사의 여러 형태를 이해하였으며, 월인석보에서 같은 형태를 취

한 조사임에도 해석상 주격조사가 아닌 관형격 조사 '의'로 읽어야 하는 부분을 정확하게 찾아 발표함.

· ○○시과학전시관 영재교육원 : 수업 태도가 매우 진지하며 주변의 사물에 대해 호기심을 갖고 탐구하는 태도를 가짐. 학업성취욕과 이해력이 우수하고 성실하게 수업에 임하며 협동하여 과제를 해결하는 자세가 돋보임.

· 물리 : 물리에 대한 관심이 높고 수업에 열중하는 태도가 뛰어난 학생임. 특히, 전자기 분야에 대한 관심이 많아 질문이 많았음. 솔레노이드에서 유도기전력을 계산할 때 유도용량이 어떤 요인에 의해 결정되는지를 질문하여 이를 알려주었고, 가정에서의 전력 사용량이 110V에서 220V로 승압한 이유와 어떤 관계가 있는지 질문하였으며, 직류 전원에서 코일이 연결된 회로에서 스위치를 닫고 열 때 전류의 변화가 어떻게 일어나는지를 질문하는 등 자연에 대한 관찰과 탐구력이 대단함.

· 고급 수학 기본 : 수학 선택과정 중 심화과정에 해당하는 고급수학 기본을 이수함. 선형대수학 단원에서는 가우스-조르단 소거법, 행렬의 고윳값, 고유벡터와 대각화를, 해석학 단원에서는 단조수렴 정리, 평형점, 이차선형점화식, 무한급수 수렴판정법, 멱급수와 테일러급수를, 미분방정식 단원에서는 변수분리법, 선형미분방정식, 뉴턴의 냉각 법칙 등을 학습하였음.

〈총평〉

ⓐ 수업에 대한 기록은 1년 동안의 활동이 누적되어 짧은 문장으로 나타나야 한다는 점에서 국어 기록은 마지못해 기록한 것처럼 보인다. ⓑ 기록할 사항이 없다면 기록하지 않는 것도 한 방법이다. ⓒ 고급수학 기본 등도 모두 수업 내용을 반복 기술한 것으로 동일 학교 지원자의 기록을 확인한다면 유사할 가능성이 높다. ⓓ 물리 과목의 기록은 학생에 대한 정보가 있으

나, 그 기록이 학생의 학업역량을 보여주지는 않는다. ⓔ 물리에 관심이 있는 학생이라면 학생부 다른 영역에서는 그와 관련된 기록이 있는지 확인해 보아야 한다(김경범, 2016: 98-99).

먼저, '수업에 대한 기록은 1년 동안의 활동이 누적되어 짧은 문장으로 나타나야 한다는 점에서 국어 기록은 마지못해 기록한 것처럼 보인다.'ⓐ라는 평가는 중세국어 '월인석보'의 수업 내용을 이해하고 찾는 것 외에는 아무것도 없다는 것을 의미한다. 즉, 학습활동을 통한 지식의 확장으로 발전한 학생 개인의 활동이 전혀 없다는 것을 뜻한다. 그래서 입학사정관은 기록할 사항이 없다면 기록하지 않는 것도 한 방법ⓑ이라고 말한다. 학생 개인의 노력이 없다면 굳이 형식적으로 기록할 필요가 없다는 것이다.

다음으로, '고급수학 기본 등도 모두 수업 내용을 반복 기술한 것으로 동일 학교 지원자의 기록을 확인한다면 유사할 가능성이 높다.'ⓒ라는 평가는 선형대수학, 해석학 단원, 미분방정식 단원을 학습하고 이수했다는 기록밖에 없기 때문이다. 학생이 자기주도적으로 어떤 학습활동을 했는지 전혀 알 수가 없다.

그 다음으로, '물리 과목의 기록은 학생에 대한 정보가 있으나, 그 기록이 학생의 학업역량을 보여주지는 않는다.'ⓓ라는 평가는 교사에게 몇 가지 질문을 한 것에 대한 정보만을 생성하고 있기 때문이다. 학생이 물리에 대한 관심을 보여주기는 하지만, 그 관심이 지식의 누적이나 지식의 양과 확장으로 나타나지는 못하고 있다. 즉, 지식의 누적이나 확장을 가져올 수 있는 보고서나 소논문 쓰기 등과 같은 후속활동이 나타나지 않는다. 그래서 입학사정관은 그 관심이 후속활동으로 이어졌는지를 확인하기 위해 학생부 다른 영역의 기록을 확인해 보아야 한다ⓔ는 것이다.

마지막으로, '돋보임', '진지하며', '호기심을 갖고 탐구하는', '성실하게', '열중하는', '뛰어난', '대단함'이라는 정의적 영역의 표현들이 많다. 이는 학생 개인의 학습활동에 대한 성장·발달이 어떤 학습활동을 거쳐 어디에까지 도달했는지를 구체적으로 기술하지 못하고 추상화시키는 결과를 초래한다. 또한 이는 학생 개인의 노력이 교과학습활동에서 주도적으로 실천되지 않았다는 것을 의미한다.

따라서 학생 C의 기록은 학업능력을 드러내기에는 많이 부족하다. 그러나 이와는 대조적으로 학생 D의 기록은, 다양한 활동이 구체적으로 기술되어 있음을 보여준다.

〈학생 D〉

· 국어 : 책 광고 제작하기 수행평가로, '한국의 CSI'이라는 책을 읽은 후 책에 대한 정보와 자신이 느낀 점을 담아 아름다운 구조물로 제작하여 제출하였으며, 우수 제작물로 선출되어 교내에 전시되기도 함. 토론의 방법과 규칙에 대해 익힌 후 '고교 평준화 폐지해야 하는가?'에 관한 토론에 참가하여 조사해 온 통계 자료와 객관적 근거를 바탕으로 주어진 시간 안에 자신의 주장을 논리적으로 펼쳤으며, 상대방 논리의 허점을 날카롭게 지적하며 인상적인 모습을 보임. 상대방의 반박에도 냉정을 유지하고 위축되지 않았을 뿐 아니라 순발력 있는 대응을 하여 토론의 활기를 불어넣음. 명료한 발음과 침착한 태도, 적절한 손짓과 시선처리 등 효율적인 비언어, 반언어를 활용하여 토론을 주도적으로 이끌었음.

· 한국사 : 프로젝트수업발표회에 참석하여 발표 주제에 대한 발제를 하고 비판력과 분석력을 기르는 좋은 기회를 가짐. 역사 학습 내용을 구조화하여 스스로 정리하는 능력이 뛰어나고 수업 중 교사의 발문에 적극적으로 탐구하며 노력하는 자세를 보임. 개화기 3대 근대화 운동의 공통점과 차이점에 대하여 발표함으로써 근대화의 의미를 탐구해보는 활동을 하였으며 일제강점기 통치정책 및 수탈정책에 대하여 각 시기별로 발표함으로써 역사의식을 함양하고 문제해결능력을 기름. 프로젝

트 수업으로 〈김영삼~김대중정부〉를 주제로 정하여 정확한 수업내용과 이해를 위하여 지도안과 파워포인트를 작성하고, 영상자료를 구하여 수업을 진행하였음.

· 방과후 : '경제학콘서트(팀 하포드, 웅진지식하우스)'를 통해 경제학의 기초 개념(희소성, 완전경쟁시장, 가격탄력성, 가격차별화, 시장실패, 정부 실패 등)들이 세상의 모든 측면에 적용될 수 있음을 깨달음. 또한 일상생활에서 발견할 수 있는 경제학적 사례를 논함으로써 보다 경제학을 쉽게 이해할 수 있는 기회를 가짐. 논문 주제 설정 방법, 자료조사 및 정리 방법, 논리 전개 방식, 편집 양식, 참고문헌 작성법 등을 익혀 '문학 작품에 나타난 사랑의 다양한 유형'이라는 주제로 논문을 작성하고 이를 PPT로 제작하여 발표함

· 문학 : 가전체 소설 쓰기 수행평가에서 빵집 브랜드를 역사적 인물처럼 의인화한 '빠바 선생전'을 통해 맛있는 빵을 만들어 많은 국민들의 입을 즐겁게 해주고, 보다 싼 가격에 빵들을 구입할 수 있게 해준 대기업 프렌차이즈 빵집의 그의 공로功勞는 마땅히 인정받고 드높임 받아야 하지만 반면에 경쟁적으로 매장을 늘리면서 동네 빵집상권을 무너뜨린 독과점의 폐해에 대한 우려를 우회적인 수법을 통해 참신하게 지적하였음. NIE 논술시간을 활용하여 '송파모녀사태로 빚어진 복지 사각지대 대책', '의료 영리화에 따른 의료의 공공성', '문학 한류와 번역의 문제', '세월호 사태 수습대책', '윤동주 시 재해석' 등의 주제에 대해 단순히 신문을 읽고 쓰는 차원을 넘어 사설에서 전달하고자하는 중심 내용을 비판적으로 이해하는 논술 능력과 더불어 도덕적 판단 능력이 뛰어난 학생임.

· 독서와 문법 : 학생다운 성실함과 겸손함, 그리고 탐구정신을 지녀, 교사가 수업을 즐겁게 이끌어가며 보람을 느끼도록 해 주는 학생임. 인문, 사회, 과학, 예술 등 다양한 분야의 글들을 중심문장 찾기, 표지 활

용하여 문장 간의 관계 파악하기, 단락 간의 의미 관계 추론하기 등의 독해 방법을 활용하여 글을 읽는 목적에 맞게 정확하게 독해할 수 있음. 나아가 인문, 사회 분야의 글을 읽고, 배경지식과 참고 자료를 활용하여 글 속에 담긴 주장과 이를 뒷받침하는 근거의 타당성과 신뢰성을 평가할 수 있으며, 그러한 내용을 설득력을 지닌 한 편의 글로 작성할 수 있음. 또한, 요모조모 궁리하고 상상하며 즐겁게 문학 작품을 읽을 수 있을 뿐만 아니라, 글쓴이가 감추어 두었거나 생략한 빈틈을 메워 가며 능동적으로 작품의 의미를 구성할 수 있음. 특히, '흐르는 북' 속 인물의 행동을 윤리적, 사회적, 미래적 관점 등에서 다각도로 깊이 있게 해석한 글을 작성하여 발표함.

〈총평〉

ⓐ 수업에서 보여준 학생의 다양한 활동 기록이 인상적이다. 학생이 무엇을 어떻게 하였는지 모든 교과에서 자세히 기록하고 있다. ⓑ 문학 세부 능력 및 특기사항은 문학 시간에 논술 수업을 한 것으로 추정된다. ⓒ 학생부의 다른 항목과의 연관성을 확인할 수 없다는 점이 아쉽다(김경범, 2016: 146-147).

먼저, '수업에서 보여준 학생의 다양한 활동 기록이 인상적이다. 학생이 무엇을 어떻게 하였는지 모든 교과에서 자세히 기록하고 있다.'(ⓐ)라는 평가는 다음과 같은 기록에 토대를 두고 있다.

첫째, 한국사의 경우는 프로젝트수업발표회 참석, 개화기 3대 근대화 운동의 공통점과 차이점에 대한 발표, 일제강점기 통치정책 및 수탈정책에 대한 발표, 〈김영삼~김대중정부〉를 주제로 한 지도안과 파워포인트를 작성 후 영상자료를 구하여 수업 진행이다. 둘째, 방과후의 경우는 일상생활에서 발견할 수 있는 경제학적 사례를 논함, '문학 작품에 나타난 사랑의 다양한 유형'이라는 주제로 논문을 작성 후 PPT로 제작 발표이다. 셋째, 문학의 경우는 가전체 소설 쓰기 수행평가로 '빠바 선생전' 제출, NIE 논술시간을 활용하여 사설에 대한 비판적 독해이다. 독서와 문법의 경우는 '흐르는 북'에 대해 해석한 글을 작성하여 발표 등이다. 이러한 다양한 활동은 능동적이고 적극적이라는 것을 표출하기에 적절할 것이다. 특히, 〈김영삼~김대중정부〉, '문학 작품에 나타난 사랑의 다양한 유형' 등에서는 일련의 활동과정이 구체적으로 기술되고 있다.

다음으로, 문학 시간에 논술 수업을 한 것으로 추정된다. ⓑ라는 평가는 문학 시간을 NIE 논술시간이라는 용어가 있기 때문이다. 이는 교과의 목적에 맞지 않는 수업으로 비춰질 우려가 있다.

마지막으로, '학생부의 다른 항목과의 연관성을 확인할 수 없다는 점이 아쉽다'(ⓒ)라는 평가는 세부능력 및 특기사항과 다른 영역의 연결고리를 형성하고 있지 못하다는 것과 다른 영역에서 학생의 개인적인 노력을 뒷받침할 수 있는 정보를 찾을 수 없다는 것으로 해석할 수 있다. 따라서 교과학습활동의 다양성과 구체성이 더 입증되기 위해서는 동아리활동이나 진로활동 등에서 연계를 모색해야 할 것이다.

3 행동특성 및 종합의견과 학업능력 평가 사례

> 버핏의 아버지는 아들에게 '어린 녀석이 무슨 주식투자냐' '공부나 열심히 해라'
> '주식투자는 위험하다"고 말하지 않았다. 오히려 어린 버핏이 관심 있는 분야를
> 북돋아주고 지원해 주었다. …… 버핏의 아버지는 어린 버핏이 재능과 적성을 살
> 려 금융 분야에서 일하기를 원했다. …… 버핏의 적성과 아버지의 뜻이 맞아 떨
> 어졌던 것이다(서정명, 2008: 262).

　학업능력은 주로 세부능력 및 특기사항이나 창의적 체험활동에서 기록되지
만, 행동특성 및 종합의견에서도 기록할 수 있다. 일반적으로 이 영역은 인성적
인 측면을 기술하는 것이라고 생각하는 경우도 있으나, 담임교사가 다른 영역
에서 드러내지 못한 학업능력을 보완하여 기술할 수 있다.

　아래에 기록된 학생 E와 학생 F의 기록은 매우 대조적이라고 할 수 있다. 이
에 대한 충분한 이해는 학생부종합전형을 지원하는 학생에 대한 교사의 기록에
도움이 될 것이다.

〈학생 E〉

　1학년 때 물리학자를 꿈꾸던 진로를 바꿔 법조인이 되겠다는 확고한 의
지를 지니고 있으며, 이를 위해 다양한 활동에 적극 참여함. 법과 정치 수업
의 부장으로, 수업 시간에 필요한 기자재나 자료를 미리 준비하고 있으며,
교내 법 동아리 똘레랑스에 가입하여 동아리법 만들기, 모의 법정 대본 만
들기 등의 다양한 활동을 함.

〈학생 F〉

학생은 학업성취도가 아주 우수한 학생입니다. 하지만 혼자서 탐구 활동을 할 때보다 협력학습을 할 때 자신의 능력을 더 발휘합니다. 2명이 조를 이루어 출전한 ○○과학탐구대회에서 전국대회에 출전하는 ○○대표로 선발되었고 ○○논술토론대회에서도 결승까지 진출하는 성과를 거두었습니다. 이러한 학업역량은 다양한 의견을 경청하는 겸손한 자세에서 비롯한 것이라고 판단합니다. 논술토론대회 준비과정에서 '인공위성의 발사를 제한해야 하는가'라는 주제를 파악할 때, 단순히 인터넷 기사에 의존하여 입론과 반론의 깊이가 부족하다는 물리과목 선생님의 충고를 들었습니다. 그 즉시 대회에서 제시한 모든 참고문헌을 구입하여 다 읽고 자신의 의견의 깊이를 더하는 동시에 대회 전날 새벽까지 발표연습을 하였습니다. 또한 탐구대회에서는 친구의 의견을 수용해 보고서 작성은 친구에게 부탁하고 자신은 신속 정확한 손재주를 활용해 실험 기구 세팅과 실험 조작을 주도하여 주어진 용질로 자신이 원하는 농도의 용액을 만든 후 미지의 용액의 밀도와 비교하는 실험을 성공시켰습니다.

〈총평〉

ⓐ E와 F를 비교하면 학생의 특성 변화를 드러내는 정도가 어떠한가를 알 수 있다. ⓑ E는 학생의 진로 변화과정이 잘 나타나지만 이미 다른 영역에서 알 수 있는 사실을 다시 언급하였다. ⓒ 그러나 F에서는 학생의 장점과 학업능력, 학업태도, 학업외소양이 잘 드러나도록 기록하고 있으며 학생 개인에 초점을 맞추어 드라마틱하게 쓰고 있다. ⓓ 이러한 기록은 교사가 학생에 대해 애정을 갖고 관찰을 할 때 나타날 수 있는 기록으로 학생 개인에 대한 관심이 아주 높다는 것을 알 수 있다(김경범, 2016: 108).

먼저, 'E와 F를 비교하면 학생의 특성 변화를 드러내는 정도가 어떠한가를 알 수 있다.'(@)라는 평가는, 학생 E의 경우는 다른 영역의 요약 정도에 해당하나, 학생 F의 경우는 개별화의 특성을 지니고 있기 때문이다. 담임교사가 다른 영역에 있는 것을 보고 요약하기보다는 물리학자에서 법조인으로 바뀐 이유가 무엇인지 구체화시키는 편이 나을 것이다.

다음으로, 'E는 학생의 진로 변화과정이 잘 나타나지만 이미 다른 영역에서 알 수 있는 사실을 다시 언급하였다.'라는 평가는 이미 다른 영역에서 학생의 특성을 파악했다는 것을 의미한다. 입학사정관은 이 영역에서 궁금하거나 의문이 나는 것을 해결하고 싶을 것이다. 따라서 담임교사는 학생부를 전체적으로 조망하는 안목이 필요하다.

마지막으로, '그러나 F에서는 학생의 장점과 학업능력, 학업태도, 학업외소양이 잘 드러나도록 기록하고 있으며 학생 개인에 초점을 맞추어 드라마틱하게 쓰고 있다.'라는 평가는 "상대방에게 알리고자 하는 바를 재미있고 생생한 이야기로 설득력 있게 전달"(한국문학평론가협회, 2006)하고 있기 때문이다. 학생 F의 기록은 한마디로 말해 스토리텔링Storytelling이다.

사람은 이야기를 하고 싶어 하고, 이야기를 듣고 싶어 하고, 이야기로 다른 사람과 소통하고 싶어 한다. 스토리텔링은 어린 시절부터 세상을 이해하고 배우던 기본 방법인 동시에 이야기가 가지고 있는 창의성과 감성을 바탕으로 꿈과 가치를 보다 호소력을 가지고 설득력 있게 전달해 주는 커뮤니케이션 형태다. **정보를 단순히 단편적으로 전달하는 것이 아니라 전달하고자 하는 정보를 쉽게 이해시키고, 기억하게 하며, 정서적 몰입과 공감을 이끌어내는 특성이 있다는 점에서 어떤 주제를 전달할 때 쓸 수 있는 가장 효과적인 방법이다**(백미숙, 2014).

논의로 돌아와서 학업능력은 탐구활동 시 협력학습, 2명이 조를 이뤄 대표로 선발, 논술토론대회에 결승 진출 등으로 나타나며, 학업태도는 '참고문헌을 구입하여 다 읽고 자신의 의견의 깊이를 더하는 동시에 대회 전날 새벽까지 발표연습'과 '자신은 신속 정확한 손재주를 활용해 실험 기구 세팅과 실험 조작을 주도하여 주어진 용질로 자신이 원하는 농도의 용액을 만든 후 미지의 용액의 밀도와 비교하는 실험'에서 드러난다. 이와 더불어 학업 외 소양은 다양한 의견을 경청하는 겸손한 자세, 물리과목 선생님의 충고 수용, 친구의 의견 수용에서 잘 표출되고 있다.

따라서 입학사정관은 '이러한 기록은 교사가 학생에 대해 애정을 갖고 관찰을 할 때 나타날 수 있는 기록으로 학생 개인에 대한 관심이 아주 높다는 것을 알 수 있다.'(ⓓ)라는 맺음으로 호평을 마무리 한다.

둘

학생부
종합전형
사례 분석

제1장

학생부
영역과
사례 분석

구슬이 서 말이라도 꿰어야 보배가 된다. 학생부 영역 간에도 꿰어야 빛을 발할 수 있다. 학생부종합전형을 위한 학생부 기록이라면 더더욱 영역 간의 연계가 중요하다. 그런데 연계를 할 때 구심점이 되는 것이 무엇인가를 생각해볼 필요가 있다. 10개의 학생부 영역 중에서도 교과학습발달상황이 학생부의 중핵이라고 보아야 한다. 왜냐하면 교과 성적뿐만 아니라 학생의 "학습 노력, 학업 수행 과정, 학업 소양, 적성, 학습방식과 결과 등 다양한 내용"(서울대학교 입학본부, 2016b: 30)이 세부능력 및 특기사항에 기록되기 때문이다. 특히, 이 영역은 학생부종합전형에서 평가하고자 하는 학업능력과 직결된다.

그런데 학업능력은 수상경력이나 창의적 체험활동의 동아리활동이나 진로활동 등에서도 나타낼 수 있으며, 독서활동에서도 드러낼 수 있다. 그래서 입학사정관은 "학업 결과 이외에도 학생 개개인이 어떤 노력과 학업 특징을 보여 왔는지, 특별한 학업 소양을 어떤 학습과정에서 어떻게 보여 왔으며 어떤 성장을 보였는지"(서울대학교 입학본부, 2016b: 30)를 세부능력 및 특기사항뿐만 아니라 다른 영역의 활동과도 연계하여 검토한다. 이러한 연계 검토는 학업능력 이외에도 학업태도나 학업 외 소양에서도 동일하게 이루어진다. 따라서 학생부를 기록할 때 교과학습 발달상황의 세부능력 및 특기사항을 구심점으로 하여 학생부의 다른 영역과 연결고리를 형성해야 할 것이다. 이를 〈그림 1〉로 나타내면 다음과 같다.

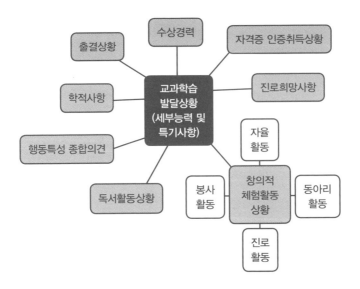

〈그림 1〉 학생부 영역의 연계

교과학습발달상황과 연계된 학생부 영역은 학적사항, 출결사항, 수상, 자격증 및 인증취득 상황, 진로희망사항 등을 제외한 나머지 영역과의 조합 형태로 나타날 수 있다. 그런데 학생부 기록 중에는 교과학습발달상황과 연계되지 않는 학생부 영역 간 조합도 실제하고 있다. 학생부 연계 방법을 나타내면 다음과 같다(김경범, 2016).✔

· 조합 A: 세부능력 및 특기사항+(창의적 체험활동)+(독서)
· 조합 B: 창의적 체험활동+독서

'조합 A'는 ① '세부능력 및 특기사항+창의적 체험활동', ② '세부능력 및 특기사항+독서활동', ③ '세부능력 및 특기사항+창의적 체험활동+독서활동'으로 세분화될 수 있다. 다만, ② '세부능력 및 특기사항+독서활동'의 경우는 현실에서 시행되고는 있으나, 교과활동에 대한 학생 개인의 노력을 잘 드러내지 못한다는 어려움이 있다. 왜냐하면 교과학습활동이 독서활동과 연결고리를 형성하는 데에 한계가 있기 때문이다. 어떤 특정교과에서 다루어진 학습활동이 심화된 독서로 이어진다고 하더라도 세부능력 및 특기상황에 학생의 성장·발달 과정이 추상적으로 기록될 가능성이 높다. 뿐만 아니라 독서활동은 특정교과와 관련하여 기술할 수 있지만, 글자 수의 제한으로 인하여 독서를 한 동기나 계기, 평가, 자신에게 미친 영향 등을 작성하기에 어려움이 따른다. 특히, 독서활동에 기록된 내용이 특정교과의 학습활동과 어떻게 연결고리를 형성하고 있는지를 쉽게 파악할 수가 없다는 점에서 학업능력을 생성하기가 쉽지 않다.

✔ 수상경력이 학생부의 다른 영역과 연결고리를 형성할 수 있다면 김경범(2016)에 의해 밝혀진 네 가지 조합(조합 1: 세부능력 및 특기사항+수상, 조합 2: 세부능력 및 특기사항+수상+(창의적 체험활동)+(독서), 조합3: 세부능력 및 특기사항+(창의적 체험활동)+(독서), 조합 4: (수상)+(창의적 체험활동)+(독서)는 가능하나, 2016년 학생부 기재 요령의 새로운 규정에 따라 학생부 영역의 조합 방법은 달라질 수밖에 없을 것이다. 만약 수상과 관련된 학생정보 생성이 다시 가능해진다면, 네 가지 조합 방법은 매우 의미가 있을 것이다.

　'조합 B'는 교과활동과 분리되어 있기는 하지만, 학업과 관련된 학생 개인의 노력이 드러날 수도 있다.

1 학생부 영역과 사례

캐나다 댈하우지대학 실험결과, 학습자 중심의 자기주도 학습을 한 학생이 교사 주도 학습을 받은 학생보다 더 긍정적인 태도를 가지며, 학생들의 자기주도적 학습능력이 교과과정을 습득하는 데 있어서도 중요한 영향을 미치는 것으로 나타난다(이규민, 반재천, 도승이, 김현진, 2011: 39).

1) 조합 A[세특+(창체)+(독서)]와 사례 분석

김경범(2016)에 의하면, 이 조합은 자연히 교과 세부능력 및 특기사항이 중심적인 역할을 한다. 특히, 교과는 고등학생이 배워야 할 지식을 포괄하고 있고, 창의적 체험활동은 교과 지식과 직접적으로 연결될 수 있다. 학교에서는 학급자치회 및 학생회, 안전, 성희롱, 성폭력, 결핵, 독도 등에 대한 교육, 각종 외부강사 특강, 수련회, 체육대회, 탐방, 동아리, 학내외 봉사활동, 진로검사, 학내외 축제 등이 이루어진다. 이러한 다양한 활동들이 세부능력 특기사항과 연계되어 학생의 정보를 어떻게 생성시키는지를 밝히고 있다. 이를 간단하게 정리하면 다음과 같다.✔

> ✔ 김경범(2016)에 의해 제시된 조합2(세부능력 및 특기사항+(창의적 체험활동)+(독서))에서 수상만 제외하였다. 이하 정리 부분도 동일하다.

〈학급자치회나 학생회 회의의 경우〉
① '다수결에 의한 표결 방식의 타당성'에 대한 호기심
② 사회, 역사, 윤리 등의 교과와 연결
③ 교과지식을 바탕으로 동아리활동 및 독서를 통한 지식 확장
④ 탐구보고서 작성 후 제출

⑤ 보고서 평가✔

⑥ 학생부 여러 영역에 학생의 정보 기록

✔ 평가 후
시상이 이루어
질 수는 있다.

만약 이러한 교육활동이 이루어진다면, 학생의 정보를 구체적으로 생성시킬 수 있을 것이다. 그러나 현재 학생부 기록의 모습은 이와는 달리 매우 추상적으로 정보를 생성하고 있다.

NO GOOD NG 사례

학기 간부학생수련회(2014.03.29, 교내)에 참여하여 회의진행법 강의를 들음으로써 민주적인 의사결정 방법을 습득하고, 리더십 교육을 통해 진정한 리더의 자격과 의미에 대해 이해하는 기회를 가짐. 아울러 조별 분임토의 시간을 바탕으로 협동정신에 기반을 둔 토의능력을 향상시키는 가운데, 발표에도 참여하여 효과적으로 내용을 정리하고 이해한 모습을 보임(자율)

1학기 학급 회장(2015.03.01 ~ 2015.08.16)으로서 급우들을 잘 이끌고 학급의 학습 분위기와 급우간의 화합을 도모하는 데 역할이 컸으며, 매사에 성실하게 활동함(자율)(김경범, 2016: 94)

간부학생수련회는 학생회 임원이라면 누구나 참가해야 하는 활동이라고 하더라도 교과학습활동과 연결고리를 만들 필요가 있다. 특히 수련회 활동이 피동적이고 형식적인 활동에 그친다면 이를 개선하기 위한 방안을 탐구하거나 아니면 자율적 의사결정에 대한 호기심을 특정교과와 연결하여 독서활동을 한 후에 보고서를 작성하고 제출하는 것이 필요하다. 그리고 교사의 평가가 이루어지면 학생부 영역 간의 연결고리가 형성될 것이다.

〈안전, 성희롱, 성폭력, 결핵, 독도 등에 대한 교육의 경우〉

① 이 주제에 대한 글을 영어로 읽으면 영어 수업과 연결, 소설을 읽으면

국어 수업과 연결.

② 수행평가의 주제로 가능, 방과후학교 교과와 연동 가능, 창의적 체험 활동과 연결 가능, 독서는 주제에 따라 선택 가능.

안전, 성희롱, 성폭력, 결핵, 독도 등에 대한 교육은 대부분의 고등학교에서 외부강사를 초빙하거나 보건교사를 통해 실시되는 경우가 많다. 이를 경우 학생들은 자율적으로 하나의 주제를 선택하고 교과학습활동과 연결고리를 만들어 간다면 학업능력을 한층 강화할 수 있는 기회가 될 것이다. 하지만 학교현장의 모습은 이를 제대로 실천하지 못하는 피상적인 교육에 그치고 만다.

NO GOOD NG 사례

결핵예방교육(2013.03.19)을 통해 건강관리의 중요성을 인식함. 청소년 성관련 피해 예방 교육(2013.04.23), 성 고정 관념과 양성평등 교육(2013.05.21), 성적자기 결정과 선택 및 성충동에 대한 대처와 해소 방안 교육(2013.06.25)을 통해 건전한 성의식 함양과 양성평등의식을 갖추는 계기가 됨. 성폭력 이해, 청소년 성폭력 피해, 성매매 피해, 사이버 성폭력, 성 상품화(2013.09.17, 10.01, 10.08, 12.17, 2014.02.11)에 관한 교육을 통해 성폭력의 심각성과 성매매가 건전한 사회 형성에 미치는 광범위한 악영향 등에 대해 알게 되었고 이를 통해 경각심을 고취시키는데 좋은 계기가 되었음(김경범, 2016: 59).

이러한 기록은 학생의 정보를 단순하게 나열시키면서 양적 팽창만 가져왔을 뿐 학생의 질적 수준이 확장되어 가는 모습을 확인할 수가 없다. 건강관리의 중요성 인식, 성 고정 관념과 양성평등, 성적자기 결정과 선택 및 성충동에 대한 대처와 해소 방안, 성폭력 이해, 청소년 성폭력 피해, 성매매 피해, 사이버 성폭력, 성 상품화에 대한 문제해결 방안, 폭력의 심각성과 성매매가 건전한 사회 형성에 미치는 악영향 등은 보고서나 소논문✔을 쓰기에 적절한 주제가 될 수 있다. 따라서 자율활동에 피동적으로 참가하기보다는 능동적인 참여의식을 가지고 교과학습활동과 연계할 수 있는 학생 개인의 노력이 요구된다. 뿐만 아니라 학교는 특정교과와 연계된 수행평가를 고려해볼 수도 있을 것이다.

　학생들은 여러 교육활동에서 자율적으로 주제를 선정하고 그 주제에 적합한 독서활동을 한 후, 수행평가 보고서나 소논문 쓰기 형태의 글을 작성하고 제출할 수 있을 것이다. 이후 교사의 평가를 통해 학생의 정보를 구체적으로 생성시킬 수 있다. 교과학습활동과 연결고리가 이루어지지 않는다고 하더라도 동아리활동에서 부원들과 함께 토론하여 연구 보고서를 작성한 후, 그 주제와 관련된 교과 담당교사에게 제출한다면 학업능력을 드러낼 수 있는 기회가 될 것이다. 그리고 교사 평가가 이루어지면 학생부 영역 간의 연결고리가 자연스럽게 형성될 것이다.

✔ 최근에 R&E와 관련하여 소논문 쓰기가 유행하고 있으며, 학부모나 학생들은 '대입 필수 스펙'으로 여기는 경우가 있다. 하지만 입학사정관의 입장은 이와는 정반대이다. 김응빈 연세대 입학처장은 "소논문의 경우엔 지원자의 서류에 기재된 활동 중 하나로 평가할 뿐, 소논문 자체의 내용이나 실적 등은 전혀 평가하지 않는다."고 했다. 그리고 서울의 B 대학 입학사정관은 "다만 소논문이 자신의 장점을 보여주는 데 가장 적합하고 꼭 필요한 활동이라고 판단했다면, 반드시 고교 교과 과정과 연계해 주제를 정하고 고교생 수준에 맞게 작성해야 한다는 점을 잊지 않았으면 한다."고 조언했다(조선에듀, 2016.04.24).

〈외부 특강의 경우〉

① 학기 초에 계획에 따라 그 학기 교육과정과 특강 연계 구성

② 교사가 학생들에게 특강을 듣기 위한 준비 유도

③ 각 교과별로 수업내용 및 수행평가와 연계된 특강 주제에 관심을 가지고 준비 프로그램에 참여할 학생을 공지

④ 특강 준비에 참여하는 학생들은 스스로 책을 읽거나 정보를 수집하여 특강에서 질문할 내용들과 그 질문에 대한 답을 정리

⑤ 질문에 대한 답을 정리한 보고서 혹은 답을 찾지 못했다는 보고서를 작성하여 제출

⑥ 보고서 평가

⑦ 학생부 여러 영역에 학생의 정보 기록

①의 예:

· 물리 교과가 개설된 학기라면 외부 특강 강사로 대학교 물리학과 교수
  로부터 '우주의 탄생'에 대한 강의 구성

· 생물이 개설되었으면 '생명의 탄생'이나 '생명 윤리'를 주제로 외부 강
  의 구성

· 화학이 개설되었으면 '물질의 구성 원리'를 특강 주제로 강의 구성

· 경제 과목이 있다면, 은행, 세무서 등에서 일하는 학부모를 모셔다가
  금융이나 세금 관련한 강의를 듣거나 대학의 교수들을 초빙

②의 중요성: 특강과 교과만을 연결하는 수준에 그치면 학생에 대한 정보
            가 부족함. 따라서 영역 간 연결에서 중요한 요소는 학생 주
            도적 참여에 의한 학생 정보를 생성하기 위함.

③의 중요성: 진로에 대한 확고한 의식이 있는 학생이 있다면, 그 학생은
            진로희망에 대한 준비 활동을 겸함. 진로에 대한 특별한 관
            심이 없는 학생에게는 지적인 호기심을 충족하는 계기가 됨.

우주의 탄생, 생명의 탄생, 생명 윤리, 물질의 구성 원리, 금융이나 세금 등
과 같은 특강은 보고서나 소논문 쓰기의 적절한 주제가 될 수도 있고, 자신의 진
로를 결정하는 데에 동기나 계기로 작용할 수도 있다. 특히, 주제에 따라 학문적
측면의 글쓰기나 실용적 측면의 글쓰기가 가능하므로 특정교과와 관련된 보고
서나 소논문을 작성한다면, 학업능력뿐만 아니라 전공적합성과 관련하여 자기
주도적인 학습효과를 드러낼 수 있다. 그럼에도 불구하고 학생정보에 대한 생
성은 의미 없는 경우가 많다.

○○대학과의 교육 협력 교류의 일환으로 개최된 '2013 과학자초청 이공계 진로 특강(2013.12.02.)'에 참가하여 '이공계 학생들의 진로 비전'이라는 주제로 과학을 삶의 일부로 살아가는 과학자로서 발전하는 과정을 접하고 그 속에서 의미 있는 일을 찾아가는 방법에 대한 생각을 하는 계기가 됨(진로)(김경범, 2016: 180)

이는 학생활동의 정보라기보다는 학교공통의 정보라고 보는 것이 맞다. '이공계 학생들의 진로 비전'이라는 주제로 외부강사가 과학을 삶의 일부로 살아가는 과학자로서 발전하는 과정을 설명했으며, 학생은 그 특강을 통해 의미 있는 일을 찾아가는 방법에 대한 생각을 하는 계기가 되었을 뿐이다. 이에 대한 후속활동이 전혀 이루어지지 않고 있고 있다. 만약 어떤 계기가 이루어졌다면 그에 대한 교과활동이나 독서활동 또는 동아리활동 등을 통해 그 결과물이 나오고 그에 따른 학습활동 과정이 필수적으로 동반되어야 한다.

만약 학생이 특강을 통해 계기를 마련하고, 그 후 이공계 학생의 진로 비전이라는 주제와 관련된 '과학기술과 미래 사회'나 '과학기술의 양면성과 과학자의 태도', '미래 과학기술의 인재상' 등에 대한 탐구를 하고 보고서를 제출한다면, 학생 개인의 노력이 높이 평가될 수 있을 것이다. 만약 인문·사회계열의 학생이라면 '과학기술과 윤리', '과학기술과 사회적 책임' 등과 같은 주제를 설정하여 탐구해 볼 수 있을 것이다. 그리고 교사 평가가 이루어지면 학생부 영역 간의 연계가 이루어진다.

〈봉사활동의 경우〉

① 다른 교과와 연결하여 보고서를 작성하거나 동아리활동과 연계하여 그 활동 내역을 축제에서 발표 후 보고서 작성

② 보고서 평가

③ 학생부 여러 영역에 학생의 정보 기록

①의 예:

· 교내 화장실 청소를 한 학생의 경우 - 학생이 화장실의 냄새, 위치, 구
조와 (정수)시설, 역사에 관심이 있다면 화학, 물리 선생님을 찾아가거
나 스스로 또는 친구들과 모여서 독서를 통해 궁금한 점 해소하고 보고
서 작성.

· 학교 밖 하천 정화활동이나 학내 분리수거 봉사활동을 했던 학생의 경
우 - 쓰레기나 환경과 관련된 화학 또는 생물 교과에서 배운 지식을 동
원하여 쓰레기의 부패와 재활용, 쓰리기의 종류, 정화 시설의 원리 등
을 더 공부하고 보고서 작성.

· 양로원 청소와 말벗 봉사활동을 했던 학생의 경우 - 우리 사회의 고령
화 문제나 복지시설에 대한 관심을 갖고 사회, 경제, 과학 교과에서 배
운 지식을 활용하여 사회 교과의 수행평가를 했고, 친구들과 함께 지역
사회의 인구 구조와 요양시설의 수용 능력에 대한 정보를 모아 보고서
작성.

만약 ①의 예처럼 보고서가 작성된다면 학생의 학업능력은 효과적으로 드러
낼 수 있다. 일반적으로 봉사활동은 학업 외 소양적인 측면만 드러낼 수 있다고
생각하기 쉬우나, 학업능력뿐만 아니라 학업태도도 충분히 기술할 수 있는 영
역이다. 하지만 실제 학생부를 보면 어떤 평가기준에도 도달하지 못하는 경우
도 있다. 다음의 경우를 보자.

NO GOOD NG 사례

월 1회 정기적으로 부모님과 아동양육시설인 ○○원에 방문하여 청소 등
봉사활동을 수행함.

한국스카우트연맹이 주관하는 제4회 국제 페트롤 잼버리에 참가하여 행사보조 및 통역활동을 수행함(2015.08.01.-2015.08.06./31시간)(김경범, 2016: 25)

이러한 기록은 학생이 봉사활동을 했다는 사실만을 알 수 있을 뿐이다. 다분히 봉사시간을 채우기 위한 활동으로밖에 보이지 않는다. 봉사활동이 학생에게 미친 영향이 무엇이었는지 기술하고 이와 더불어 '아동양육 시설의 개념과 문제점', '우리나라 아동양육의 정책 방향', '복지국가의 아동양육 지원제도 고찰', '양육수당의 문제해결 방법' 등과 같은 주제를 보고서로 제출한다면 학생 개인의 노력이 돋보일 것이다. 그리고 교사 평가가 이루진다면 학생부 영역 간의 연결고리는 자연히 만들어진다.

〈연주회나 전시회 경험〉
① 오케스트라와 악기의 구조, 음악과 대중의 취향, 특정 작가나 작곡가, 미술과 역사 등에 대한 동아리활동
② 활동 결과 보고서 제출
③ 보고서 평가
④ 학생부 여러 영역에 학생의 정보 기록

④의 장점: 입학사정관은 어느 모집 단위에서나 돋보이는 학생으로 평가함.

동아리활동은 예술이나 체육 관련 동아리가 많은 학교에서 실제로 운영되고 있으나, 취미나 특기 수준의 기록으로 머물러 버리는 경우도 많다. 다음의 기록은 이를 잘 보여준다.

NO GOOD NG 사례

청순 발랄한 예술의 끼를 발휘하여 일상적인 학교생활에서 벗어나 급우들과 함께 만드는 학교 문화에 동참, 흥미와 의욕을 불러일으키는 작품 전시회와 노래, 춤, 연극 등 공연에 참가하여 자신만의 취미와 특기를 신장시키는 소중한 계기를 마련함(자율)(김경범, 2016: 188)

만약 학생 자신의 취미와 특기를 신장시키는 소중한 계기를 마련했다면, '청소년의 학교문화', '학교문화와 예술교육', '음악과 관련된 설화 연구', '오케스트라의 역사', '클래식과 대중음악의 차이', '한국근대미술의 역사', '조선시대 산수화' 등과 같은 주제로 보고서를 제출하는 후속활동이 이루어질 수 있다. 이 활동이 이루어진다면 학업능력이나 학업태도의 하나로 좋은 평가를 받을 수 있을 것이다. 특히, 예술적 소양을 갖춘 과학도·의학도·공학도·인문학도·사회학도로 비춰진다는 점에서 전공 모집 단위와 관련 없이 좋은 평가를 받을 수 있다. 그리고 학교에서는 이와 관련된 평가를 한다면 학생부 영역 간의 연결고리가 돋보일 것이다.

〈한국사 수업과 수학여행을 연결할 경우〉

① - ⅰ 역사에 등장하는 서울이나 경주라는 도시의 운명에 관한 주제

① - ⅱ 경복궁, 첨성대 등 특정 건물이나 유적을 답사하는 활동 구상

① - ⅲ 고려시대 혹은 일제 강점기 제주의 역사에 대한 탐구

② 보고서 작성 후 제출

③ 학생부 여러 영역에 학생의 정보 기록

〈지리 교과 혹은 과학 교과와 수학여행을 연결할 경우〉

① 수학여행지의 특정 지형 탐구

② 보고서 작성 후 제출

③ 학생부 여러 영역에 학생의 정보 기록

　탐구 주제가 드러나는 보고서는 학업능력과 관련된다. 하지만 수행여행을 다녀온 후에 이루어지는 보고서는 일종의 체험보고서 수준에 그치고 만다. 즉, 기행문과 같은 글쓰기가 될 가능성이 많다.

NO GOOD NG 사례

　　오늘은 수학여행 마지막 체험을 할 수 있는 날이다. 그만큼 아침에 일어나서 아쉬움이 컸지만 하루 즐겁게 놂으로써 아쉬움을 잊을 수 있었다. 아침부터 날씨도 매우 좋았고 즐거운 마음으로 첫 번째 체험지를 갔다.

　　오늘의 첫 번째 일정은 4·3평화공원이다. 옛날 1947년 제주시민들을 대상으로 한 4·3사건은 제주주민들이 억울하게 죽는 안타까운 시민들을 기리기 위해서 만든 공원이라고 한다. 그곳에서 억울하게 죽은 사람들의 영상을 보며 나도 슬픔을 드러냈다. ……

　　인생에서 고등학교 수학여행은 단 한 번만큼 많은 것을 얻었고 그만큼 친구들과 우정 또한 돈독해질 수 있는 나에게 많은 선물을 준 거 같다.✔

　이러한 체험보고서는 수행평가로 활용되거나 아니면 학교공통의 기록 정도에 그치고 만다. 학생의 정보를 생성시키기 위해서는 여기에서 한 걸음 더 나아가 '4·3사건의 역사적 진실', '4·3사건과 여순사건의 비교', '4·3사건과 소설 담론', '한국현대사와 4·3사건' 등과 같은 보고서가 작성된다면, 세부능력 및 특기사항에 특정교과의 정보가 구체적으로 생성될 뿐만 아니라 동아리활동이나 독서활동에도 학생 개인의 노력이 담겨질 것이다.

✔ 수학여행 보고서,
http://cafe.naver.
com/ehrorh/887.

2) 조합 B(창체+독서)와 사례 분석

　김경범(2016: 78)에 의하면, 이 조합들은 교과와 직접적으로 연결되어 있지 않지만, 그렇다고 하여 학생의 학업능력과 학업태도를 보여 주지 못하는 것은 아니다. 그리고 자율활동, 동아리활동, 독서활동은 학업능력 및 학업태도와 연결될 수도 있고, 학업 외 소양과도 연결될 수도 있다. 그가 제시한 것을 간단하게 정리하면 다음과 같다.

> · 자율활동이나 동아리활동의 결과물이 특정한 주제에 대한 탐구 – 학업과 연관된 자질을 보여 줌.✔
>
> · 지난 학년이나 학기에 진행하였던 교과 관련 탐구활동, 동아리활동, 독서를 올해나 다음 학기에 이어서 수행하는 경우 해당 과목이 없을 때 – 창의적 체험활동과 연계 기록.

✔ 이는 학교 사정에 따라 수상을 할 수도 있고 그렇지 않을 수도 있다.

　이 중에서 동아리활동의 결과물이 특정한 주제에 대한 탐구로 이어진 경우를 보도록 하자.

GOOD　G 사례

　(Silver Bullet: 자율동아리) …… 4명이 팀을 이루어 '통학 시 이용하는 교통수단이 환경에 미치는 영향비교'를 연구주제로 탐구활동을 성실히 진행하여 연구결과 보고서를 제출함. 등하교시 이용하는 교통수단에 따라 배출되는 이산화탄소의 양을 측정하기 위해 스마트폰 어플을 사용하여 탄소 배출량을 계산해보면서 자전거를 타는 것만으로도 매우 많은 양의 탄소를 줄일 수 있다는 것과 손쉽게 탄소 배출량 계산을 할 수 있다는 것을 알게 되면서 조금만 관심을 가진다면 주변에서 할 수 있는 환경 지킴 활동이 많다는 것

을 깨닫게 되었음(내일신문, 2016.04.24.).✔

　　자율동아리Silver Bullet 활동의 결과물은 '통학 시 이용하는 교통수단이 환경에 미치는 영향비교'라는 주제의 연구보고서이다. 이 보고서의 내용은 등하교시 교통수단에 따라 배출되는 이산화탄소의 양을 측정하기 위해 스마트폰 어플을 사용하여 탄소 배출량을 계산하고, 그 결과 자전거를 타는 것만으로도 매우 많은 양의 탄소를 줄일 수 있다는 것이다. 연구 주제와 내용을 구체적으로 밝히고 있음을 볼 수 있다. 입학사정관이 학생의 학업능력을 파악하기에 충분하다.

✔ 서울대 일반전형 지구환경과학부와 연세대 특기자전형 지구시스템과학부에 최종 합격한 학생의 동아리활동 기록이다.

2 학생부 작성을 위한 교사 소통과 사례 분석

> 소통과 협력, 협력과 소통은 수레의 양 바퀴다. 구성원들 사이에 소통이 잘 이루어져야 협력이 쉽다. 반대로 협력이 잘 되어야 소통이 원활하다. 구성원 모두가 한 배를 타고 있음을 다시 일깨워야 한다(백종환, 송인태, 2012: 176).

학생부 영역 간의 연결고리가 형성되려면 그 영역과 관련된 모든 교사의 소통과 협력이 먼저 이루어져야 한다. 소통과 협력이 이루어지면 학생의 정보를 하나의 유기체로 만들 수 있다. 하지만, 현재의 학생부는 그 영역 간의 단절로 인하여 유기적으로 연결고리를 만들지 못하고 있다. 이는 학생 정보의 부재를 가져온다.

최근에 열린 '2016 서울대 학생부종합전형 우수성과 공유 컨퍼런스'에서 서울대 학생부기록개선방안 연구팀의 김경범 교수의 말은 시사하는 바가 크다.

> 학생부 자율활동 항목엔 자율활동 내용이 없어요. 안전교육을 받은 학생이면 그냥 '몇 월 며칠 안전교육을 받음'이 끝이에요. 길어봤자 '열심히 참여함'이고요. 이건 학교 기록이지 학생 개인에 대한 기록이 아니죠. 교사들끼리 모이세요. 그리고 학생에 대한 정보와 관찰 내용 등에 대해 소통하고 공유하세요. 그래야 현 학교 기록에서 학생 정보가 제대로 드러나는 '학생 기록'으로 옮겨갈 수 있어요(조선에듀, 2016.02.18).

창의적 체험활동의 하위 영역의 하나인 자율활동 영역에 학교정보는 있으나 학생정보가 없다는 것이다. 있다고 해도 '열심히 참여함'이라는 매우 추상적인 교사의 관찰과 평가만 있다. 결과적으로 소통의 부재로 인한 학생정보의 부재는 학생부 기록을 획일화함으로써 학교의 영향력은 강화될지는 모르나 학생의 영향력은 약화될 수밖에 없다. 아래의 자율활동 영역에 대한 기록은 이를 잘 보여준다.

NO GOOD NG 사례

> 2학기 학급 서기(2013.08.16~2014.02.28)으로서 회의록 등 학급일지 작성 및 그 기록을 보관하며 출결기록을 확인하는 데 있어 성실하게 활동함. 학급회의에 능동적으로 참여하여 자신의 의견을 개진하고 상대방의 의견을 잘 경청하였으며 특히, 장애 이해 및 장애인 인식 개선을 위한 학급회의(2013.06.28) 및 성폭력, 성희롱 예방을 위한 학급회의(2013.11.22)에 참여함으로써 스스로의 인식을 개선하고 정신적 성장을 이루는 계기가 됨. 우리역사문화 바로알기 체험활동 (2013.05.08-2013.05.10, 강원권 지역)에 참여하여 강원도 지역의 유적지 탐방 및 견학 활동을 통해, 역사문화적 식견을 높이는 계기로 삼음. 제35회 ○○제 행사(2013.09.06)에 참가함. 체육 한마당(2013.09.17)에서 학급대항 피구경기에 참여하여 학급의 단합을 도모하고 줄다리기에 참여하여 학급의 단결력과 협동심을 기르는 등 단합된 공동체의식을 깨우치는 계기가 됨. 학생 건강체력검사(2013.10.04)에서 탁월한 기초체력으로 체육 분야에 많은 잠재력을 보임. 장애학생 인식개선교육 (2014.03.21.) 인권의 뜻과 의의에 대해 알고, 모든 이들의 인권을 존중하고자 하는 태도를 기름(김경범, 2016: 82).

2학기 학급 서기, 학급회의, 우리역사문화 바로알기 체험활동, 제35회 ○○제 행사, 체육 한마당, 학생 건강체력검사, 장애학생 인식개선교육과 같은 다양한 학교정보를 보여주고 있으나, 정작 학생정보는 특별한 의미를 갖지 못한다. 즉, '성실하게 활동함', '자신의 의견을 개진하고 상대방의 의견을 잘 경청', '인식을 개선하고 정신적 성장을 이루는 계기', '역사문화적 식견을 높이는 계기', '참가함', '공동체의식을 깨우치는 계기', '잠재력을 보임', '인권을 존중하고자 하는 태도를 기름'은 학교활동을 통해 학생 개인의 노력으로 지식을 축적하거나 확장하는 모습을 보여주지 못하고 있다. 또한 계기나 잠재력을 보였다면 교과 지식을 활용하여 지적 호기심과 의지의 산출물을 만들고 그 과정을 기술할 수도 있으나 전혀 표현되어 있지 않다.

따라서 해당 기록은 해당 학년의 학생들을 상대로 동일한 내용을 복사해서 일괄적으로 처리했을 가능성이 높다. 학교정보의 나열에 지나지 않기 때문이다. 이러한 획일적 기록 방식은 학교정보뿐만 아니라 학생정보 또한 개별적 특성을 드러내지 못하는 한계를 갖는다.

그렇다면 이러한 한계를 극복하고 입학사정관의 관찰과 평가에 긍정적인 영향을 미치려면 학생부 기록에 대한 교사들의 소통과 협력이 필수적으로 뒤따라야 할 것이다. 이를 〈그림 2〉로 나타내면 다음과 같다.

〈그림 2〉 학생부 기록을 위한 교사의 소통과 협력

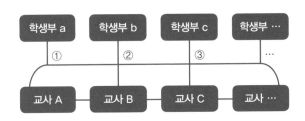

학생부 a를 교사 A, B, C, …가 함께 검토하면서 정보를 공유한 후 기록하거나 이미 기록된 정보를 수정·보완(①)하면 학생정보를 의미 있게 만들어 갈 수 있다. 또한 교사의 소통과 협력은 학생정보의 결여를 훨씬 줄일 수 있으며, 또한 정보의 불일치가 발생하는 것을 해소할 수도 있다. 특히, 세부능력 및 특기사항에 학생의 개인적인 노력과 과정을 교과와 연계키면서 일관된 학업능력을 드러낼 수 있으며, 교과지식을 활용한 학생의 지적 호기심과 의지를 보여줄 수 있는 학업태도 또한 기술할 수 있다. 뿐만 아니라 학업능력이나 학업태도 등이 창의적 체험활동(자율활동, 동아리활동, 봉사활동, 진로활동)이나 독서활동, 행동특성 및 종합의견 등과 연결고리를 맺어 우수한 학생부 기록이 될 수 있을 것이다.✔

✔ 오정은 전 한양대 입학사정관은 "아무리 다양한 활동을 해도 산발적으로 흩어져 있으면 가치를 부여하기 어렵다. 여러 활동의 '연결고리'를 찾아 가치를 부여해 써 가면 좋을 것"이라고 조언했다(조선일보, 2016.05.26.).

교사의 관심과 열정이 학생부 b, c, …로 계속 이어진다면(①, ②, …) 학교공통에 대한 사실과 더불어 학생활동에 대한 사실 및 교사의 관찰과 평가가 균형을 이루어갈 것이다. 그러면 서울대가 제시한 좋은 학생부가 생성될 것이다.

제2장

학생부

작성과

사례 분석

학생부 기술 내용에서 찾고자 하는 정보는 성적뿐만 아니라 학생들이 교과 수업 중에 보여준 학습 노력, 학업수행 과정, 열의, 학업 소양, 적성, 학습 방식 및 결과 등 학생들의 학업능력이다. 이러한 능력은 성적에서 결과적으로 드러나는 수치 이외에 수업시간마다 드러난다. 교실 수업은 다양한 학습 경험을 제공하고, 학생들은 자신의 학업능력을 키울 기회로 삼아 주도적으로 노력하여 소양을 다지는 것이 중요하다.

학생부 기술 내용에서 찾고자 하는 정보의 또 한 가지는 학생 스스로의 경험과 노력이다. 그러므로 학생부에서 학업 결과 이외에도 학생 개개인이 어떤 노력과 학업 특징을 보여 왔는지, 특별한 학업 소양을 어떤 학습과정에서 어떻게 보여 왔으며 어떤 성장을 보였는지를 기록하는 것이 필요하다. 다만, 무조건 장황한 내용을 학생부에 담을 필요는 없다. 모든 학생들에게 해당되는 내용들이라면 간추려서 주로 학교소개자료에 기록하고, 학생 개개인이 특징적인 학업 소양을 보인 부분은 학생부에 선별하여 적어야 한다.

이 밖에도 창의적 체험활동, 독서활동상황, 진로활동상황 등을 기록함에 있어서도 공통적인 사항은 학교소개자료에 기록하고 학생부에는 학생들의 개별적인 특성이나 소양, 개별적인 경험이나 노력이 나타나도록 작성해 주어야 학생들 개개인의 특성을 파악하여 평가하는 데 도움이 된다(서울대학교 입학본부, 2016b: 30).

이 장에서는 서울대에 지원한 학생들의 학생부 기록의 실제 사례를 중심으로 분석할 것이다. 학생부종합전형의 제출 서류 중에서 가장 핵심이 되는 것이 학생부이며, 학생부의 올바른 작성이 합격의 중요한 변수로 작용한다.

학생부종합전형을 재대로 이해하지 못한 경우, 학생 개인의 노력 과정이 결여되는 수가 많다. 학생의 실천적 활동이 있었다면 이를 누락시키기보다는 기록으로 남겨야 한다. 물론 학생부 영역마다 분량 제한이 있어 어느 정도 기록의 한계는 있지만, 그렇다고 하더라도 주어진 상황에서 학생 개인의 노력을 적절하게 담아내야 할 것이다.

기존의 고등학교 학생부는 학교공통 사실과 교사의 관찰·평가에 의한 기술이 주를 이루고 있다. 여기에 학생 개인의 노력에 해당하는 사실을 함께 기록한다면 좋은 학생부가 될 것이다. 그러면 입학사정관의 평가 또한 호평이 될 것이다.

1 인적사항, 학적사항, 출결상황

> 성실한 사람은 말과 행동이 일치하고, 자신의 가치관과 일치하는 행동을 한다.
> …… 성실성에 관한 이야기는 수없이 많지만 성실한 행동은 나타나지 않게 조용
> 히 이루어진다고 생각한다(Stephen Covey & David Hatch, 김경섭 역, 2007: 151).

'인적사항'은 학생의 성명, 성별, 주민등록번호, 주소 등이 입력된다. 이 중에서 주소는 학생의 거주 관계를 이해하는 자료로 활용된다. 이 영역에 특기사항이 있지만, 특별한 것이 아니면 거의 기록하지 않는다. 만약 입력을 하려면 학생 본인과 보호자의 동의를 받아야만 기록할 수 있다.

'학적사항'에는 졸업과 입학 관련 내용이 입력된다. 이 영역에도 특기사항이 있는데 주로 학적 변동이 있을 때만 입력한다. 특히, 전·출입의 경우 입학사정관은 그 이유를 궁금해 할 수도 있다.

한편, 학적사항에 출신 고등학교명이 입력되어 있어 일반고와 특목고의 보이지 않는 등급이 작용되는 게 아니냐는 우려도 할 수 있다. 그러나 학생부종합전형은 고교유형이나 지역, 상황에 관계없이 주어진 환경에서 최선의 노력을 기울이면 그에 맞는 좋은 평가를 받을 수 있는데, 이러한 '주어진 환경'을 파악하는 기초 자료라 할 수 있다. 물론 노력을 기울이며 특별히 관리를 해야 하는 항목은 아니다(데일리안, 2016.02.27.).

'출결상황'은 결석일수, 지각, 조퇴, 결과 등이 입력되며 하위 항목에는 질병, 무단, 기타가 있다. 이 영역에도 특기사항이 있는데, 주로 반복적인 결석, 지각, 조퇴, 결과의 경우는 사유를 입력하게 된다. 특히, 특기사항에 교외체험학습 기간 초과, 학교규칙위반, 학교생활부적응, 태만, 늦잠, ○○학원수강 등이 기재

될 수 있다는 점에 유의해야 한다. 만약 이러한 내용이 기재된다면, 성실성의 측면에서 좋은 평가를 받기가 어려울 것이다. 그러나 이와는 반대로 개근이라고 기재되어 있다면, 성실성이 있는 것으로 비춰질 수 있을 것이다.

수상경력과 사례 분석

다나카 아키히코 도쿄대 부총장은 인문학을 통해 인간 경험의 다양성을 배울 수 있다고 설명한다. 그는 "무지한 자들은 자신의 경험에서 배우고 지혜로운 사람들은 다른 사람들의 경험에서 배운다"는 독일 전 총리 비스마르크의 말을 인용해 인문학이 다른 사람의 경험을 배울 수 있게 해준다고 평가한다(매일경제 세계지식포럼 사무국, 2010: 407).

　'수상경력'은 학생이 교내활동을 통해 수상한 상의 명칭, 등급(위), 수상연월일, 수여기관명, 참가대상(참가인원)을 입력하는 곳이다. 이 영역에 교외상 입력은 불가능하며 교내상의 경우에만 입력할 수 있다. 그런데 2016학년도부터 바뀐, 교내상에 대한 학생부 기재요령의 해설을 눈여겨볼 필요가 있다.

> 교내상은 학교생활기록부 수상경력에만 입력하며, 수상경력 이외의 어떠한 항목에도 입력하지 않는다(창의적 체험활동상황, 교과학습발달상황의 '세부능력 및 특기사항', 자유학기활동, 행동특성 및 종합의견 등).
> ※ 각종 교내 관련 대회 참가 사실은 학교생활기록부 어떠한 항목에도 입력하지 않음(교육부, 2016a: 35).

　이러한 해설을 토대로 한다면, 수상 결과만 수상경력에 입력해야 하며, 수상과 관련된 학생의 정보 생성은 학생부의 어떠한 영역에도 기록할 수 없다. 수상을 하기까지의 개인적 노력의 과정이나 그 과정에 대한 교사의 관찰과 평가를 기록할 수 있어야 함에도 불구하고 이를 금지하고 있다. 학생들의 교육활동이 단시간에 이루어지는 경우도 있지만, 한 학기나 일 년 정도의 긴 시간을 요하는

경우도 있다. 수상의 유형에 따라 학생의 정보 생성의 유무는 달라질 수 있다.✔

교내대회 참가 사실 또한 어떠한 영역에도 입력하는 것을 금하고 있다. 수상을 하지 못했다고 하더라도 경험의 다양성을 살릴 수 있으며, 참가하기까지 학생 개인의 노력은 학업능력이나 학업태도에 중요한 기능을 할 수 있다.

따라서 수상 결과나 참가 사실은 기록할 수 없다고 하더라도 보고서나 소논문, 발표나 토론의 주제와 관련된 내용 및 보고서나 소논문 등에 대한 준비 과정의 기술은 가능하다. 즉, 세부능력 및 특기사항이나 창의적 체험활동 등에서 수상 결과와 대회 참가 사실에 대한 기록은 제외될 수 있지만, 보고서나 소논문 등 그 자체에 대한 학생 개인의 노력은 충분히 정보로 생성할 수 있을 것이다.

> ✔ 수상은 상을 받는다는 의미이다. 그런데 이 의미를 학생의 교육활동과 연관시켜 좀 더 넓게 해석할 수도 있을 것이다. 즉, 수상 전 활동과 수상 후 활동까지를 포함한 의미를 가질 수 있어야 한다. 사전적 의미에서 벗어나 교육적 의미로까지 확장하는 것이 필요하다.

서울대의 경우, 교내경시대회에서 지속적으로 우수한 성취를 거둔 경우 해당 분야에 대한 우수성을 인정한다. 다만 교내경시대회는 학교마다 상이하게 시상이 이루어지므로 단순히 수상의 유무나 양이 아니라 참가대상, 수상 인원 등을 파악하고 교육 환경 안에서 수상의 의미를 판단한다. 또한 수상을 하지 못하였더라도 교내경시대회에 참여한 노력과 학습한 내용이 서류에 드러날 경우 의미가 있다고 판단한다(서울대학교 입학본부, 2016b: 11). 이러한 판단은 서울대뿐만 아니라 대부분의 대학에서도 마찬가지일 가능성이 높다.

한편, 교내상은 수상경력 이외의 어떤 영역에도 입력하면 안 된다는 규정, 대회 참가 사실은 어떤 영역에도 입력할 수 없다는 규정으로 인하여, 수상과 관련된 기존의 평가방식에는 변화가 올 것으로 보인다. 서울대의 학생부 평가 기준인 학업능력, 학업태도, 학업 외 소양과 관련된 교내 수상의 평가를 참고하면서 논의를 계속하고자 한다.

〈학업능력〉

교내 수상경력에서 지속적으로 우수한 성취를 보인 경우 해당 분야에 대한 우수성을 인정할 수 있다. 그런데 단순한 수상의 유무나 수상 개수와 같이 단순한 수상 결과만이 아니라 참가 대상, 수상 인원, 준비과정, 학생에게 주었던 영향 등 지원자가 속한 교육 환경 내에서 수상의 우수성을 파악한다. 특히 수상을 위한 학생의 노력의 과정, 준비 과정을 통해 축적되는 지식과 경험, 소양, 성취수준 등이 중요하다. 학생부 수상경력 항목에서는 수상일자와 수상 등급 등 수상 결과만이 제한적으로 기술되므로 실제 평가에서 수상경력 항목은 학생부 창의적 체험활동이나 세부능력 및 특기사항, 자기소개서와 추천서를 병행 비교하여 학생의 지적 성장과정과 수준을 평가한다(김경범, 2016: 43).

수상경력과 관련된 학업능력 평가에서 서울대는 수상을 위한 학생의 노력 과정과 준비 과정을 통해 축적되는 지식과 경험, 소양, 성취수준 등을 중요하게 여긴다. 때문에 실제 평가에서 수상경력 항목은 학생부의 창의적 체험활동이나 세부능력 및 특기사항, 자기소개서와 추천서를 병행 비교하여 학생의 지적 성장과정과 수준을 평가한다. 하지만, 수상의 결과만 입력되는 수상경력 영역을 제외한 나머지 영역에 수상을 위한 학생의 노력 과정이나 준비 과정을 기록할 수 없기 때문에, 더 이상 수상경력 영역은 창의적 체험활동이나 세부능력 및 특기사항과 연계하여 학생의 지적 성장과정과 수준을 평가하는 데에 어려움이 따를 수밖에 없다. 따라서 수상경력과 관련된 학업능력 평가는 자기소개서 및 추천서와 연계될 때만 가능해진다. 자기소개서와 추천서의 기능이 강화될 것으로 보인다.

만약 학생이 교내대회에 참가하여 수상을 하였다면, 그 수상과 관련된 개인의 지적 성장과정과 수준(지식의 누적과 확장)을 자기소개서에 충분히 피력해야 하며, 설사 수상을 하지 못했다고 하더라도 대회를 준비하기까지의 노력을 통한 지적 성장과정과 수준을 구체화시킬 수 있어야 한다. 이때 교사는 추천서에서 이를 뒷받침해 줄 수 있어야 한다.

〈학업태도〉

　교내 수상경력을 통해서 학업 성취 수준과 학업역량을 파악할 수도 있고, 수상분야와 참여도를 통해서는 지원자의 학업 소양과 관심 분야, 학습 기회에 대한 도전 등 학업 성향을 알 수도 있다. 특정 분야에 꾸준한 수상 기록이 있다면 해당 분야에서 교내에서 인정받는 소양을 지녔다고 볼 수도 있다. 수상 과정에 대한 충분한 정보가 있다면 그렇다. 자율적으로 참가할 수 있는 대회라면 지원자가 어떤 대회를 선택하여 참가했는지, 그 대회에 참여하며 어떤 과정으로 노력했는지 등을 파악하여 지원자의 적극성이나 도전적인 학업 자세를 찾아 평가한다(김경범, 2016: 45).

　수상경력과 관련된 학업태도✔ 평가에서 서울대는 수상 과정에 대한 충분한 정보가 있다면 지원자의 학업 소양과 관심 분야, 학습 기회에 대한 도전 등을 인정한다. 그리고 지원자가 어떤 대회를 선택하여 참가했는지, 그 대회에 참여하며 어떤 과정으로 노력했는지 등을 파악하여 지원자의 적극성이나 도전적인 학업 자세를 찾아 평가한다. 하지만 수상경력 규정에 의해 수상을 위한 학생의 노력 과정이나 준비 과정을 기록할 수 없기 때문에, 더 이상 지원자의 적극성이나 도전적인 학업 자세를 찾아 평가하기가 어렵다. 따라서 자기소개서에 자기주도성(적극성과 능동성)과 도전적인 학업 자세를 구체적으로 기술해야 하고, 교사는 추천서를 통해 이에 대한 뒷받침을 할 수 있어야 한다.

✔ 서울대 미학과, 연세대 언론홍보학과, 고려대 미디어학부, 성균관대 영상학과에 모두 2차 면접까지 합격한 학생(장훈고 졸)의 학생부에서 가장 두드러지는 것은 자기주도활동과 성실성이다. 3년 내내 자기주도학습 성실상을 수상했고 주말에도 학교에 나와 주말 학습 프로그램에 참여해 주말 자기주도학습 성실상도 받았다. 특히 영어 과목에서 우수한 성적으로 교과우수상 외 경시대회에서도 수상한 경력이 있다(내일신문, 2016.04.14.). 수상경력에서 보이는 특이점은 자기주도학습 성실상이다. 일반적으로 수상하면 계량화된 수치에 의한 성적에 따르는 경우가 많다. 하지만 이 수상의 경우는 학생이 얼마나 자기주도적으로 성실하게 학습활동을 했는가에 초점을 맞춘 것으로 보인다. 내신 성적에 의한 우등상도 의미 있지만, 그 의미를 학업과 관련된 태도에서 찾아보는 것도 가치 있을 것이다.

〈학업 외 소양〉

　교내에서 수상한 수상경력 중 학업 외 표창 등 수상 내용에 대해서는 단순히 상장 이름이나 수상 결과만으로 학생의 소양을 판단하기 어렵다. 수상을 한 경우, 수상과 관련한 학교생활 내용, 수상의 근거와 수상하기까지의 과정이 기록되고 있지 않고 있다. 학교생활기록부 어느 항목에도 기록하기 어려우면 행동특성 및 종합의견을 활용할 수 있지만, 현재는 규정상 그렇게 되지 못하고 있다. 그러므로 <u>학생부의 다른 항목, 자기소개서 또는 추천서에 기재된 내용과 비교하여 판단하고 있다</u>(김경범, 2016: 48).

　수상경력과 관련된 학업 외 소양 평가에서 서울대는 학생부의 다른 항목, 자기소개서 또는 추천서에 기재된 내용과 비교하여 판단하고 있다. 하지만 수상경력의 새로운 규정에 의해 학생부의 다른 영역에서는 학생의 소양을 더 이상 판단할 수가 없다. 따라서 학업 외 소양 또한 학업능력이나 학업태도와 같은 방법을 활용해야 할 것이다.

　그런데 여기에서 한 가지 짚고 넘어가야 할 문제는 수상경력과 관련된 교내 경시대외와 수행평가✔이다. 먼저, 교내경시대회의 경우는 주로 특정 교과를 중심으로 만들어진다. ○○퀴즈대회, ○○경시대회, ○○콘테스트, ○○올림피아드 등이 그것이다. 이러한 경시대회는 중간고사나 기말고사처럼 5지선다형 문제풀이이거나 서술형 단답식 문제풀이 중심으로 시행되는 경우도 있다. 다음과 같은 문항이 이에 해당될 것이다.

> ✔ 수행평가 과제물로 보고서나 소논문을 쓰기도 하는데, 이때 특정교과마다 우수한 결과물을 발표나 토론을 거쳐 시상하는 경우도 있다.

　2. 최근 영남권 신공항 논란에서 보듯 수익성이 있는 사업을 자기 지방에 유지하기 위한 일종의 '지역이기주의'를 가리키는 말은?

　① 바나나 현상　② 핌피 현상　③ 지렛대 효과　④ 피구 효과(한국경제, 2016.06.24.)

이와 같은 문제풀이를 통해 수상이 이루어진다면, 이는 우등상의 변용에 지나지 않는다. 단시간에 이루어진 경시대회에서는 학생의 교과학습활동이 어떤 과정을 통해 이루어졌는지 알 수가 없다. 그래서 특정 과목에 대한 세부능력 및 특기사항의 기록은 학생의 정보를 생성시키지 못한다. 다음과 같은 경우가 대표적인 예라고 할 수 있다.

NO GOOD NG 사례

영어: 영어경시대회(읽기)에서 장려(공동 4위) 수상(2014.07.01)한 학생으로 독해능력이 뛰어남(서울대학교 입학본부, 2016a: 81).✔

만약 교과 관련 경시대회를 단기간에 운영해야 한다면, 학생이 주어진 교과 지식을 토대로 오래 생각해서 답을 쓸 수 있는 논술형 문항으로 출제하는 것이 그나마 바람직하다. 그래야 내신과 차별화된 학업능력을 보여줄 수 있다(김경범: 2016: 73).

> ✔ 학생부 기재 규정이 변경되었으므로 이런 사례는 더 이상 기록되지 않을 것이다.

다음으로, 수행평가의 경우는 거의 모든 교과에서 이루어진다고 할 수 있다. 수행평가는 선다형 문제풀이와 같은 선택형 시험과는 다르다. 한국교육평가학회(2004)에 의하면, 선택형 시험을 주로 사용하는 전통적인 평가체제는 학생을 서열화하여 선발하거나 분류하기 위한 '선발형 평가(혹은 양적 평가)'라고 할 수 있다면, 수행평가와 같은 새로운 평가체제는 친한 친구에게 충고하듯 학생의 성장·발전을 위해 지도·조언하는 '충고형 평가(혹은 질적 평가)'라고 할 수 있다는 것이다.

이러한 평가 방법은 서술형, 논술형, 구술형, 토론형, 실기형, 실험실습형, 면접형, 보고서형 등 다양하다. 다만 학생부종합전형을 위한 수행평가를 생각한다면, 단답식 서술형은 지양해야 할 것이다.✔✔ 특히, 다음과 같은 수행평가 방식은 교과학습에서 배운 지식의 확장을 가져오지 못한다. 즉, 기억과 이해의 수준을 넘어설 수 있는 수준 높은 사고력 신장을 할 수 없다는 것이다.

* Write the right word in parentheses.

The British exit from the EU stems from disgruntlement over waning British influence and a flood of immigrants. Skepticism about a single community and globalization has also (   ) (KOREA JOONGANG DAILY, 2016.07.02.).

✔✔ 학생들의 수행평가 방법에 대한 교사들의 인식 전환이 필요하다. 수행평가를 내신 성적 산출의 도구나 수능 준비에 단순한 수단 정도에 불과하다는 인식을, 교과학습활동에서 수행평가 결과를 피드백하여 학생 개인 노력의 산출물로서 성장과 발달의 한 과정으로 인식할 필요가 있을 것이다. 분만 아니라 교사의 평가권을 인정하는 사회적 분위를 조성하는 것이 무엇보다도 먼저 이루어져야 할 것이다. 수행평가가 학업능력이나 학업 태도 등을 나타낼 수 있는 지표라는 인식이 필요할 것이다. 이러한 인식의 전환이 토대가 될 때, 학생부종합전형에 대비한 실천이 이루어질 것이다.

이러한 수행평가보다는 실험실습 보고서나 연구보고서 등이 시행된다면, 세부능력 및 특기사항과 행동특성 및 종합의견에는 학생의 특성에 대한 정보 즉 다양한 분야에 대한 관심과 적성, 그리고 능력을 신장하기 위한 노력이 기록될 수 있다(김경범: 2016: 73). 이러한 노력이 세부능력 및 특기사항에 기록되어 학생의 정보를 생성하고 있는 경우를 보면 다음과 같다.

GOOD | G 사례

물리 : 생각하지 못했던 본질적 질문을 자주 함. 돌림힘과 일의 원리 대해 흥미를 갖고, 그에 대한 심화학습으로 젓가락질의 원리를 이와 관련지어 설명하고 돌림힘과 탄성력을 연결하여 '고무동력기와 ○○ 효과'에 대한 수행평가 보고서를 제출하였음(서울대학교 입학본부, 2016a: 81).

보고서와 관련된 일련의 교과활동 과정이 나타나고 있다. 즉, 돌림힘과 일의 원리에 대한 흥미 → 젓가락질의 원리를 이와 관련지어 설명(심화학습) → 돌림힘과 탄성력을 연결하여 '고무동력기와 ○○ 효과'에 대한 수행평가 보고서 제출까지의 교과학습활동 과정이 해당 과목에서 기술되고 있다. 물론 이 기록이 이상적인 정보를 생성한 것은 아니다. 그러나 이 정도만 기술되어 있어도 입학사정관이 나머지 교과의 정보와 교과 외 다른 영역의 정보를 통해 학업능력을 종합적으로 평가할 수 있을 것이다.

특히, 서울대 유 입학사정관은 "물리의 경우 무엇인가 확실히 한 것으로 보이는 예시로 이 정도만 되어도 사정관이 종합적으로 평가할 수 있다."고 하며, "그냥 긴 글 보다는 짧지만 구체적이고 사실적인 내용이 필요하다"고 강조했다 (베리타스알파, 2016.02.23.).

> 기회는 우연히 찾아오지만, 준비는 절대로 그런 법이 없다. 준비를 위해 필요한 것이 성실성이다. …… "하루 연습하지 않으면 내가 알고, 이틀을 쉬면 캐디가 알고, 사흘을 쉬면 갤러리가 안다." 성실성을 강조한 골프 천재 밴 호건의 말이다(한근태, 2007: 116).

자격증 및 인증 취득상황 영역에는 고등학생이 재학 중 취득한 기술 관련 자격증으로 국가기술자격법에 의한 국가기술자격증, 개별 법령에 의한 국가자격증, 자격

✔ 큐넷(http://www. q-net.or.kr/) 참고.

기본법에 의한 국가공인을 받은 민간자격증을 입력한다(교육부, 2016a: 39). 13개 부처정의 59개 종목의 자격증 및 인증은 대체로 특성화고 학생들이 취득할 수 있는 것이고, 특목고나 일반고 학생들이 취득할 수 있는 것은 몇 개 되지 않는다. 〈표 1〉을 보면 다음과 같다.✔

〈표 1〉 학생부 입력 가능 자격증

자격종목	등급(공인)	자격발급기관
경제경영이해력인증시험 매경TEST	최우수, 우수	매일경제신문사
경제이해력검증시험(TESAT)	S, 1, 2, 3등급	한국경제신문사
국어능력인증시험	1, 2, 3, 4, 5급	(재)한국언어문화연구원
한국실용글쓰기검정	1, 2, 준2, 3, 준3급	(사)한국국어능력평가협회
KBS한국어능력검증	1, 2+, 2-, 3+, 3-, 4+급	KBS한국방송공사

이러한 자격증 중에서 한국경제신문사의 경제이해력검증시험TESAT, 매일경제신문사의 경제경영이해력인증시험(매경TEST) 등이 기술 관련 자격증이라 할 수 있는지 의문이다. 이 두 가지 자격은 2013년 말까지 인정되다가 2016년 말까지 인정 기간이 연장되었다. 비록 고등학교의 경제 교과를 통해 이 시험에 응시하여 등급을 취득할 수 있다고 하더라도, 분명한 사실은 수상과 다른 기준이 적용되고 있다는 점이다. 또한 한국실용글쓰기검정, 국어능력인증시험, KBS한국어능력시험도 마찬가지이다. 교과목 구분으로 보면 국어와 경제 교과는 교외인증이 허용되고, 수학과 과학과 역사 등 다른 과목은 허용되지 않으니, 인정 기준의 일관성이 없어 보이는 것이다. 이 인증 시험에 응시하는데 사교육이 필요 없다는 것인지, 고등학교 경제나 국어 수업만으로 준비할 수 있다는 것인지, 아니면 대학이 중요하다고 말하기 전까지는 그래서 학생들의 관심이 집중되기 전까지는 괜찮다는 것인지 알 수 없다. 국제 수학 과학 올림피아드는 기록할 수 없고 해당 인증은 기록된다면, 이 인증이 국제적 수준의 올림피아드보다 의미가 있다는 것인지도 알 수 없다(김경범, 2016: 18-19).

이러한 관점에서 보면 단순히 자격증이나 인증을 취득했다고 해서 학업능력을 높이 평가할 수는 없을 것이다. 만약 평가를 제대로 받기 위해서는 학생부의 세부능력 및 특기사항이나 동아리활동, 진로활동 등에 자격증이나 인증 취득의 이유나 동기가 기록되어야 하고, 또 그에 따른 후속활동이 구체적이고 지속적으로 기술되어 있어야 좋은 평가를 받을 수 있을 것이다.

특히, 경제 과목과 관련성이 있는 경제이해력검증시험TESAT, 경제경영이해력인증시험(매경TEST)은 경제 관련 모집단위에서 연세대 등의 평가기준의 하나인 전공적합성 평가에서 유리하다고 말할 수 있을지도 모른다. 그러나 단순히 자격증을 취득했다고 그 평가가 좋아질 수는 없다. 왜냐하면 자격증 취득만으로는 지식이 축적되고 확장되었는지, 지적 호기심을 가졌는지 알 수 없기 때문이다.

또 국어(한국어)와 관련된 국어능력인증시험, 한국실용글쓰기검정, KBS한국어능력시험도 국어국문학, 국어교육, 신문방송학, 언론정보학, 언어학 등의 모집 단위에 유리할 것이라고 생각할 수도 있다. 하지만, 인증을 취득했다는 점만으로는 좋은 평가를 받기에는 부족하다. 이것으로 인하여 지식이 누적되고 확장되었는지, 자기주도성과 비판성이 나타났는지 알 수 없기 때문이다.

자격증 및 인증 취득과 관련해서 유의할 점은 교과학습활동을 충분히 한 다음 취득하는 것이 좋을 것이다. 만약 교과내신이 낮거나 교과활동이 부족하고 미흡한데 자격증이나 인증을 취득하면, 입학사정관은 학교생활의 성실성에 의문을 가지게 된다. 왜냐하면 학생부종합전형은 학교활동을 성실히 한 학생을 선발하겠다는 취지를 가지고 있기 때문이다.

4 진로희망사항과 사례 분석

> 희망은 위대한 단어이다. 그것은 바로 우리의 운명을 결정짓는다. 희망은 모든 시간에 활력을 주고 밝은 앞날을 약속한다. 희망이 끊어지면 삶의 의욕이 끊어지고 허무, 무의미, 절망이 찾아온다. 희망은 인간에게 살아갈 의미를 제공한다(유성은, 2008: 274).

진로지도의 목표는 자기의 진로를 스스로 설계할 수 있는 진취적 능력을 기르도록 도와주는데 있다. 진로지도에 임하는 교사는 인간의 희망과 꿈이 성장과정에 따라 변하고, 직업의 종류 또한 다양화·고도화·전문화되고 있으므로, 직업의 세계에 대한 정보를 제공하여 학생들로 하여금 자신의 적성과 능력에 맞는 진로를 선택하는 데 올바른 판단을 할 수 있도록 이끌어 주어야 한다(교육부, 2016a: 44).

이러한 목표를 갖는 진로희망사항 영역에는 학년, 진로희망, 희망사유를 입력하도록 되어 있다. 먼저, 진로희망의 경우 직업에 대한 안내 자료를 미리 제공하고 진로체험 등을 통하여 학생의 충분한 이해를 바탕으로 희망 직업을 탐색하도록 한 후 진로희망을 입력하는 것이 바람직하다(교육부, 2016a: 45). 특히, 진로체험이나 직업탐색을 하게 되면 창의적 체험활동 영역 중의 하나인 진로활동과 연계될 수 있으며, 활동에 대한 구체적인 기술이 가능하게 된다.✔

다만, 학생들 중에는 진로희망을 찾지 못한 경우도 있을 수 있다. 꿈과 끼를 발산할 수 있으면 좋겠지만, 현실적으로 모든 학생이 자신의 장래희망을 결정하고 고등학교에 입학하는 경우는 그렇게 많지 않다. 일반고가 아닌 특목고에 진학한 경우라고

> ✔ 진로활동과 관련된 작성 방법은 창의적 체험활동에서 논의할 것이다.

하더라도 주입된 장래희망을 가지고 진학하는 학생들을 접할 수 있다. 학생 스스로 어떤 동기에 의해 진로를 선택하기보다는 주변의 목소리에 의해 만들어진 진로를 본인의 적성이라고 생각하는 학생들도 있다. 진로는 체험과 탐색을 통해 스스로 선택하고 결정하는 것이 중요하다. 자기주도적 선택과 결정은 목표를 세우는 토대가 되기 때문이다.

진로희망은 진로체험이나 직업탐색을 통해 찾을 수도 있지만, 교과활동을 하면서 찾을 수도 있다. **특히, 막연한 진로나 막막한 진로라면 학교 담장 밖에서 찾을 것이 아니라 자신이 좋아하는 교과 수업 활동에서 그 해답을 찾는 것이 바람직하다.** 국중대 입학사정관의 말은 의미하는 바가 크다.

> 국중대 한양대 입학사정관 팀장은 "수업에서 수동적으로 강의만 듣는데 그치지 말고 조사·발표·토론 등에 적극적으로 참여하면서 자기 관심 주제를 넓혀 가면 된다"고 설명했다. 국 팀장은 "그런 과정에서 미래 직업군을 고민하고 희망 학과를 찾으면 그것 자체가 훌륭한 지원 동기가 된다"고 말했다(중앙일보, 2016.02.03).

한편, 학생들 중에는 진로희망과 지원하는 모집단위가 일치해야 좋은 것이 아니냐는 질문을 하기도 한다. 대답은 간단하다. 꼭 일치할 필요는 없다.

학생들의 진로희망은 항시 변할 수 있으며, 자연스러운 일이다. 학생 스스로가 설정한 목표를 위해 공부한 배경, 과정, 결과를 종합할 때 비로소 학생의 우수성을 확인할 수 있다. 이러한 노력과 성취가 지원한 모집단위 학업에 필요한 소양을 갖춘 과정이라면 진로희망기록이 지원 모집단위와 연관성이 적더라도 긍정적으로 평가한다. 지원하는 모집단위에 합격하기 위해 반드시 필요한 특정 교과의 활동이나 결과물이 존재하지 않는다. 지원 모집단위에서 공부할 수 있는 역량을 폭넓게 갖추는 것이 중요하다(서울대학교 입학본부, 2016b: 39). 진로희망과 관련된 입학사정관들의 말을 종합하면 이를 확인할 수 있다.

국중대 한양대 입학사정관 팀장은 "고교 재학 중 진로 희망 사항이 바뀌는 건 너무 당연한 것 아니냐"며 "중요한 것은 진로가 바뀌었다는 결과가 아니라 다른 것을 목표하게 된 계기와 경험"이라고 말했다. 차정민 중앙대 입학사정관은 "어떤 경험과 고민을 하면서 진로가 바뀌었는지 그 과정을 설득력 있게 보여주면 진로 탐색 과정을 더 생생하게 드러낼 수 있어 긍정적인 인식을 남길 수 있다"고 설명했다(중앙일보, 2016.02.03.).

서울 주요대학의 한 선임입학사정관은 "진로희망사항에 '사회과학계열' '공학계열' 등 분야만 써도 불이익은 없다"면서 "심지어 3년 내내 '생명과학자'라는 꿈을 갖고 있던 학생이 화학공학과에 지원해도 문제없다. 평가관들은 꿈이 바뀐 이유에 대해 면접이나 자기소개서를 통해 엿보려하지만 높은 수준의 논리적 근거를 요구하진 않는다"고 전했다(동아일보, 2016.02.23.).

국중대 입학사정관은 고교 재학 중 진로희망이 바뀌는 것은 너무나 당연하며, 바뀐 계기와 경험이 중요하다고 말한다. 차정민 입학사정관은 어떤 경험과 고민을 하면서 바뀌었는지 진로탐색 과정을 보여주면 긍정적인 인식을 남길 수 있다고 말한다. 서울 주요대 선임입학사정관은 진로희망에 3년 동안 생명과학자라고 기록된 학생이 화학공학과에 지원해도 진로가 바뀐 이유를 진솔하게 설명하면 아무런 문제가 없다는 것이다.✔ 따라서 진로희망을 '어떻게 기록해야 하는가'에 대한 걱정보다는 진로체험이나 직업탐색을 하면서 또 교과 수업을 하면서 '어떤 활동을 할까'에 대한 고민과 실천이 필요할 것이다.

다음으로, 희망사유는 막연하게 기록하기보다는 학

✔ 이재원 중앙대 입학사정관은 이렇게 말한다. 유인근 학생이 다른 학생과 차별화된 부분은 '진솔함'이었어요. 유 씨의 학생부 진로희망사항을 보면 1, 2학년 땐 정보보안전문가, 3학년 땐 정보보안전문가와 함께 수학교사도 기재가 돼 있어요. 면접 때 해당 부분에 대해 질문을 했지요. 솔직하게 "수학에도 관심이 많고 가르치는 것에도 흥미를 느껴 고민을 많이 했다. 하지만 하나만을 정해야 한다면 정보보안전문가다. 내가 갖고 있는 수학적 능력이 컴퓨터공학을 공부하는 데 많은 도움이 될 것이라 생각한다"고 말하더라고요. 이와 관련한 고민의 흔적도 학생부와 자기소개서 곳곳에서 볼 수 있었고요(동아일보, 2015.08.26.).

생의 희망직업에 대한 선택의 동기, 계기, 이유를 중심으로 기술하는 것이 필요하다. 몇 가지 예시를 보면 다음과 같다.

GOOD G 사례

① 평소 자연현상에 대해 호기심이 많아 궁금한 사항을 기록하는 노트를 작성하고 있으며, 상대성이론과 양자역학과 관련된 '블랙홀 전쟁'이라는 책을 읽으면서 블랙홀에 관심이 커져 천체물리학자가 되고자 희망함.

GOOD G 사례

② 스포츠 분야, 특히 축구에 흥미가 많아 전 세계의 다양한 프로리그와 선수명, 각 선수의 포지션, 스포츠 매니지먼트, 마케팅 등에 대한 각종 정보를 여러 매체를 통해 수집하고 정리하는 열정이 뛰어남. 스포츠 관련 전문 지식 및 국제적인 스포츠 경영 감각을 익힐 수 있는 스포츠 에이전트를 희망함.

GOOD G 사례

③ 광고 관련 전시회를 통해 광고가 단순히 상품판매의 목적뿐만 아니라 또 하나의 창조 작업임을 인식하고 광고디렉터가 되기 위해 관련 도서는 물론 전문가 인터뷰 영상 등을 찾아보며 좀 더 구체적인 탐색과 노력을 하고 있음(교육부, 2015: 48-49).

①의 예시는 교과활동이나 동아리활동과 관련될 수 있는 희망사유라고 볼 수 있다. 기록은 '자연현상에 대한 호기심' → '궁금한 사항 노트 작성' → '상대성이론과 양자역학과 관련된 '블랙홀 전쟁'이라는 책 읽기' → '블랙홀에 관심이 커짐' → '천체물리학자 희망'이라는 순으로 이어진다. 지적 호기심이 자기

주도적 활동에 의한 학생 개인의 노력으로 이어지고, 그로 인해 진로희망이 기술된다.

②의 예시는 동아리활동과 관련될 수 있는 희망사유라고 볼 수 있다. 기록은 '축구에 대한 흥미' → '전 세계의 다양한 프로리그와 선수명, 각 선수의 포지션, 스포츠 매니지먼트, 마케팅 등에 대한 각종 정보 수집 및 정리' → '스포츠 관련 전문 지식 및 국제적인 스포츠 경영 감각을 익히기 위함' → '스포츠에이전트 희망' 순으로 되어 있다. 흥미가 자기주도적 활동에 의한 열정으로 이어지고, 그로 인해 진로희망이 기술되고 있다.

③의 예시는 진로활동과 연관될 수 있는 희망사유라고 할 수 있다. 기록은 '광고 관련 전시회 체험' → '광고가 단순히 상품판매의 목적뿐만 아니라 또 하나의 창조 작업임을 인식' → '관련 도서는 물론 전문가 인터뷰 영상 등을 찾아봄' → '광고디렉터가 되기 위함' 순으로 되어 있다. 체험에 따른 새로운 인식이 자기주도적 활동의 노력으로 이어지고, 그로인해 진로희망을 결정하고 있다.

지적 호기심이나 관심, 인식이 학생 개인의 노력과 유기적으로 연결고리를 형성하고 있다는 공통점을 지니고 있다. 즉, 천체물리학자가 되기 위한 노트 작성과 독서(①), 스포츠에이전트가 되기 위한 각종 정보 수집과 정리(②), 광고디렉터가 되기 위한 독서와 인터뷰 영상 찾기(③)가 그것이다.

따라서 학생부 기록은 꾸미는 것이 아니라 학생 개인의 노력 과정을 있는 그대로 정보화하여 생성하는 것이다. 이러한 정보 생성이 창의적 체험활동의 진로활동과 연결고리를 갖는다면, 학업능력이나 학업태도에서 유용한 자료로 활용 가능할 것이다.

5 창의적 체험활동상황과 사례 분석

자기주도성이 높은 아이들은 실패에 대한 염려, 남들의 시선에 대해 부정적 태도 없이 자기가 해야 할 일에 대해 스스로 계획하고 자신 있게 진행한다. 우리는 어떤 과제가 주어졌을 때 정해진 시간 안에 완벽하게 마치는 것을 능력으로 한정하지만, 사실 두려움 없이 어려운 과제에 도전하는 것도 능력에 포함된다. 그런 면에서 자기주도성 높은 아이들이 가장 이상적인 인재형으로 평가받는 것이다(정윤경, 김윤정, 2011: 29).

창의적 체험활동은 학생들이 자발적으로 참여하여 개개인의 소질과 잠재력을 계발·신장하고, 자율적인 생활 자세를 기르며, 타인에 대한 이해를 바탕으로 나눔과 배려를 실천함으로써 공동체의식과 세계시민으로서 갖추어야 할 다양하고 수준 높은 자질 함양을 지향하는 교육과정으로 지식과 인성이 겸비된 균형 있는 교육을 실천하는 것이다.✔ 창의적 체험활동의 하위 4개 영역은 '자율활동', '동아리활동', '봉사활동', '진로활동'이다.✔✔

> ✔ 창의적 체험활동은 학생의 적성, 흥미, 소질 등을 고려하고 자발적 참여와 실행을 위한 교육과정이며, 앞만 보는 것이 아니라 멀리 볼 줄 알고, 앞서가는 것보다는 함께 가는 학생을 육성하고자 하는 큰 교육의 첫걸음이다(내일신문, 2014.03.19.).

이러한 활동은 말 그대로 활동 중심이다. 학생의 자율적 활동이 중심이 되고, 이것을 교사가 관찰·평가할 수 있어야 한다. 즉, 학생의 활동을 과정 중심으로 기술하고 평가가 이루어져야 한다는 것이다.

> ✔✔ 각 영역별 세부활동 내용은 본문 이후 '놓치기 아까운 핵심정보'에 싣는다.

특히, 창의적 체험활동 중 자율활동, 동아리활동, 진로활동 등에서 학생의 학업관련 우수성이 드러난다면 평가대상이 될 수 있다. 독서활동, 탐구/연구 활동 등 학내 활동을 통해 드러나는 우수성을 볼 수 있는 부분이다. 동아리에서

'농구반'보다 '심화수학반'이 의미 있다는 것은 아니다. 창의적 체험활동 중 학업 외적인 부분에서 충실히 활동했다면 학생의 개인적 특성과 학업 외 소양 부분에서 그 우수성을 판단할 수 있다. 탐구/연구 활동이 가능한 학교가 있지만, 그렇지 않은 학교도 많다. 탐구/연구 활동 경험의 유무로 학생을 판단하지 않는다. 연구 활동이 어려운 환경이라면, 주어진 여건 내에서 자신의 학업능력을 향상시키기 위해 노력한 부분을 평가한다(서울대학교 입학본부, 2016b: 11).

이러한 점을 염두에 두고 각 활동별로 서울대에 지원한 학생의 학생부 사례를 분석해 보도록 하자.

1) 자율활동과 사례 분석

자율활동의 특기사항은 활동결과에 대한 평가보다는 활동과정에서 드러나는 개별적인 행동 특성, 참여도, 협력도, 활동실적 등을 평가하고 상담기록 등의 관련 자료를 참고하여 구체적으로 입력한다(교육부, 2016a: 52).

하지만 현실은 그렇지 않다. 학생의 '개별적인 특성'을 드러낼 수 있는 요소, 우수한 활동내용(참여도, 활동의욕, 진보의 정도, 태도 변화 등)은 잘 기록되지 않고 있다. 동일한 내용을 복사하여 붙이는 경우가 많다. 학생부 기재요령에서 말한 대로 운영되고 학생 개인에 대한 개별적인 기록이 축적되어 학생부에 기록되려면 단위 학교는 활동 프로그램을 최소화하고, 최소화된 프로그램을 학생 개인이 주도적으로 계획하고 실행하도록 프로그램 운영 방식을 전환해야 한다. 현재의 활동은 해야 할 프로그램이 너무 많아서 학생 개인에 대한 정보가 기록되지 않는다(김경범, 2016: 22). 학생의 정보를 생성하지 못한 경우를 보면 다음과 같다.

NO GOOD NG 사례

학교폭력예방교육(2014.03.05.) 사이버폭력, 성폭력 등 학교폭력의 유형과 결과에 대한 다양한 사례와 영상을 통해 교육을 받고 학교폭력 대처요령 및 대응방법을 배웠음. 민주시민교육(2015.04.19.)을 통해 시민으로서 성숙한 민주의식과 정치 사회문제에 자발적인 참여정신을 배움(내일신문, 2016.03.18.).

학교폭력예방교육, 민주시민교육과 같은 학교공통의 사실은 있으나, 학생 개인의 노력 과정이나 행동 특성이 드러나지 않는다. 학교폭력예방교육에서 학교폭력 대처요령 및 대응방법이나 민주시민교육에서 자발적인 참여정신은 참가한 학생이면 누구나 배울 수밖에 없는 내용들이다. 이러한 내용은 프로그램에 참여한 학생들에게 동일하게 적용되었을 가능성이 높다.

다음의 기록 사례는 학생 개인의 활동은 나타나지 않고 학교공통의 사실과 교사의 관찰·평가만 있는 경우이다.

NO GOOD NG 사례

학급 반장(2015.03.01.-2016.02.29.)으로서 책임감과 봉사정신을 가지고 급우들의 의견을 존중하여 학급 문제를 해결하며 학급 전체의 인화를 위해 노력함. 학교폭력예방 다짐결의대회(2015.04.05.)에서 예방방안에 대해 학급대표로 발표하였으며, 흡연예방교육(2015.06.14.) 동영상을 시청한 후 교내에서 실시한 흡연예방 캠페인에 직접 참여하여 학생들에게 적극 홍보함. 학교축제(2015.11.10.)에서 사물놀이 공연에 참가하여 자신의 재능과 끼를 보여줌(김경범, 2016: 23).

학급 반장, 학교폭력예방 다짐결의대회, 흡연예방교육, 학교 축제와 같은 학교공통의 사실과 책임감과 봉사정신, 급우들의 의견 존중, 학급 문제해결, 학급 전체의 인화를 위한 노력, 적극 홍보, 재능과 끼를 보여줌이라는 교사의 관찰·평가만 나타난다. 이러한 관찰·평가가 무엇을 근거로 내려졌는지는 알 수가 없다. 결과적으로 학생 개인의 노력 과정이나 특성이 구체화되지 못하고 추상화됨으로써 좋은 기록이라고 볼 수 없을 것이다.

만약 자율활동 프로그램을 줄이고 학생들의 자율적인 참여 의사에 따라 특강이나 행사가 이루어진다면, 학생 개인의 관심 영역 내에서 지식의 누적이나 확장이 가능하고, 또 지적 호기심을 발휘하거나 자기주도적인 활동이 생성될 수 있다. 그러면 교사의 관찰과 평가는 이를 근거함으로써 구체성을 띠게 된다. 다음의 기록은 학생 개인의 노력이 구체적으로 기술되어 있다.

GOOD G 사례

선진형 교과교실제 시범학교인 본교에서 시험 전 주에 이동하지 않는 자신의 공약을 중간고사 기간에 수준별 이동수업의 문제로 실천하지 못한 후 기말고사 기간에 이를 해결하기 위해 노력함. 온 학교를 뛰어다니며 전체 시간표 및 교실을 분석하여 적합한 장소를 찾고 계획을 세워 시험 전 주 부동 계획안을 작성하여 제출함. 학교 측에서 반대의 의견이 강했으나 계속된 조율 끝에 수요일 시험 이전 이틀 동안 이동하지 않게 됨. 시험 전 주라는 약속은 지키지 못했고 3주 이상 노력하여 단 이틀의 성과를 내었으나 그 과정에서 강한 책임감과 문제해결력이 엿보임(김경범, 2016: 188).

시험 전 주에 이동하지 않는 자신의 공약을 실천하기 위한 학생 개인의 노력 과정이 잘 나타나고 있다. 즉, '학교를 뛰어다니며 전체 시간표 및 교실을 분석' → '적합한 장소를 찾고 계획을 세움' → '시험 전 주 부동 계획안을 작성·제출' → '학교 측 반대 의견에 대한 조율' → '시험 이전 이틀 동안 이동하지 않게 됨' 이라는 노력 과정이 나타난다. 이를 근거로 교사는 '강한 책임감과 문제해결력이 엿보임'이라는 평가를 내린다. 그런데 이러한 평가와 더불어 중요한 사실 하나는 학생 개인의 활동 과정에 자기주도성이 나타난다는 점이다.

서울대 미학과, 연세대 언론홍보학과, 고려대 미디어학부, 성균관대 영상학과를 지원해 모두 2차 면접까지 합격한 학생(장훈고 졸)의 학생부 기재 내용(3학년 기재 내용)에도 자기주도성이 잘 나타나고 있다.

GOOD G 사례

서훈관의 자치위원으로 선출돼 자기주도학습이 시작되기 전에 깨끗이 청소하고, 쉬는 시간마다 주위를 둘러보아 지저분한 곳이 있으면 다른 자치위원들과 협력하여 청결에 힘씀. 매일 밤 11시에 자기주도학습이 끝나면 뒷정리, 청소, 창문 닫기, 에어컨 및 환풍기 끄기, 책걸상 및 의자 정리 등 다른 학생들이 하기 싫어하는 일들을 알아서 정리하고 마무리하여 다른 학생들의 모범이 되었으므로 ……(내일신문, 2016.04.14.).

서훈관의 학습이 시작되기 전에 스스로 청소하고 쉬는 시간에는 자치위원들과 협력해 청결을 유지한다. 밤 11시에 학습이 끝나면 뒷정리, 청소, 창문 닫기, 에어컨 및 환풍기 끄기, 책걸상 및 의자 정리 등을 스스로 하는 모습에서 자기주도성을 알 수 있다. 또한 자치위원들과 협력하여 청결에 힘쓰는 모습은 사소한 일이라고 하더라도 리더십을 갖춘 학생으로 비춰질 수 있다. 서울대가 생각하는 리더십은 '리더십을 갖춘 리더'가 되기를 요구한다. 그래서 리더의 자질을 다음과 같이 보고 있다.

· 학교생활 내에서 구성원 간의 갈등을 조화롭게 해결할 수 있는 능력
· 수업 중 모둠 과제 수행을 성공적으로 이끌 수 있는 능력
· 토론활동에서 함께 결론을 이끌어가며 설득력 있게 자기 의견을 주장할 수 있는 능력
· 동아리활동에서 부원들을 행복하게 만들 수 있는 능력
· 모두가 주저할 때 친구들을 독려하여 청소를 주도하는 능력(서울대학교 입학본부, 2016b: 21)

이러한 리더의 자질은 자율활동뿐만 아니라 교과활동, 동아리활동 등을 하면서도 갖출 수 있다.

2) 동아리활동과 사례 분석

동아리활동은 학생들의 공통의 관심사와 동일한 취미, 특기, 재능 등을 지닌 학생들이 함께 모여서 자발적인 참여와 운영으로 자신들의 능력을 창의적으로 표출해 내는 것을 주 활동으로 하는 집단 활동이다. 이 영역은 자기 평가, 학생상호 평가, 교사 관찰, 포트폴리오 등의 방법으로 평가하여 참여도, 협력도, 열성도, 특별한 활동실적 등을 구체적으로 입력한다(교육부, 2016a: 49-53).✔

최근 동아리활동에 대한 학부모나 학생들의 관심이 높다. 특히, 자율동아리나 학술동아리 회원들이 학년 초가 되면, 신입생들을 위해 자신들이 소속된 동아리의 특성을 소개하면서 교실을 분주하게 다닌다. 동아리 신입회원을 선발하기 위해서이다. 하지만 학생들의 이러한 관심이나 활동만큼 교사의 관심이나 열정은 그리 높아 보이지는 않는다. 왜냐하면 교사의 동아리 기록이 피상적인 관찰에 의해 평가되고 작성되는 경우가 많기 때문이다.✔✔ 학생부 기재요령에 기술된 예시가 이에 해당한다.

✔ 서울대는 창의적 체험활동 내에서의 동아리활동은 학생의 소양을 넓히는 기회로 보고 있다. 학습동아리, 체육동아리, 예술동아리, 봉사동아리, 여가동아리 등 지원자가 선택한 동아리의 종류를 평가하는 것이 아니라, 동아리활동을 통해 학생이 무엇을 배우고 어떻게 성장하였는지에 관심을 기울인다. 따라서 동아리활동이 지원 모집단위와 일치해야 유리한 것은 아니라고 한다(서울대학교 입학본부, 2016b: 39).

✔✔ 이러한 원인 중의 하나는 업무 과중을 들 수 있다. 과거에는 수능 준비에 따른 업무를 추진하면서도 그 외의 업무에 치중하더라도 크게 문제될 것이 없었다. 그러나 지금은 여기에 학생부 기록이 실질적으로 이루어지고, 그 기록을 위해 학생의 많은 활동에 따른 부가적인 업무가 보태지는 실정이다. 물론 학생활동을 위한 교사의 관심과 열정 및 그 열정에 의한 활동은 교사 본연의 업무가 될 것이다. 그렇다면 이 본연의 업무를 위해서는 불필요한 업무를 과감하게 없애거나 대폭 간소화하여 학생부 관련 업무로 전환해야 할 것이다. 특히, 교사의 인식 전환 및 학교 업무의 간소화와 더불어 학생부종합전형에 대한 교육청의 인식 전환이 절대적으로 필요할 것이다.

NO GOOD NG 사례

(로봇반 : 자율동아리) 로봇공학 관련 기본 개념 및 활용 분야에 전문적인 지식이 많고 활동에 적극 참여함.

(○○단 : 청소년단체) ○○단의 일원으로서 주말, 방학기간을 활용하여 정기적으로 ○○활동에 적극적으로 참가함. 대원들에게 신망이 두터우며 ○○활동에 다양한 의견을 제안하고 공동 작업에도 열심히 참여함(교육부, 2016a: 61).

이러한 활동 기록이 피상적이라고 말할 수 있는 것은 '적극', '적극적으로', '열심히'라는 교사의 평가에 있다. 학생의 어떤 활동 과정에 의해 이런 평가를 낼 수 있었는지에 대한 구체적인 설명이 없다. 즉, 학생 개인의 노력 과정이 보이지 않는다. 막연히 '전문적인 지식이 많고'라든가 '정기적으로'라든가 '신망이 두터우며'라든가 '다양한 의견을 제안하고'라는 용어들로 채워져 있기 때문이다. 어떤 독서활동을 통해 전문적인 지식을 갖추었는지, 정기적으로 참가해서 학생이 어떠한 노력을 하였는지, 왜 대원들에게 신망이 두터운지, 무슨 이유로 어떤 다양한 의견을 제안했는지 등을 기술할 수 있어야 한다. 그래야 학생 개인의 노력 과정이 구체적으로 기록된다.

그런데 여기에서 한 가지 짚고 넘어가야 할 문제는, 학생부 기재요령이 많은 교사들에게 참고자료가 되기도 한다는 것이다. 그리고 그 예시가 하나의 전범典範처럼 사용되기도 한다. 하지만 입학사정관의 입장에 서면 좋은 기록이라고 볼 수는 없다. 학생 개인의 노력을 찾을 수 없기 때문이다. 만약 교사의 관찰에 의한 학생 개인의 노력 과정이나 활동 특성을 기술하기가 어렵다면, 학생의 '자기 활동 보고서'를 활용하는 것도 한 방법일 수 있다.

다음 인용문을 통해 서울대가 지원자의 동아리활동에 기록된 내용을 어떻게 평가하고 있는지를 보자. 이 평가를 참고하면 동아리활동을 기록하는데 많은 도움이 될 것이다.

A. (시간활용연구반) (20시간) '보람찬 시간 보내기'라는 주제로 주어진 시간에 학생으로서 할 수 있는 가장 보람 있는 일로 헌혈을 선정하여, 학교에서 가장 가까운 헌혈의 집을 직접 섭외하고 교통편을 조사하여 부원들을 통솔하여 헌혈 활동을 함.

B. (생각하는 사람들 : 자율동아리) 〈자율로부터의 도피〉를 읽고 자신 나름의 생각과 느낌을 발표함. 어려운 철학서는 처음이라고 했지만 까다로운 개념이나 글의 흐름을 잘 파악하고 자기 나름으로 재해석하는 수준이 높음. 책을 읽지 않은 교우들이 쉽게 이해할 수 있도록 프리젠테이션으로 제작하여 자유의 단계와 각 단계와 관련된 개념을 설명함. 우리가 살고 있는 현재 사회에 프롬의 생각을 적용해 보고 완전한 민주주의와 같은 참된 자유는 현실적으로 성취하기 어렵다는 비판적 관점을 주장하면서 자유와 고독의 상관관계에 대한 질문에 대해 자유의 개인적, 개별적 특성에 대해 매우 적절하게 설명함.

A학생의 동아리는 봉사활동과 구별되지 않는다. 이 학생이 왜 헌혈을 했는지도 알 수 없다. A학생에 대한 기록은 교통편을 알아보고 친구들과 같이 헌혈의 집에 다녀왔다는 정보가 전부이다. A학생은 이 동아리에서 20시간 동안 과연 무엇을 했을까. B학생의 동아리 활동 기록은 학생의 활동 내용, 생각과 행동의 변화가 기록되어 있다. 좀 더 구체적으로 있다. 동아리활동의 동기, 프롬의 책을 선택한 동기, 친구들과의 협력 과정 등이 포함되면 더 좋았겠지만, A학생과 달리 B학생은 자신의 관심과 생각을 행동으로 옮길 수 있는 적극적인 학생으로 보인다. 한두 가지의 단편적인 정보로 학생을 평가하지는 않지만, 만약 학생부 각 항목의 정보가 이러한 방식으로 반

복 기술되고 있다면, 내신 성적과 무관하게 두 학생의 스타일은 분명히 구별된다(김경범, 2016: 83). 연구서의 C, D를 편의상 A, B로 바꾼 것은 인용자임.

A학생의 동아리활동에 대한 정보는 '교통편을 알아보고 친구들과 같이 헌혈의 집에 다녀왔다는 정보'뿐이다. 헌혈에 대한 그 외의 학생 개인의 노력 과정은 나타나지 않는다. 그래서 학생 개인만이 생각할 수 있는 특별한, 헌혈에 대한 이유나 오랜 시간 동안 어떤 구체적인 활동이 있는지, 그 활동으로 학생 개인에게 미친 영향은 무엇인지를 입학사정관은 궁금할 수밖에 없을 것이다.

이에 비해 B학생의 동아리활동에 대한 정보는 좀 더 구체적으로 활동 내용, 생각과 행동의 변화가 생성되고 있다. 물론 동아리활동의 동기나 프롬의 책을 선택한 동기 등이 제시되어 있지 않지만, 활동 내용으로 '책을 읽지 않은 교우들이 쉽게 이해할 수 있도록 프리젠테이션으로 제작', '자유의 단계와 각 단계와 관련된 개념 설명'이 나타난다. 그리고 생각과 행동의 변화로 '우리가 살고 있는 현재 사회에 프롬의 생각 적용', '완전한 민주주의와 같은 참된 자유는 현실적으로 성취하기 어렵다는 비판적 관점 주장', '자유와 고독의 상관관계에 대한 질문에 대해 자유의 개인적, 개별적 특성에 대한 설명'이 기술되어 있다. 따라서 이 학생에 대한 교사의 '까다로운 개념이나 글의 흐름을 잘 파악하고 자기 나름으로 재해석하는 수준이 높음'이라는 평가는 적절할 수 있을 것이다. 특히, B학생의 동아리활동에 대한 정보는 학교공통의 사실과 학생 개인의 노력 및 교사의 관찰·평가가 적절하게 배치되어 있음을 보여준다.✔

이러한 기록은 무엇보다도 학생의 자기주도적 활동을 전제로 한다. 학교에서 여건을 조성하고 그 기반을 제대로 갖추어주었다고 하더라도 학생의 관심과 열정 그리고 실천적 행동이 없으면 특별하게 기록할 것이 없다. 따라서 학생의 자발적인 활동이 필요하다. 그러기 위해서는

✔ 그런데 동아리활동의 기입 분량 제한 때문에 지금은 B학생의 동아리활동 기록의 양만큼 기재할 수 없는 어려움이 있다. 또한 학생들 중에서 서너 개의 동아리에 가입해 활동하는 경우도 있어 모든 동아리활동에 대한 학생 개인의 노력 과정을 구체적으로 기술하는데 한계가 있다. 그래서 "일부 학교에서는 자율동아리의 경우 자율활동이나 진로활동에 기록하는 경우"(김경범, 2016: 24)도 있다.

왜 동아리에 가입하려고 하는지, 가입해서 어떤 활동을 하려고 하는지부터 생각해야 할 것이다.✔

3) 봉사활동과 사례 분석

봉사활동은 어떤 대가를 목적으로 하는 활동이 아니라, 자발적인 의도에서 개인이나 단체로 다른 사람을 돕거나 사회에 기여하는 무보수의 지속적인 활동으로 인간의 존엄성에 대한 인식뿐만 아니라, 더불어 사는 사회의 이해, 협동의식의 고취 등 다양한 의미를 부여할 수 있는 활동이다. 봉사활동 영역의 특기사항은 체계적이고 지속적인 봉사활동 등 특기할 만한 사항이 있는 학생에 한하여 활동내용 등 구체적인 사항을 입력한다. 특히, 활동한 결과에 대한 내용(활동실적, 진보의 정도, 행동의 변화, 특기사항 등)을 종합하여 학생의 개별적 특성이 드러나도록 입력한다(교육부, 2016a: 50-60).

> ✔ 고등학교 생활은 무엇보다도 학업활동이 주가 될 것이다. 그러나 고등학교 과정은 성인으로 성장해가는 중요한 시기이다. 다양한 경험을 통해 폭넓고 사려 깊은 성인으로 성장하기 위한 노력이 필요하다. 학생 개인의 노력이 드러난다면 활동의 종류나 개수는 중요하지 않다. 서울대 입학에 특별히 유리한 교과 외 활동은 존재하지 않는다. 가능하다면 학업에 열정을 쏟으면서 조금 폭넓은 소양을 경험하는 것이 필요하다. 어떤 활동이든지 협동활동을 통해서 공동체의식, 배려심, 대인관계, 사회성을 익히고 성장할 수 있는 경험을 쌓아가는 것이 바람직하다(서울대학교 입학본부, 2016b, 20).

하지만, 현실은 학생의 개별적 특성을 드러내지 못하는 경우가 많다. 교사가 학생의 활동을 관찰하지 못해서가 아니라 학생의 봉사활동에서 진정성을 찾지 못해서이다. 학생들 중에는 봉사활동을 해야 한다는 것은 인식하지만, 봉사활동을 왜 해야 하는지를 모르는 경우도 있다. 즉, 봉사활동이 학생 자신에게 어떤 특별한 의미가 있는지를 알지 못한다는 것이다. 이런 학생들의 경우는 시간만 채울 뿐이다. 하지만, 입시의 변화로 인하여 지금은 시간보다 지속적인 활동과 그 활동에서 오는 의미와 가치를 발견하는 것이 무엇보다도 중요하다.✔✔

학생들 중에는 본인의 삶의 한 과정이라고 생각하고 스스로 봉사활동을 찾

✔✔ 보여주기 식의 활동은 의미가 없다. 교실에서, 학교에서, 지역에서 긍정적인 영향을 줄 수 있는 활동을 찾는 것이 필요하다. 봉사활동의 경우도 가까운 친구, 가까운 곳에서 작은 도움을 줄 수 있는 곳부터 찾아 실천하는 것이 좋다. 봉사활동 확인서에 의미 없이 채워진 수백 시간의 봉사실적보다는 주위의 도움이 필요한 곳에서 진심을 다한 활동이 더 큰 의미가 있다(서울대학교 입학본부, 2016b: 20).

아가기도 한다. 많은 경우는 아니지만, 진정성 있는 학생들을 만나기도 한다. 학생 개인의 진로와 관계없이 약자를 바라보고 또 그들에게서 자신을 성찰하는 태도를 보기도 하며, 봉사활동을 하고 난 뒤 심리와 행동의 변화를 가져오는 경우를 보기도 한다.

그런데 이러한 학생들의 봉사활동이 기록으로 남지 않고 결여되는 경우도 있다. 봉사활동은 대부분 담임교사에 의해 기록된다. 학년말 방학이 되면 학생을 만나지 못할 경우 형식적인 기록에 치우치거나, 학생들에게 메모지에 간단하게 써오라고 하는 경우 피상적인 기록으로 남겨지기도 한다. 다음의 기록 내용을 보면 이를 확인할 수 있다.

NO GOOD NG 사례

교내 봉사활동에 성실히 참여했으며 특히 교외 봉사활동에도 적극 참여하였음. 봉사활동의 대상에 알맞은 기술을 스스로 터득하여 실천함. 타인에 대한 따뜻한 배려의 마음을 가지고 있으며 자발적인 실천력으로 꾸준히 봉사활동에 참여하는 등 주변을 돌아볼 줄 아는 이타적인 학생임(내일신문, 2016.03.18.).

이 기록에는 교사의 평가가 주를 이룬다. 특히, '성실히', '적극', '따뜻한', '자발적인', '꾸준히', '이타적인'으로 평가되어 있다. 하지만, 이에 대한 학생의 활동 과정은 드러나지 않는다. 무엇을 근거로 이러한 평가를 내렸는지 알 수가 없다. 실제 학생 개인의 주도적 실천이 있었다고 하더라도 학생부 기록을 토대로 관찰하고 평가하는 입학사정관의 입장에서 보면, 진보의 정도, 행동의 변화, 특기사항 등에 따른 학생의 개별적 특성을 파악할 수가 없다. 이와는 달리 학생의 활동을 중심으로 기술된 경우를 보도록 하자.

> 저소득층 아동들을 대상으로 영어책을 읽어주는 '북메이트 프로그램'에 멘토로서 참여함. 영어에 대한 역할극 활동을 통해 영어를 직접적으로 다가서게 했다고 함. 하지만 멘티인 초등학교 4학년 학생은 영어에 대한 거부감과 기피증이 있었다고 함. 그 학생을 위해 역할놀이를 통해 영어의 거부감을 완화시켰다고 함. 특히 Thomas Jefferson의 'Declaration of human rights'란 책을 직접적인 시범을 통해 영어가 언어가 아닌 문화와 놀이로 접근할 수 있도록 해준 점이 눈에 띄었음(봉사)(김경범, 2016: 189)

이러한 기록은 학생활동의 객관적인 사실을 중심으로 기술되어 있다. 영어에 대한 거부감과 기피증이 있는 초등학교 4학년 학생을 위해 역할놀이를 통해 심리적 완화를 시킨다는 내용이다. 이 내용에 대한 세부적인 과정이 이어서 기술되고 있다. 이러한 활동 내용과 과정을 토대로 교사는 '눈에 띄었음' 정도로 평가하고 있다. 이처럼 교사의 평가를 최대한 줄이고 학생 개인의 활동에 초점을 맞추어 그 과정을 기술해야 한다. 학생의 특성이 드러나기 때문이다.

학생이 진정성 있는 봉사활동을 했다면, 그것이 학생부 기록에 구체적으로 기술되어야 한다. 그것이 교내 봉사활동이든 교외 봉사활동이든 지속적으로 이루어진 활동이라면, 소사한 것일지라도 입학사정관이 학생의 특성을 알 수 있도록 해야 한다. 이렇게 하기 위해서는 무엇보다도 교사와 학생 간의 소통이 중요하다.

4) 진로활동과 사례 분석

진로활동은 개인이 자신의 진로를 계획하고 그 진로에 대한 준비를 하며, 적절한 시기에 진로를 선택하고, 선택한 진로에 대해 잘 적응하고 발전할 수 있도록 도와주는 활동이다. 진로활동 영역의 특기사항에는 다음과 같은 사항을 구체적으로 입력한다.

① 특기·진로희망과 관련된 학생의 자질, 학생이 수행한 노력과 활동
② 학생의 특기·진로를 돕기 위해 학교와 학생이 수행한 활동과 결과
③ 학생·학부모와 진로상담을 한 결과
④ 학생의 활동 참여도, 활동 의욕, 태도의 변화 등 진로활동과 관련된 사항
⑤ 학급담임교사, 상담교사, 교과담당교사, 진로전담교사의 상담 및 권고 내용(교육부, 2016a: 50-56)

이러한 사항들을 중심으로 기록할 수는 있으나, 이 중에서 중요한 사항은 학생이 수행한 노력과 활동(①), 학생의 활동 참여도, 활동 의욕, 태도의 변화(②)이다. 그러나 학생·학부모와 진로상담을 한 결과(③), 학급담임교사, 상담교사, 교과담당교사, 진로전담교사의 상담 및 권고 내용(④)에 대한 기록이 학생부종합전형에서 얼마나 의미 있고 가치 있는지 의문이다.✔

NO GOOD NG 사례

커리어넷 진로탐색(2016.10.25.) 결과 창의력이 높은 것으로 나타났으며 따뜻하고 주변을 돌보는 것을 좋아하는 성품으로 유치원교사, 사육사 등의 직업이 성품과 어울리는 것으로 판단되어 그 방향으로 지도함(교육부, 2016a: 62).

이러한 기록은 학교공통의 사실과 교사의 지도는 있으나, 학생 개인의 노력 과정이나 활동 전후에 따른 학생의 태도 변화 등은 전혀 나타나지 않는다. 그럼에도 불구하고 학생부 기재요령에서 제시한 사례와 유사한 기록들이 학생부종합전형 지원자의 학생부에도 나타나고 있는 것을 볼 수 있다. 그 기록 내용과 그에 대한 입학사정관의 평가를 함께 보도록 하자.

NO GOOD NG 사례

적성과 능력에 맞는 대학교와 학과를 찾아보는 등 그 방면에 맞는 교육활동에 힘씀. 또한 진로진학 박람회 기간에 MBTI 검사를 하였으며 그 결과를 확인해 보고 자신의 성격 유형과 장단점을 파악하였고 담임 및 진로상담교사와의 면담을 통하여 진로에 대한 안내를 받고 자신의 목표를 설정하는 데 도움을 받았으며 자신의 흥미와 적성에 대한 이해가 부족하여, 스스로의 적성에 대해 더 탐구하고 다양한 직업에 대해 탐색해보도록 권고하였고, 진학과 진로를 위해 작은 단계의 노력부터 기울이도록 지도, 조언하였음(진로)

〈총평〉

…… 교사는 학생이 무엇을 어떻게 했는지 기록해야 하지만, 수업이나 토론 내용 위주로 기술되어 학생의 행위에 관한 정보를 주지는 않는다. 전반적으로 학교의 활동이 많다는 특성이 드러나고 학교가 학생들에게 여러 형태의 프로그램을 제공하고 있다. 학생이 성장하는 모습은 발견하기는 어렵다(김경범, 2016: 89).

입학사정관의 총평은 한 학생의 동아리활동 4개의 기록과 진로활동 3개의 기록에 대한 평가이다. 이 평가에서 중요한 사실은 '교사가 학생이 무엇을 어떻게 했는지 기록'하는 데에 있다. 하지만 인용문에서 보듯이 담임과 진로상담

교사의 진로 안내, 직업 탐색 권고, 지도, 조언이 중심을 이룬다. 학생의 활동은 '적성과 능력에 맞는 대학교와 학과 탐색', '진로진학 박람회 기간 MBTI 검사를 통한 결과 확인'이 전부이다. 진로활동 시간에 대학이나 학과 탐색은 보통 학생이라면 누구나 다 하는 활동이고, MBTI 검사를 하면 결과 확인은 당연한 것이다. 학생 개인의 노력 과정이나 후속활동에 따른 학생의 태도 변화 등이 전혀 기술되어 있지 않다. 따라서 입학사정관은 '학생이 성장하는 모습은 발견하기는 어렵다'는 평가를 내릴 수밖에 없을 것이다.

이와는 달리 서울대 미학과, 연세대 언론홍보학과, 고려대 미디어학부, 성균관대 영상학과를 지원하여 모두 2차 면접까지 합격한 학생(장훈고 졸)의 학생부 기재 내용을 보면, 학생의 성장과정이 구체적으로 기술되어 있다.

GOOD G 사례

진로의 날에 진로체험의 일환으로 한국영상자료원을 견학하고, '영상의 원리를 찾아서'라는 프로그램에 참여하여 영화의 원리와 제작 과정을 구체적으로 탐구하는 시간을 가짐. 영화와 관련된 직업이 감독, 작가, 배우, 카메라맨, 미술 담당, 음악 담당, 조명 담당, 컴퓨터 그래픽 담당, 영화 편집 담당 등 매우 다양하다는 것을 알게 되었음.

…… '크리스토퍼 놀란 감독의 영화, 인셉션의 연출 분석'이라는 주제로 소논문을 작성함. '인셉션'이라는 영화를 감명 깊게 본 후 그것에 대해 형식적 측면과 내용적 측면으로 나누어 연출 분석을 한 후 논문을 작성함(내일신문, 2016.04.14.).

한국영상자료원을 견학하고 '영상의 원리를 찾아서'라는 프로그램에 참여하여 영화와 관련된 직업이 다양하다는 것을 알게 된다. 그런데 이 학생은 '앎'(지식)에서 끝나는 것이 아니라 그 후속활동으로 '인셉션'이라는 영화를 감명 깊게 본 후, 형식적 측면과 내용적 측면으로 나누어 연출 분석을 한 소논문을 작성한다. 따라서 이 기록은 '영상 관련 프로그램 참여 → 영화 관련 직업의 다양성 앎(지식) → 영화 관람 → 소논문 작성(지식의 확장)'이라는 일련의 과정을 통해 학생의 성장과정을 보여준다.✔

✔ 진로희망에 따른 활동은 교과와 비교과 영역에서 모두 이루어질 수 있다. 교과에서 보여준 진로희망 관련 활동의 경우 '교과 세부능력 및 특기사항'에 교과 담당 교사가 기재하고, 비교과 영역은 담임교사가 '행동발달 및 종합의견'에 기록하여 학생에 대한 정보를 생성해야 할 것이다(김경범, 2016: 20).

6 세부능력 및 특기사항과 사례 분석

> 학생부종합전형은 수능 문제풀이 이상의 사고력을 기르고 문제를 찾아서 해결하는 공부를 한 학생을 선발하기 위한 전형이다. 따라서 전형적인 공부 방법이 있지는 않지만 창의적 인재로 자라날 수 있는 공부를 해야 한다(서울대학교 입학본부, 2016b: 41).

학생부의 '세부능력 및 특기사항'은 학생의 교과별 학습활동 내용을 판단할 수 있는 부분이다. 기재된 교재나 수업내용(토론, 발표 등)과 그 안에서 보인 학생의 노력, 과제 수행 내용 등을 통해 학생이 교과 수업에서 학습한 내용과 수준을 파악하며, 이 부분에서 단순히 교과 성적 수치로 볼 수 없는 학생의 우수성을 판단할 수 있다. 예컨대 과학 교과 이론수업에서는 비슷한 수준이라고 여겨지던 학생이 실험 수업에서 실험 설계 능력, 문제해결능력 등의 우수성이 드러나는 경우, 수학 교과 중에서 유독 통계 부분에 강점을 보이는 경우 등 수치화된 성적으로는 드러나지 않는 학생의 우수성을 평가한다(서울대학교 입학본부, 2016b: 11).

한편, 교육부(2016a)가 제시한 학생부 기재요령의 해설에는 글로벌 지식기반 사회에서 요구하는 창의·인성교육의 활성화를 위하여 교육과정을 개편하였고, 수준별·맞춤형 교육여건 조성과 함께 모든 학생의 잠재력과 소질을 최대한 발현시켜 줄 수 있는 교수·학습과 평가 제도를 도입하였다고 기술한다. 이러한 취지에서 '세부능력 및 특기사항'은 특기할 만한 사항이 있는 과목 및 학생에 한하여 각 과목별 성취기준에 따른 성취수준의 특성, 실기능력, 교과적성, 학습활동 참여도 및 태도 등을 간략하게 문장으로 입력하며, 교육적 유의미성 등을 고려하여 방과후학교 수강내용(강좌명, 이수시간 등)을 입력할 수 있다고 설명한다.

그런데 이러한 설명은 수능과 내신의 중요성만을 강조하는 시대에 맞추어져 있다. 이때는 세부능력 및 특기사항이 의미 있는 영역은 아니었기 때문이다. 하지만 학생부종합전형이 도입된 이후 이 영역은 학생부의 어떤 영역보다도 입학사정관이 관심을 보이는 곳이다. 학생의 학업에 대한 변화와 성장과정을 자세히 들여다볼 수 있기 때문이다. 그럼에도 불구하고 창의·인성교육의 활성화를 위한다는 취지와 어울리지 않는 간략한 문장 기입은 학업능력이나 학업태도 등을 구체적으로 기술하지 못하도록 유도하고 있다. 특히, 교육부(2016b)에 의하면, 방과후학교 활동 내용은 강좌명(주요내용)과 이수시간만을 기재하도록 하고 있다. 다음의 예시를 보도록 하자.

NO GOOD NG 사례

예시1) 학년 단위로 세부능력 및 특기사항을 입력한 경우

과학 : 방과후학교 과학실험반(60시간)을 수강함.

예시2) 학기 단위로 세부능력 및 특기사항을 입력한 경우

(1학기) 영어 : 영어 듣기, 말하기 능력이 〈중략〉 이끌어 나감. 방과후학교
　　　　　　　실용영어회화반(20시간), 영작문반(20시간)을 수강함.

(2학기) 영어 : 대화를 듣고 〈중략〉 잘 파악함. 방과후학교 영어문학반(40
　　　　　　　시간)을 수강함.(교육부, 2016a: 69)

방과후학교 과학실험반 수강(예시1), 실용영어회화반, 영작문반 수강(예시2: 1학기), 영어문학반 수강(예시2: 2학기)은 학교에서 개설했다는 학교공통의 사실 정보만 드러난다. 물론 '영어 듣기, 말하기 능력이 …… 이끌어 나감'이나 '대화를 듣고 …… 잘 파악함'이라는 기재요령이 기술되어 있지만, 이는 학생의 개별적인 특성을 드러내지 못한다. '이끌어 나감'이나 '잘 파악함'은 수강에 따른 학생의 성장과정을 구체화시키지 못하고 있기 때문이다. 방과후학교는 본수업의 부족함이나 미흡함을 채워주는 교과활동이거나 수업 시간에 배운 학습내용을 발전시키는 교과활동이 되어야 한다.

하지만, 현실은 이와 다르다. 수능 문제풀이 중심의 교과활동이 주를 이룬다. 그러다보니 학생부 기록은 수강한 학생 전원을 동일하게 기록하는 경우와 학생 개인의 노력 과정을 구체적으로 담지 못하고 추상화하는 경우를 볼 수 있다. 서울대를 지원한 학생들의 학생부 기록에서 이를 확인할 수 있다. 먼저, 전자의 사례는 다음과 같다.

NO GOOD NG 사례

교내 수학교과 상위 4%의 학생들로 이루어진 수학 ○○반에 선발되어 1학기동안 수업시간에 적극적으로 참여하고 토론과 질문, 발표 등에 매우 적극적으로 참여하였음. 우수한 성적을 바탕으로 1학년 수학교과 멘토로 선정되었으며 2학기 수학멘토링 자원으로 활용될 예정임(세특-방과후)(김경범, 2016: 170)

'교내 수학교과 상위 4%의 학생들로 이루어진 수학 ○○반'이라는 기술은 5지선다형 문제풀이에 의한 '수능형 인재'라는 사실을 은근히 드러내기 위한 표현으로밖에 보이지 않는다. 특히 '적극적으로'라는 피상적인 용어의 사용은 토론, 질문, 발표에 의한 교육활동이 실제로 이루어졌는지에 대한 의문을 갖게 한다. 이러한 의문은 그 대학에 지원한 동일 학교 지원자의 모든 학생부를 검토하게 하는 단초가 된다. 실제로 입학사정관이 내린 "수학 방과후학교 세부능력 및 특기사항은 타 학생에 대한 기록과 동일하다."(김경범, 2016: 171)라는 평가는 이를 말해준다.

다음으로, 후자의 사례는 다음과 같다.

NO GOOD NG 사례

기본적인 지적 능력 및 수학에 대한 기초가 튼튼하여 이해력이 높아 학습한 내용의 전이력도 뛰어남. 수학 학습에 대한 의욕이 있어 매 시간 열의 있고 집중력 있는 태도로 수업에 임하여 교사의 열성적인 수업의욕을 불러일으키는 훌륭한 학생임(세특-방과후활동)(김경범, 2016: 99)

이 기록은 학생 관찰에 의한 교사의 평가가 주를 이룬다. '기초가 튼튼하여', '이해력이 높아', '뛰어남', '의욕이 있어', '열의 있고', '집중력 있는', '훌륭한' 등이 그러하다. 교사의 이러한 평가를 뒷받침할 만한 근거가 부족하여 매우 추상적인 기술에 치우쳐 있다. 따라서 입학사정관이 내린 "학생 스스로 역량을 키우기 위한 노력은 부족해 보인다."(김경범, 2016: 100)라는 평가는 적절하다.

학교교육의 핵심 중의 핵심은 바로 수업이다. 학교가 다양한 수업방식을 시도하고 성공적으로 운영하는 것도 서류 평가의 대상이 되는 이유다. 학생의 태도와 성실성, 과목 흥미도, 열정, 적극성 등 입학사정관이 보고 싶어 하는 부분은 사실 학교 수업에서 가장 잘 드러난다(내일신문, 2016.06.09.). 그래서 교사는 학생의 교과활동 태도나 교과활동과 관련된 학생 개인의 노력 과정 등 계량적 수치에 의한 전국연합학력평가나 사설기관의 모의고사 성적 또는 학교 수준의 중간·기말고사에 의한 교과 성적만으로는 알 수 없는 학업능력이나 학업태도 등을 구체적으로 기술할 수 있어야 한다.

그러나 최근에 열린 '2016 서울대 학생부종합전형 우수성과 공유 컨퍼런스'에서 보여준 실제 사례는 학생 개인의 노력 과정을 담아내지 못하고 있다는 것을 확인할 수 있다.

NO GOOD NG 사례

윤리와 사상: 롤스를 배우며 실제 사회에서도 최소 수혜자에게 균등한 기회가 주어지고 사회적 이익이 고르게 분배되어야 한다고 생각하였으며, 자신도 어려운 사람을 배려하는 삶을 살아야겠다고 다짐함

문학Ⅱ: 수업 시간에 적극적으로 참여하였고, 문학Ⅱ 과목을 이수하면서

성취한 문학 감상 및 창작 능력을 통해 문학 활동을 생활화함

확률과 통계: 모범적이고 반듯하게 학교생활을 하는 성실한 학생임. 향후
어느 학문 분야에서나 좋은 결과를 얻을 수 있을 것이라고
기대되는 학생임

영어: 영어경시대회(읽기)에서 장려(공동 4위) 수상(2014.07.01)한 학생으로
독해능력이 뛰어남(서울대학교 입학본부, 2016a: 79)

이러한 사례에 대해 서울대 유 입학사정관은 가장 많이 보는 세특 내용이라
언급하며, '윤리와 사상'의 경우 롤스에 대한 언급이 분량은 적고 다짐이라는 추
상적인 내용 때문에 구체적 정보가 추가됐으면 한다. '문학'에서도 활동이 구체
적으로, '확률과 통계'는 수학이 없고 행동특성에 대한 내용이라고 본다. '영어'
는 수상경력만 있기에 부족해 보인다고 지적하며 구체적인 활약상이 드러나면
좋을 것 같다고 조언했다(베리타스알파, 2016.02.23.).✔

이를 구체적으로 살펴보면, 윤리와 사상 교과에서 롤스
를 배우고 균등한 기회와 이익의 고른 분배를 생각했다면,
현실이 어떠한가를 살펴보고 문제점이 있다면 이를 개선할
수 있는 방법은 없을까를 고민해 보아야 한다. 그리고 학생
개인의 생각을 보고서나 소논문과 같은 후속활동을 통해 지

✔ 물론 영어 과
목과 같은 기록은
교육부(2016a)가
제시한 학생부 기재
요령의 변화로 인하
여 더 이상 기술되
지 않을 것이다.

식의 누적이나 확장을 가져오는 모습을 드러내야 할 것이다. 또는 롤스와 같은
입장을 취한 다른 사회철학자는 없는지 찾아보고 비교하는 교과활동이 기술되
는 것도 생각해 볼 수 있다. 특히, 입학사정관의 말처럼 어려운 사람을 위해 살
겠다는 다짐을 했다면, 그 다짐이 실천적 행위와 연결고리를 형성해 보는 것도
고려해 볼 수 있다.

문학 교과에서 문학 감상 및 창작 능력을 통해 문학 활동을 했다면, 어떤 문
학 작품을 읽고 어떻게 감상했으며, 어떤 주제로 창작품을 썼는지 그 과정을 구
체적으로 기술해야 한다. 교과학습을 통해 학생의 성장과정을 밝힐 필요가 있

다. 그리고 고등학생이 문학 활동을 생활화했다는 것이 과장으로 보인다. 교과 학습하기도 벅찬 현실에서 가능하다고 볼 수는 없을 것이다. 어떤 실천적 활동을 통해 '문학 활동을 함'이라는 정도로 기록하는 것이 어울린다.

확률과 통계는 교과이고 교과에서는 학생의 학습활동과 관련된 개별적인 특성을 담아내야 한다. 그런데 모범적이고 반듯하게 학교생활을 하는 성실한 학생이라는 내용은 모범상의 문구와 다를 바 없다. 이것이 '향후 어느 학문 분야에서나 좋은 결과를 얻을 수 있을 것이라고 기대되는 학생임'이라는 교사의 평가에 대한 근거로 작용하지는 않는다. 모범적인 학교생활과 학문 분야의 결과가 필연적 인과관계를 형성하지 못하기 때문이다.

영어 교과에서 독해능력이 뛰어나 수상의 결과를 낳았다면 그 결과가 있기까지의 과정에 대한 정보를 생성시킬 필요가 있다. 수상했으니 독해능력이 뛰어나다는 식으로 기술하면, 과정은 없고 결과만 있는 기록에 해당한다. 입학사정관의 조언처럼 구체적인 활약상이 기술되어야 한다.

그러면 서울대를 지원한 학생의 학생부 중에서 학생 개인의 교과 관련 활동을 구체적으로 기술한 사례를 보도록 하자.

GOOD G 사례

영어를 매개로 친구들과 협력하고 도와주며 공감하는 능력을 보임. 평소 정기적으로 다양한 매체를 통해 영어에 노출되도록 역량을 발휘함. 트위터 등 SNS를 통해 외국인과 영어로 의사소통하며 정치, 경제, 문화 등 다양한 주제로 토론하고 다양한 의견을 나눔. Lawand Order와 같은 영국드라마를 시청하며 내용을 이해하기 위해 새로운 어휘나 어구를 찾아보고 정리함. 반복적인 시청으로 내용을 파악하고 따라 말해 보는 등 영어를 즐겁고 재미있게 접근하여 학습하는 태도를 보임(세특-영어)(김경범, 2016: 97)

다양한 매체를 통한 영어 역량을 발휘했다는 교사의 평가는 SNS를 통해 외국인과 영어로 의사소통하며 다양한 주제로 토론하고 의견을 나누었다는 것과 Lawand Order와 같은 영국드라마를 시청하며 내용을 이해하기 위해 새로운 어휘나 어구를 찾아보고 정리하는 것과 따라 말해 보는 것 등의 활동을 근거로 하고 있다. 그래서 영어를 즐겁고 재미있게 접근하여 학습하는 태도를 보인다는 평가도 가능하다. **교사의 관찰과 평가가 학생의 구체적인 교과활동을 토대로 이루어지고 있음을 볼 수 있다.**

서울대 일반전형으로 지구환경과학부와 연세대 특기자 전형으로 지구시스템 과학부에 지원하여 모두 최종 합격한 학생(마포고 졸)의 기록은 교사의 관찰에 의한 학생의 교과활동 특성을 보여준다.

GOOD G 사례

> 물리Ⅱ: 평소 조용하고 말이 없어 수업에서의 두드러진 모습을 보여주지 못했지만 가끔 수업 후 찾아와 던지는 질문이 꽤 날카로운 학생임. 이해력이 좋아 보통 전자기 단원의 RLC회로의 이해 등에서 많은 학생들이 어려움을 겪는데 반해 위 학생은 오히려 쉽고 재밌게 이해하여 실제 이 회로의 사용 사례나 응용에 대해 질문을 던짐. 주변 학생들이 관련 내용으로 도움을 많이 받음(내일신문, 2016.04.25.).

물리 수업에서 소극적인 태도를 보이는 학생이 수업 후 날카로운 질문을 던지는 적극적인 학생으로 기술되어 있다. 질문은 모르는 것을 알기 위해서, 부족한 부분을 채워 이해하기 위해서, 학습한 것 중 의문을 해결하기 위해서 할 수 있다. 어떤 형태로든 학습태도가 능동적이라고 할 수 있다. 아마도 이 학생의 질문은 기록의 맥락으로 보면 이해의 단계를 넘어서는 후자에 해당하는 것으로 보인다. 많은 학생들이 어려움을 겪는 전자기 단원의 RLC회로를 이해하고 실제 이 회로의 사용 사례나 응용에 대한 질문이 그것이다. 이는 수능식 사고에서 벗어나 학습 내용을 현실과 접목하려는 사고의 모습을 보여준다. **교과활동에서 질문은 학생의 개별적 특성을 드러내기에 충분하다.**

한편, 서울대학교 입학본부(2016b)는 먼저 학생들에게 교과내용을 나만의 의미 있는 지식 만들기를 조언한다. 당장 눈앞의 점수를 올리기보다 실력을 향상시킬 수 있는 기회로 생각하고 교실 수업에 적극 참여하기를 바란다. 단답형 질문에 답할 수 있는 수준, 5지선다형 시험 대비의 수준을 넘어서 수업에서 다루는 내용을 나만의 언어로 이해하고 표현하고 나만의 지식을 만드는 과정이 필요하다고 말한다.

다음으로, 선택의 기회에서 나를 발전시킬 수 있는 선택이 필요하다고 조언한다. 선택이 때로는 도전이 되기도 한다. 즉, 수강생이 적다고 등급의 불리함을 걱정하지 않아도 된다는 것이다. 소수 인원이 수강하는 과목이라면 많은 인원이 이수하는 과목에 비해 등급 수치가 우수하게 나오기 힘들다는 것을 입학사정관이 잘 알고 있다고 한다. 자신이 원하는 과목, 자신의 현재 모습에 안주하지 않고 실력을 올릴 수 있는 과목에 도전하는 자세는 우수한 학업능력을 갖추는 토대가 된다는 것이다.

그 다음으로, 수업에 적극적으로 참여하기를 조언한다. 창의적 공동체를 엮어가기 위한 서울대생이 되기 위해서는 스스로 생각하고, 알아보고, 배운 지식을 활용해 보는 공부가 필요하다는 것이다. 단순히 수업 내용 암기와 문제풀이 연습만으로는 지식 확장에 한계가 있다고 한다. 교실 수업에서 이루어지는 발표, 토론, 실험 등 다양한 학습활동을 경험하면서 흥미로운 분야를 발견하고, 자신의 학업능력을 더 발전시키는 기회로 삼을 것을 바란다. 수행평가 과제물이나 주제탐구 보고서를 성실하게 수행하고 제출하여 학생부에 기록된다면, 이를 파악하고 역량을 키워온 내용을 평가한다는 것이다.

마지막으로, 수업 내용을 바탕으로 더 넓고 깊게 공부하기를 조언한다. 공부를 하다 보면 교과 내용을 내 것으로 만드는 과정에서 만족하는 것이 아니라 더 찾아보고 싶은 분야가 생겨난다. 이런 생각이 들 때 바로 스스로 찾아서 공부할 때라는 것이다. 시간 낭비가 아니라 나의 호기심을 자극하여 나의 실력과 역량을 한층 도약시킬 수 있는 기회로 삼아야 한다는 것이다. 학교에서 프로그램을 얼마나 제공하는가의 여부는 서울대의 평가요소가 아니라고 한다. 학업활동에 참여한 활동의 종류나 개수는 중요하지 않고, 학생들 개개인이 각자에게 주어진 기회를 얼마만큼 스스로 활용하여 노력했는지, 어떤 동기와 의지를 가지고 활동하였으며 그로 인해 개인적으로 얼마만큼의 성장을 이루었는지를 평가한다는 것이다.

이러한 서울대의 바람이 학생 개인의 실천적 교과활동으로 이어진다면, 학생부종합전형에 도전할 수 있는 토대가 될 것이다. 그리고 학생들의 실천적 교과학습의 과정을 학생부에 구체적으로 담아낸다면 서울대뿐만 아니라 대부분의 대학 입학사정관의 좋은 평가를 받을 수 있을 것으로 기대할 수 있다.

7 독서활동상황과 사례 분석

> 독서의 과정은 본질적으로 사유의 과정입니다. 독서에 온 정신을 집중할 때 그 사람은 실질적으로 사색, 상상, 판단, 추리를 하고 있는 것입니다. 미국의 독서 전문가 M. A. 딩크는 말했습니다. "대부분의 경우, 독서를 하고 있을 때 눈을 사용하는 시간은 현재의 5퍼센트에 지나지 않는다. 나머지 95퍼센트의 시간은 생각하는 데 쓰인다."(柳師軍, 김경숙 역, 2010: 21)

독서활동상황에는 독서활동에 특기할 만한 사항이 있는 학생을 대상으로 독서성향(독서관심분야)과 특이사항을 간략하게 기재하도록 되어 있다(교육부, 2016a: 79). 그리고 이 해설에 대한 입력예시가 있다. 하지만, 교과담당교사와 학급담임교사로 구분하여 제공하는 예시는 학생의 개별적 정보를 전혀 제공하지 못하는 경우도 있다. 다음의 예시가 이에 해당한다.

NO GOOD   NG 사례

문학-(1학기) 한국 문학에 관심이 많으며, '파한집(이인로)', '금오신화(김시습)', '송강가사(정철)'를 읽음(교육부, 2015: 111).

(1학기) 역사 분야에 관심이 많으며, '조선상고사(신채호)', '역사(헤로도투스)', '한국통사(박은식)', '신학문의 원리(비코)'를 읽음(교육부, 2015: 114).

문학에서 읽은 책들은 학생의 개별적 특성을 전혀 알 수 없으며, 1학기 역사 분야의 독서도 마찬가지이다. 학생이 읽어야 할 또는 학생이 읽은 책을 기록한 것에 불과하다. 즉, 의미 없는 기록의 나열이라고 보는 것이 옳을 것이다.

이외에도 기재요령에 있는 기록들 중 일부는 학생의 정보를 구체적으로 생성한다고 볼 수 없는 경우도 있다. 즉, '~을 읽고 깨달음, 이해함, 노력함, 꿈꾸게 됨, 사고함, 고민함, 의지를 기름, 느낌' 등과 같은 기술은 그 책을 읽은 이유가 무엇인지 아니면 동기나 계기가 무엇인지를 알 수 없는 획일적인 내용에 불과하다. 다음의 예시가 이에 해당한다.

NO GOOD NG 사례

문학-(2학기) '나는 아름답다(박상률)', '페스트(알베르 까뮈)', '당신들의 천국(이청준)', '멋진 신세계(올더스 헉슬리)' 등을 읽고 인간과 세계에 대해 깊이 이해함(교육부, 2015: 111).

수학-(1학기) '명화와 함께 떠나는 수학사 여행(계영희)', '파란만장 수학 콜로세움 도전기(강호)', '어느 수학자의 변명(G. H 하디)', '통계로 본 한국의 변천(통계청)' 등의 책을 읽고, 일상생활 속에 숨어 있는 수학적 원리를 찾으려고 노력함(교육부, 2015: 112).

문학은 인간 세계를 이해했다는 내용이고, 수학은 일상생활 속에 숨어 있는 수학적 원리를 찾으려고 노력했다는 내용이다. 책을 통해 어떤 인간 세계를 이해했고 현실에서는 어떻게 펼쳐지고 있는지, 수학적 원리가 일상생활 속에 어떻게 접목이 되었고 학생 개인의 주변에서 무엇을 접했는지 아무런 언급이 없다. 이해하고 노력했다면 그에 따른 실천이 어떻게 이루어졌는지를 밝힐 필요가 있다. 생각을 했다면 후속활동으로 이어지고, 그것이 기록으로 남겨져야 할 것이다. 다음의 사례는 이를 잘 보여준다.

GOOD G 사례

한국사-(1학기) 역사 분야 중에서도 한국사에 대한 관심이 많음. '나의 문화유산답사기(유홍준)' 등을 읽고 한국의 고대 문화 전파에 대한 내용을 리포트로 작성하여 한국사 시간에 발표함. 관심 분야를 동아시아사까지 넓혀서 일본, 중국과 관련된 도서를 적극적으로 찾아 읽으면서 역사관을 정립하고자 노력함(교육부, 2015: 112).

한국사의 독서기록은 한국사 수업과 관련된 활동을 기재하고 있다. 학생의 관심 분야를 보고서를 작성하고 발표하는 활동으로 확장하고 있음을 볼 수 있는 기록이다. 다만 일본, 중국과 관련된 도서명을 밝혀 구체화할 필요가 있을 것이다.

따라서 독서활동상황의 특기 사항에는 책을 선택한 동기, 학생의 이해 수준, 독서 결과의 활용 등에 대한 구체적인 언급이 들어가야 한다. 대학은 학생들이 어떤 이유로 독서를 하게 되었고, 독서는 학교 내 활동의 어느 영역과 연관되어 있는지, 독서 후 결과가 어떻게 발현되고 활용되었는지 알고 싶어 한다(김경범, 2016: 30).✔

이와 같은 맥락에서 권오현 서울대 입학본부장의 말은 독서기록을 할 때 시사하는 바가 크다.

> 입시를 위해 책을 읽기보다 자신의 관심 영역을 확산해나가는 도구로서 책을 읽는 것이 중요하다. 책을 읽은 동기가 무엇이며 어떤 점을 느꼈고 그것이 나에게 어떤 변화를 가져왔는지가 기록돼 있으면 좋은 평가를 받을 수 있다(동아일보, 2016.02.12.).

독서활동은 자신의 관심분야를 확산하는 도구로 읽는 것이 중요하며, 책을 읽는 동기와 자신에게 미친 영향이 기록되어 있으면 좋은 평가를 받을 수 있다

✔ 독서는 모든 공부의 기초가 되며, 대학생활의 기본 소양이다. 책을 찾는 것은 수업 안에서 답을 얻을 수 있다. 교과와 관련된 인문학, 사회과학, 자연과학, 철학, 공학 분야 도서를 수업 활동 중 교사가 추천해 줄 수도 있고 토론활동, 주제탐구 활동에도 관련 도서를 만날 수 있다. 어떤 책을 읽을 것인가에 대한 선택은 학생들의 몫이다. 이미 학교생활에서 도서를 선정하는 계기를 많이 접할 수 있다. 더 알고 싶은 분야의 전문서적을 찾아 읽을 수도 있고, 호기심으로 책을 선택할 수도 있을 것이다. 책을 읽다가 생긴 궁금증으로 또 다른 책을 선택하기도 한다. 어떤 분야의 책이든지 읽고 또 읽어가는 사이에 생각하는 힘, 글쓰기 능력, 전문지식, 의사소통 능력, 교양이 쌓여갈 것이다. 타의에 의한 수박 겉핥기식 독서는 도움이 되지 않는다. 수많은 책들 가운데 그 책이 나에게 왜 의미가 있었는지, 읽고 나서 나에게 어떤 변화를 주었는지를 생각해야 한다(서울대학교 입학본부, 2016b: 19).

는 것이다. 그리고 독서활동이 학생부의 다른 영역과 연결고리가 필요하다는 것도 되새길 필요가 있다.

> 입학사정관이 학생부를 볼 때는 각 항목을 따로 평가한 후 합산하는 방식으로 보지 않고, 전체를 함께 보는 종합적인 평가를 한다. 각 항목마다 연결되는 내용이 있어서 맥락이 잡히는 학생부가 좋은 평가를 받는다(동아일보, 2016.02.12.).

이러한 시사점은 독서활동상황의 기록을 획일적이고 형식적인 측면에서 벗어나 구체적이고 연계적인 기재가 될 수 있도록 도움을 줄 것이다. 그리고 다양하고 폭넓은 독서에서 시작하여 자신의 관심분야의 독서로 옮아가는 것도 필요하다는 것을 알려준다. 서울대 미학과, 연세대 언론홍보학과, 고려대 미디어학부, 성균관대 영상학과를 지원하여 모두 2차 면접까지 합격한 학생(장훈고)의 3학년 때 독서활동 기록을 보도록 하자.

GOOD　G 사례

장일의 〈영상과 커뮤니케이션〉을 읽고, 영상 매체를 통해 이루어지는 송신자와 수용자 간의 커뮤니케이션 구조를 알게 되었다고 함. 또한 '영상을 본다는 것'은 수용자에 따라 다양한 의미 생성이 가능하기에 '미안의 커뮤니케이션'으로 정의될 수 있다는 것도 새롭게 알게 되었다고 함.

베르너 파울스티히의 〈영화의 분석〉을 읽고 소통 이론적 관점에서 볼 때, 영화를 매개로 한 커뮤니케이션 과정이 단순히 감독과 관객 사이에서만 이루어지는 것이 아니라, 영화의 전반적인 제작과정과 극장 개봉이후 비평가들을 통한 수용과정에서도 이루어진다는 사실을 알게 되었다고 함.

안슬기의 〈학교에서 영화찍자〉를 통해, 결과물로서의 영화만을 접했던 과거와는 다르게 실제 영화제작 현장을 간접 체험할 수 있었다고 함. 미래에 영화감독을 꿈꾸는 청소년이기 때문에 시나리오 구상에서부터 편집 작업까지의 실제적인 영화 제작과정을 알게 된 것이 굉장히 유익했다고 함(내일신문, 2016.04.14).

이 학생의 독서기록의 특징은 영상과 관련된 지식이 계속해서 누적되고 있음을 구체적으로 기술하는 데에 있다. 즉, 송신자와 수용자 간의 커뮤니케이션 구조를 앎, '영상을 본다는 것'은 '미안의 커뮤니케이션'으로 정의될 수 있다는 앎, 영화의 전반적인 제작과정과 극장 개봉이후 비평가들을 통한 수용과정에서도 이루어진다는 사실을 앎, 시나리오 구상에서부터 편집 작업까지의 실제적인 영화 제작과정을 앎이 그것이다.

독서활동상황에 대한 지금까지의 논의를 종합할 때, 독서활동상황은 다음 몇 가지 기준에 의해서 기록되어야 한다.

우선, 학생의 지적 호기심을 보여주려면 교과별 교사가 제시한 책과 함께 학생 스스로 골라 읽은 책도 적극적으로 기록해야 한다. 다음으로, 독서의 동기, 이유도 중요하지만 독서 후에 학생에게 나타난 변화도 중요하다. 그 다음으로, 교과에서 학습한 내용과 이에 대한 심화 학습의 내용을 독서 기록과 잘 연계하면 좋다. 마지막으로, 독서의 양보다는 질에 관심을 가지고 기록해야 하며, 학생의 독서성향을 볼 수 있도록 기록해야 한다(김경범, 2016: 30).

이러한 4가지 기준을 염두에 두고 기록한다면, 서울대뿐만 아니라 다른 대학에도 공통적으로 활용할 수 있을 것이다. 서류평가 기준이 다소 차이는 있지만 유사하기 때문이다. 각 대학의 입학사정관의 독서활동 기록과 관련된 설명을 통해 4가지 기준이 적용될 수 있음을 확인할 수 있다. 김경숙 건국대 책임입학사정관은 의미 있는 독서와 관심 분야의 심화 독서를 권장한다.

"입학사정관이 보고자 하는 것은 '학생이 무엇에 관심이 있어서 이 책을 읽었느냐' 하는 점"이라며 "어떤 책을 왜 읽었고, 무엇을 배웠으며, 이것이 다른 독서로 이어졌는가 등을 종합적으로 평가한다"고 설명했다. 의미 없이 많이 읽기만 해서는 좋은 평가를 받기 어렵다는 뜻이다. 김 사정관은 "단순히 학교 수행평가 때문에 책을 읽는 등의 소극적 독서 역시 바람직하지 않다"고 덧붙였다 (조선일보, 2016.03.14.).

김 사정관은 관심분야의 책을 왜 읽었으며, 읽고 난 뒤 무엇을 배웠으며, 이것이 관심 분야의 또 다른 독서로 이어졌는가를 종합적으로 평가한다는 것이다. 수행평가를 위해서 수박 겉핥기식의 독서는 바람직하지 않다고 조언한다. 안정희 이화여대 입학사정관 실장의 설명도 이와 같은 맥락에서 조언하고 있다.

자신의 역량을 드러낼 때 독서가 충실하게 돼 있다면 분명히 가점을 받을 만한 요인이 된다. 책 한 권을 읽은 뒤 관련된 또 다른 책도 읽으면서 전문수준의 책까지 섭렵한 학생의 경우 '이 학생이 이 분야에 정말 남다른 관심이 있구나'라는 생각이 들 수밖에 없다(동아일보, 2015.10.20.).

관심 분야의 책을 읽은 후 이와 연관된 또 다른 책을 읽으면서 심화 수준의 전문적인 독서로까지 이어지면 학업능력을 드러낼 수 있다는 것이다. 이석록 한국외대 입학사정관 실장은 진로와 관련된 독서활동에 대해 조언하고 있다.

한국외대 학생부종합전형 평가자들은 학생이 얼마나 깊은 고민을 거쳐 진로를 정했는지를 학생부 곳곳에서 찾아보는데 독서활동은 중요한 단서가 된다. 인문, 과학, 예술 분야의 독서활동상황을 보면 학생이 지적 호기심을 발전시켜 나간 과정과 학생의 지적 역량이 어느 정도인지를 파악할 수 있다(동아일보, 2015.10.20.).

학생이 얼마나 깊은 고민을 하면서 진로를 결정했는지를 찾는데 독서활동이 중요한 단서가 된다는 것이다. 학생부의 여러 영역을 통해 학생의 지적 호기심과 학업능력을 파악하기 위해서라는 것을 알려준다. 김경숙 건국대 책임입학사정관은 중요한 정보를 하나 더 알려준다.

독서 기록에는 책을 읽으며 인상 깊었던 내용, 새롭게 알게 된 점, 이 책을 읽고 생긴 궁금증을 해결하고자 읽은 다른 책에 대한 내용 등을 남기는 게 좋다. 줄거리 등을 넣어 길게 쓴다고 해서 입학사정관의 눈에 띄는 게 아니다(조선일보, 2016.03.14.).

책을 읽으며 인상 깊었던 내용, 새롭게 알게 된 점, 책을 읽고 생긴 궁금증을 해결하기 위해 읽은 또 다른 책에 대한 내용 등을 남길 것을 말한다. 그리고 중요한 정보는 줄거리를 넣어 길게 쓰는 것은 좋지 않은 기록이라고 한다. 권영신 성균관대 선임입학사정관은 진정성과 관련해서 조언하고 있다.

'학생이 특정 활동을 정말 진정성 있게 했구나'라는 평가자의 생각은 독서기록을 통해 나오는 경우가 많다. 학생이 책을 읽고 느낀 점이 자신의 동아리활동, 봉사활동 등을 어떻게 풍부하게 만들어주었는지를 자기소개서에 구체적으로 쓴다면 학생의 진정성이 돋보일 수 있다(동아일보, 2015.10.20.).

독서기록을 통해 특정 활동을 진정성 있게 하였다는 것을 보여주어야 한다는 것이다. 동아리활동이나 봉사활동 등을 풍부하게 만들어 주는 것이 독서활동의 진정성이라고 한다. 그리고 그는 수업과 연계된 독서를 권한다.

"수업시간에 들은 내용과 연계된 독서를 한 학생은 사고가 확장되는 과정을 학생부에서 확인할 수 있다"고 말했다(동아일보, 2016.02.12.).

학생부종합전형에서 학업능력과 학업태도를 가장 잘 피력할 수 있는 것이 수업 내용과 연계된 독서이다. 특히, 학생의 사고가 확장되는 과정을 확인할 수 있기 때문이다. 이석록 한국외국어대 입학사정관실장도 이와 유사한 관점에서 조언하고 있다.

예컨대 '학업역량'은 내신 성적뿐 아니라 세특, 교과 관련 자율동아리 활동, 독서 활동, 수상 경력 등 다양한 항목을 연결해 보면서 평가한다. 비교과활동 역시 교과활동의 연계선 상에서 평가하므로, 학교 교과과정과 연결되지 않는 소논문 등의 스펙은 오히려 입시에 해害가 된다(조선일보, 2016.05.02.).

학업역량은 교과활동에서만 평가하는 것이 아니라, 학생부의 여러 영역을 종합적으로 연결해서 평가한다는 것이다. 독서활동을 할 때 학생부의 다른 영역과 단절되기보다는 연계되는 기록이 필요하다는 것을 충고한다. 마지막으로 김경숙 건국대 책임입학사정관은 스펙을 위한 독서는 금물이라는 또 하나의 조언을 한다.

가끔 고교생 수준에서 이해하기 어려운 책을 읽었다는 지원자가 있는데, 그럴 때는 이를 검증하는 추가 질문을 한다. 입시에서 돋보일 요량으로 어려운 전공 관련 책을 찾아 읽을 필요는 없다(조선일보 2016.03.14.).

입학사정관의 눈에는 어려운 전공 관련 서적의 기록이 스펙을 쌓기 위한 것으로 보일 수 있다는 것이다. 그래서 면접에서 추가 질문을 하여 검증한다는 것이다. 스펙은 독서의 질적 수준을 가늠할 수 있는 잣대가 되지 않는다.

최근에는 스펙을 쌓기 위해 영어 원서를 독서활동상황에 기록하는 경우도 볼 수 있다. 영어로 독서를 했다고 해서 학업능력이나 학업태도가 다른 학생들에 비해 우월하다는 것을 입증할 수는 없다. 만약 모집 단위에 따라 원서 읽기가 꼭 필요한 경우라면 의미 있고 진정성 있는 독서가 필요할 것이다.

최근 최상위권 학생이나 영어 관련 학과, 혹은 외국어 특기자전형을 준비하는 학생들이 영어 교과목 독서로 영어 원서를 기재하는 경우를 종종 보게 된다. 그렇지만 영어교과 독서로 영어 원서를 읽고 독후감을 쓰는 것이 대학입시에 무조건 유리하다고 볼 수는 없다. 학생 개인의 주관적인 생각을 바탕으로 하기에 단지 영어 원서를 학생부에 기록했다고 해서 해당 언어의 우월성을 입증할 수는 없다는 것이 강남 교사의 의견이다. 대신 영어 내신과 관련 수상, 동아리 활동 등 종합적인 평가가 이루어진다는 것을 상기하되, 영어 관련 학과와 특기자전형, 혹은 상위권 학생 중 전공 관련 원서 독서가 필요한 경우라면 많은 책을 기록하기보다는 진정성 있는 내용을 내실 있게 담는 것이 중요하다(내일신문, 2016,06,20,).

스펙을 쌓기 위한 독서로 영어 원서를 기재하는 것은 '같은 값이면 다홍치마'나 '옷이 날개'라는 속담과 관련될 지도 모른다. 그런데 겉을 화려하게 만들 수 있다고 생각하기 전에 외서에 대한 독서가 학생 자신의 성장과정을 보여줄 수 있는지부터 깊이 생각해야 한다. 즉, 영어교과와 관련되거나 동아리활동과 연계되어 어떤 주제에 대한 보고서나 소논문 쓰기에 필연성이 부여되고 학생 개인의 성장과정이 구체적으로 표출되는지 깊이 고민해야 한다. 그런 연후에 외서에 대한 독서를 의미 있고 진정성 있게 할 필요가 있을 것이다. 독서활동의 기록은 내면세계의 성장과정을 담아내는 구체적 기술이어야 한다.

그런데 최근 교육부(2016b)는 읽은 책의 제목과 저자만 확인하여 기재해야 한다는 보도자료를 낸 바 있다. 특히, 교사의 관찰 및 확인에 한계가 있는 학생의 독서성향은 기재할 수 없다는 것이다. 하지만, 교과와 관련된 독서보고서나 독서감상문 등의 수행평가를 통해 교사는 학생의 독서성향을 파악할 수도 있을 것이다.

8 행동특성 및 종합의견과 사례 분석

> 가치관이 없으면 목표로 가는 길에서 방향을 잡을 수가 없다. 가치관은 라이프
> 밸런스의 윤리적 기초다. 자기 자신의 가치 시스템은 비전의 선택에도, 그 비전
> 의 실천에도 영향을 미친다. 어떤 길로, 어떤 방법으로 비전에 도달할 것인지도
> 가치관에 달려 있는 것이다(Marco von Münchhausen, 장혜경 역, 2003: 173).

　행동특성 및 종합의견에는 행동발달상황을 포함한 각 항목에 기록된 자료
를 종합하여 학생을 총체적으로 이해할 수 있도록 학급담임교사가 문장으로 입
력하여 학생에 대한 일종의 '추천서'가 되도록 작성해야 한다(교육부, 2016a: 80).
학생부종합전형의 서류평가 대상 중에 교사추천서가 있는데, 학생부의 영역 중
이 영역 또한 교사추천서의 기능을 할 수 있다. 만약 이 영역이 실제로 추천서의
역할을 한다면 굳이 교사추천서를 받을 필요가 없을 것이다. 하지만 앞서 다른
영역에서 논의한 바와 같이 현실은 그렇지 못하다. 뿐만 아니라 학생부 기재요
령의 예시는 학생의 특성이라고 할 수 있는 "잠재력, 인성, 인지적 특성, 자기주
도적 학습능력, 창의성, 예체능활동 등"(교육부, 2016a: 81, 2015: 117)을 구체적으
로 기술하지 못하고 있다. 다음의 예시에서 이를 확인할 수 있다.

NO GOOD NG 사례

　2015학년도 1학기 전교 학생회 부회장, 2015학년도 2학기 전교 학생회
회장으로서 모범적인 학교문화 정착을 위해 노력하였으며 사람들과 어울려
일하기 좋아하는 사회성이 높은 학생임. 1학년 때부터 교사의 꿈을 가지고
있어 지역봉사센터를 통한 학습지원 봉사활동을 함(교육부, 2015: 119).

앞선 예시는 학생회 부회장과 회장을 한 학생들의 기록에서 볼 수 있는 상투적인 문구이다. 학교문화 정착을 뒷받침할 수 있는 학생 개인의 노력 과정이 없으며, 사회성을 충분히 피력할 수 있는 구체적인 근거도 없다. 또한 학습지원 봉사활동에서 학생의 개인적 특성을 드러낼 수 있는 활동과정도 기술되어 있지 않다. 만약 학생의 활동과정이 학생부의 다른 영역에 구체적으로 기록되어 있다면, 행동특성 및 종합의견 영역에는 다른 영역을 고려하되 그동안 학생을 알지 못했던 특성을 기술하는 것이 바람직하다.

한편, 학생부 기재요령의 예시 중 인성과 관련된 부분의 사례 또한 동일한 양상을 보여준다. 학생 개인의 개별적인 인성을 구체적으로 담아내지 못하고 추상화되는 것을 보도록 하자.

NO GOOD NG 사례

재치 있는 말과 행동으로 주변 분위기를 즐겁게 하며 체육부장으로 교내 체육대회 때 학급대표 선수들을 선발, 적재적소에 배치하는 등 리더의 역할을 잘 수행함. 댄스동아리에 가입하여 각종 행사에서 재능을 발휘하여 학급 분위기를 밝게 이끌어갔으며 행동이 민첩하고 순발력이 있어 체육활동에서 두각을 나타냄(교육부, 2016a: 120).

학교활동에 적극적이며 관계지향성이 좋은 학생으로 판단할 수 있다. 재치도 있으며 학급의 분위기를 밝게 해주는 학생으로 원만한 성격의 소유자이자 리더십을 가진 학생으로 보인다. 하지만 이에 대한 근거는 알 수 없다. 따라서 이러한 예시는 입학사정관의 입장에서 보면 좋은 기록이라고 볼 수는 없을 것이다.

앞선 학생부 기재요령의 예시는 교사들에게 '참고서'와 같은 기능을 한다. 물론 2016년에 배부된 기재요령에는 예시가 많이 제외되어 있기는 하지만, 교사들은 그 이전의 기재요령을 그대로 답습할 가능성이 높다. 서울대에 지원한 학생의 기록에서 보여주는 사례는 기재요령에서 볼 수 있는 것과 유사한 측면이 있다.

NO GOOD NG 사례

활발하고 재치있는 성격으로 주변 사람들을 즐겁게 하며 친구들의 호감을 받아 어디서든 돋보이는 학생임, 항상 밝게 웃는 표정으로 친구들과 선생님을 대하는 태도가 보기 좋고 친구들에게서 학급에 꼭 필요한 학생이라는 찬사를 받음, 교우관계가 좋고 선생님들에게도 예의바른 학생으로 인정받아 어느 분야의 직업을 갖더라도 성공할 것이라는 칭찬을 받을 만큼 생활태도가 좋음(행특)(김경범, 2016: 194)

'활발하고 재치 있는 성격', '항상 밝게 웃는 표정', '교우관계가 좋고', '예의바른' 학생으로 학생들의 찬사를 받으며, 교사들에게 인정받는 학생이라는 것을 알 수 있다. 그러나 이 모든 것이 구체적인 과정을 보여주지 못한다. 학생이 실제로 학교생활의 태도가 좋았고 그에 따른 교사의 평가가 적절하다고 생각할 수 있으나, 그 기록이 추상적이라면 입학사정관의 평가는 교사의 평가와 다를 수 있다. 위의 기록에 대한 입학사정관의 평가는 다음과 같다.

〈총평〉

학교 활동에 적극성을 가지고 참여하며, 교우관계도 매우 원만한 학생으로 판단된다. 활달한 성격으로 주변에 호감을 받는 학생임을 알 수 있다. 단이런 내용을 뒷받침하는 구체적 사례가 없어 추상적으로 표현되어 정확한 판단을 내리기 어렵다(김경범, 2016: 194).

내용을 뒷받침하는 구체적 사례가 없이 추상적으로 표현되어 정확한 판단을 내리기 어렵다는 입학사정관의 평가는, **교사의 평가가 충분한 근거를 마련하고**

기록되어야 한다는 것을 의미한다.

충분한 근거 마련의 기록은 필수적이다. 하지만 담임교사가 한 반의 학생을 모두 관찰하고 평가하기란 현실적으로 어려움이 따른다. 이를 해결할 수 있는 방법 중의 하나는, 학생들이 자신을 알리 수 있는 부가자료를 담임교사에게 제출하는 것이다. 물론 이 영역은 담임교사가 비공개로 종합평가를 하는 곳이기 때문에 학생이 '이렇게 써 달라'라고 요구할 수는 없다. 하지만 학생 개인의 특성이 구체적으로 기술된 부가자료는 학생부종합전형에 지원한 학생들의 정보를 알기 위해 추가적으로 자료를 요청하는 것과 유사하다고 볼 수 있다. 행위의 주체가 학생과 대학이라는 점에서는 다르나, 학생의 정보가 구체화된다는 점에서는 같을 것이다. 특히, 부가자료 제출은 기록에 대한 학생의 참여 기회와 정보 생성의 도구라는 의미로 수용 가능할 듯하다. 다음의 기사 내용은 이러한 의미 수용을 담고 있다.

> 서울에 근무 중인 A교사는 "2학년 담임이었던 지난해 학생부 작성 기간에 한 학생이 일기장 몇 장을 복사해 가져왔다. 따뜻한 인성과 리더십을 엿볼 수 있는 글이었는데, 그대로 옮겨 쓰지는 않았지만 그 학생을 다시 보게 되는 계기가 됐다"고 했다(조선일보, 2016.05.26.).

다만, 부가자료는 산발적으로 기술하기보다는 잘 정리하여 제출하는 것이 좋다. 학생 개인의 특성이나 학교활동은 매우 다양하다. 학생 자신의 장점을 담아내기 위해서는 개인의 특성을 다양한 활동과 연결고리를 만들 필요가 있다.

한편, 권영신 성균관대 선임입학사정관은 성실한 태도와 적극적인 참여가 좋은 평가를 받는다고 한다.

> 학급 회의나 교실 청소, 환경 미화 등 성적과 관련 없는 일에도 구성원으로서 성실한 태도를 보였는지가 행특을 통해 드러난다. 임원이 아니더라도 이럴

때 적극적으로 참여하면 리더십이나 배려, 소통, 사회성을 보여줄 수 있다(조선일보, 2016.05.26.).

학생들 중에는 성적 외에는 관심을 보이지 않는 경우도 있다. 특히, 청소와 같은 일은 사소하고 왜 청소를 해야 하는지 반문하기도 한다. 하지만 성실한 태도는 사소한 일에서부터 시작된다. 탐구대회나 경시대회가 아니더라도 또 학급회나 학생회 임원이 아니더라도 적극적이고 능동적인 참여에서 자기주도성이 드러나며 리더십이나 배려, 소통, 사회성 등이 표출된다. 교실 청소, 환경 미화, 도서관 청소, 기숙사 청소 등 학교의 모든 청소 활동에 대한 자기주도성은 입학사정관에게 좋은 평가의 대상이 될 수 있다.

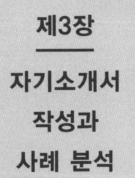

제3장
———
자기소개서
작성과
사례 분석

1 자기소개서 작성법

> 피트 고메스 목사는 이렇게 말했다. "우리는 먹고사는 데 매달리는 삶이 아닌, 의미 있는 삶을 살고자 한다. 그리고 이것은 누구나 경험을 통해 알고 있듯이 용기를 필요로 한다."(James Kouzes & Barry Posner, 김경섭 역, 2007: 241).

학생부종합전형에서 자기소개서는 학생부 기록을 보완할 수 있는 서류이다. 일반적으로 학생부 기록은 학생 개인의 활동을 기술하지 못한 채 학교공통의 사실 및 교사의 관찰과 평가가 주를 이루기도 한다. 어떤 경우에는 활동의 결과만 있을 뿐 그 과정이 기술되지 못하는 경우도 있다. 특히, 2016년도부터 수상과 연계된 학생 개인의 노력은 학생부의 어떤 영역에도 기술할 수가 없으며, 교내대회 참가 사실 또한 마찬가지이다. 이런 점에 비추어볼 때, 자기소개서는 입학사정관에게 중요한 참고서류가 될 수 있다.

만약 학생부에 교과 성적 지표와 교내 경시대회 수상내역, 동아리활동 등이 결과 위주로 기술되어 있다면, 자기소개서는 '결과'에서 보여주지 못하는 '과정'에서의 우수성을 보여줄 수 있는 서류이다. 예를 들어 천문 관련 동아리에서 활동한 학생이 학생부에는 동아리활동 시간과 활동 내용 등 결과적인 부분이 기술되어 있다면, 자기소개서에서는 천문동아리에 참여하게 된 동기나 동아리 참여 전과 후의 자신의 학업능력 관련 변화된 부분을 기술할 수 있고, 입학사정관은 이 부분에서 학생의 호기심과 학업적 역량을 판단할 수 있다(서울대학교 입학본부, 2016b: 11).

한양대 백남음악관에서 열린 '학생부종합전형 발전을 위한 제1회 고교-대학 연계 포럼'에서, 권오현 서울대 입학본부장은 자기소개서만으로는 서울대에 합격할 수 없다고 하면서 서울대는 학생부가 유일한 학생부종합전형 평가 서류이고, 자기소개서나 추천서 등은 참고자료일 뿐이라고 말한다(연합뉴스, 2016.06.15.).

물론 학생부종합전형에서 가장 중요한 평가서류는 학생부이다. 하지만 현재 학생부 기록만으로 학생의 진면모를 정확히 파악하기에는 한계가 있다. 자기소개서는 이를 보완할 수 있는 서류가 되기에 충분하다. 왜냐하면 추상적이거나 결과 중심의 기록에 대한 구체적 근거로 작용할 수도 있기 때문이다. 특히, 수상 결과나 교내대회 참가와 관련하여 교과활동이나 비교과 활동에서 이루어진 학생 개인의 노력 과정이 작성될 수도 있기 때문이다. 따라서 자기소개서가 참고서류이기는 하나 학생의 입장에서도 학업적 역량을 기술할 수 있는 중요한 서류가 될 수도 있을 것이다.✔

> ✔ 서류평가에서 가장 중요하게 다루어지는 서류는 '학생부'이며 '종합평가'란 제출 서류의 내용을 모두 종합하여 평가하는 방식이다. 각 서류의 정해진 반영 비율이 없으며 각 서류마다 일정한 배점을 부여하여 합산하는 방식을 사용하지 않는다. 학생부를 중심으로 자기소개서, 추천서, 학교 소개자료 등의 내용을 유기적으로 종합하여 학생의 우수성을 판단하는 평가 방식을 사용한다(서울대학교 입학본부, 2016b: 40).

자기소개서는 학교활동에서 성실히 노력한 모습을 자신의 글로 나타낼 수 있는 좋은 기회가 될 수 있다. 서울대는 학교활동 중 특별한 의미가 있었던 내용을 자기소개서에 담아주기를 바라는데, 그 내용을 보면 다음과 같다.

> ㉠ 가장 힘들게 또는 신나게 했던 공부 경험과 공부 방법 및 느낀 점
> ㉡ 고등학교 생활 중 가장 소중했던 경험
> ㉢ 열심히 노력해온 일, 많은 시간을 쏟은 일
> ㉣ 학교생활 중 배려, 나눔, 협력 사례 또는 친구와 함께 했던 의미 있는 활동
> ㉤ 자신에게 영향을 준 책(서울대학교 입학본부, 2016b: 24)

㉠, ㉡, ㉢, ㉣은 서울대뿐만 아니라 다른 대학의 경우에도 적용될 수 있다.

자기소개서의 3개 문항은 대교협의 공통문항을 그대로 적용하여 사용하며, 나머지 한 개의 문항은 각 대학의 특성을 드러내는 대학별 자율문항으로 그 대학이 추구하는 인재상을 덧붙인 항목이다. ⓗ이 서울대의 특성이 드러나는 문항이라고 할 수 있다.

자기소개서에 특별한 의미가 담겨진 내용을 작성하기 위해서는 먼저, 학교 활동 중 학생 개인의 노력에 대해 성찰하는 시간이 필요하다.✔ 자기주도적으로 실천한 교과활동과 비교과활동을 생각해보고, 그 활동의 동기나 이유가 무엇인지, 어떤 의지를 담아 그 과정을 펼쳤는지, 그 결과가 학생 개인에게 어떤 의미 있는 경험이었는지 되돌아보아야 한다.

다음으로, 학생 개인의 모습이나 생각이 개성적으로 담겨 있어야 한다. 인터넷에 올라온 글이나 합격한 선배의 글은 참고자료는 될 수 있지만, 글의 일부를 모방하거나 표절, 복사하는 것과 '부모 외주화'에 의한 작성은 학생 개인의 활동에 대한 독창성이 사라질 수 있다.✔✔ 자기소개서는 좋은 표현력을 평가하기 위한 서류가 아니다. 투박하더라도 학생 개인의 생각과 언어로 본연의 모습을 담아내는 것이 필요하다.

그 다음으로, 학생 개인의 노력 과정이 구체적으로 기술되어야 한다.✔✔✔ 자기소개서는 남과는 다른 나만의 개별적 특성을 표현하는 글이다. 상투적이거나 추상적인 문구는 쓰지 말아야 한다. '열심히 생활하였습니다.', '모범적이었습니다.', '성실히 공부하였습니다.'라는 문구는 설득력이 떨어진다. 입학사정관의 공감을 얻기 위해서는 구체적 경험이나 일화를 중심으로 한 사실에 기반을 두고 활동의 이유나 동기, 계기가 무엇이었는지, 의미 있는 활동 과정이었는지, 활동 결과 어떤

> ✔ 김종률(2014)에 의하면, 자기소개서는 입학 목적에 의해 작성된다고 하더라도 자신의 성찰로부터 출발한다는 것이다. 즉, 나는 어떻게 살아왔으며, 어떻게 살아가고 있고 어떻게 살 것인가라는 물음에 지원자는 자신을 탐색하는 과정으로서 나의 과거, 현재, 미래까지 자신을 성찰하면서 정체성을 찾는 노력이 필요하다고 한다.

> ✔✔ 유은선 충북대 입학 사정관은 "남의 자소서를 따라 쓰다 오히려 자기 색깔이 바랠 수 있다. 문장 호응이나 단순 표현은 참고할 수 있지만 전체적 흐름은 자기 안에서 끌어내야 한다"고 했다(한겨레, 2016.06.27.).

> ✔✔✔ 김종률(2014)에 의하면, 자기소개서는 결과 중심이 아닌 과정 중심의 기록이라고 한다.

영향이 나에게 미쳤는지 등을 구체화해야 한다.✔

　마지막으로, 자기소개서 문항별로 각 대학의 평가기준이 무엇인지를 알고, 이를 고려해서 작성해야 한다. 대학마다 크게 차이가 나는 것은 아니지만, 평가기준을 보면 항목별로 무엇을 평가하는지를, 또 어떤 평가기준이 중심이 될지를 알 수 있다. 서울대는 학업능력, 학업태도, 학업 외 소양인 반면 연세대, 경희대, 중앙대 등은 학업역량, 전공적합성, 발전가능성, 인성이다. 그리고 성균관대는 학업역량(학업수월성, 학업충실성), 개인역량(전공적합성, 활동다양성), 잠재역량(자기주도성, 발전가능성)✔✔ 이다. 따라서 1번 문항은 교과와 관련된 수업활동의 학업능력, 학업태도, 학업역량을 중심으로, 2번 문항은 관심 분야나 전공과 관련된 체험활동의 학업능력, 학업태도, 전공적합성, 발전가능성을 중심으로, 3번 문항은 비교과활동의 학업 외 소양, 인성을 중심으로 작성하면 될 것이다. 4번 문항은 대학마다 차이는 있으나 지원 동기나 진학 후 학업·진로계획의 경우라면 전공적합성, 발전가능성을 염두에 두면 될 것이다.

　이를 염두에 둔 자기소개서 작성 방법은 특별한 의미가 담겨진 내용을 생각하고 학생부와 연결고리를 형성하면 좋을 것이다.✔✔✔

✔ 김현 경희대 입학처장도 15일 열린 '제1회 고교-대학 연계 포럼'에서 "참여한 활동이 아무리 많아도 이를 열거만 하면 의미가 없다. 활동을 통해 학생이 어떻게 성장했는지를 대학에선 중요하게 평가한다"고 강조했다(한국일보, 2016.06.16.).

✔✔ 성균관대의 잠재역량은 다른 대학의 평가기준인 인성에 해당한다.

✔✔✔ 이석록 한국외대 입학사정관실장은 "자기소개서는 가능하면 해석의 근거가 있도록 학생부와 연계해서 쓰는 게 좋다"고 조언했다(조선일보, 2016.06.23.).

자기소개서 사례 분석

사람은 변화와 성장을 추구한다. 변화를 통해서 우리는 성장하고 성숙해진다. 『익숙한 것들과의 결별』의 저자인 구본형은 "변화란 무엇인가? 그것은 살아 있다는 것이다. 모든 살아있는 것은 변화한다. 변화하지 않는 것들은 죽은 것이다. 1년 전과 똑같은 생각을 하고 있다면, 당신은 1년 동안 죽어있었던 것이다. 만일 어제와 똑같은 생각을 하고 있다면, 지난 24시간은 당신에게 죽은 시간이다."라고 했다(오정화, 2011: 73).

서울대가 학교활동 중 특별한 의미의 내용을 담아주길 바라는 항목들을 중심으로, 웹진 아로리 4호(서울대학교 입학본부, 2016c)에 게재된 인문대학 인문계열에 합격한 충남 소재 일반고 학생, 자연과학대학 지구환경과학부에 합격한 서울 소재 일반고 학생, 공과대학 전기정보공학부에 합격한 서울 소재 일반고 학생의 자기소개서를 분석할 것이다.✔

1) 학업노력 및 학습경험

학교활동 중 가장 힘들게 또는 신나게 했던 공부 경험과 공부 방법 및 느낀 점(㉠)은 수상경력, 창의적 체험활동, 교과 내신, 세부능력 및 특기사항(방과 후 활동 포함), 독서활동, 행동특성 및 종합의견 등에서 소재를 선택하고 필요한 경우 연결고리를 형성하면 된다.

인문대학 인문계열 사례

GOOD G 사례 1

2학년 영어 수업은 여러 연설을 익히고 암송하는 특별한 시간이었습니다. 그 중 J. K. 롤링의 "Failure meant as tripping away of the inessential."이라는 말은 실패를 두려워하던 제게 큰 깨달음과 용기를 주었습니다. 이를 계기로 저만의 'Address Mini Book'을 만들어 인상 깊었던 구절을 적고 감상을 영어로 썼습니다. 자연스럽게 듣기, 말하기 훈련이 되었고, 3학년 때도 계속하여 Mini Book을 채워갔습니다. 영어를 재미있게 공부하면서도 삶의 방향성을 세울 수 있었던 경험이었습니다(서울대학교 입학본부, 2016c).

① 수업에 의미부여: 여러 연설을 익히고 암송하는 특별한 시간.

② 영향 1: J. K. 롤링의 "Failure meant as tripping away of the inessential."이라는 말, 깨달음과 용기를 줌.

③ 활동 1: 'Address Mini Book'을 만듦: 인상 깊었던 구절을 적고 감상을 영어로 씀. 듣기, 말하기 훈련이 됨.

④ 활동 2: 3학년 때도 계속함.

⑤ 영향 2: 영어를 재미있게 공부함. 삶의 방향성을 세움.

이 사례는 교과 수업에 의미부여(①), 수업으로 인한 영향(②), 학생 개인의 활동 과정(③, ④), 학생 개인에게 미친 영향(⑤)의 순으로 이어지고 있다. 학업능력과 학업태도로 지식의 누적(③)과 자기주도성(③, ④)이 나타나 학생의 개별적 특성을 볼 수 있다. 다만 Mini Book에 어떤 인상 깊었던 구절을 적었는지, 어떤 감상을 영어로 썼는지가 궁금하다. 소재는 학생부 영역 중 세부능력 및 특기사항에서만 찾은 것으로 보인다.

GOOD G 사례 2

문학기행에서 나희덕 시인을 만나 날카로운 감각과 언어에 대한 예민함에 감명 받으면서 시에 관심을 가지게 되었습니다. 2학년 때 교과서 속 기형도 시인의 〈홀린 사람〉을 번역하는 선택 과제를 하였는데, 반대로 영시를 한국어로 번역해 보고 싶었습니다. 그래서 〈The Road Not Taken〉을 번역하고, 영어로 감상문을 썼습니다. 그리고 영어선생님께 첨삭을 부탁드렸습니다. 선생님께서는 문법상의 오류를 고쳐주시고 선생님의 생각, 제 감상에 대한 의견까지 적어 주셨습니다. 그리고 '좋은' 감상을 위해 시를 읽으라고 덧붙여 주셨습니다. 선생님의 조언을 바탕으로 시를 오래 읽으며 감상하는 연습을 하였고, 3학년이 되어서도 선생님과 많은 이야기를 나누었습니다. 어느덧 주변을 면밀히 관찰하고 생각하는 제 모습을 발견하게 되었고, 시란 온몸의 감각을 깨우는 햇살과도 같아 시를 읽고 나면 제 자신이 파릇파릇한 새싹으로 다시 태어남을 느꼈습니다. 특히 〈Sympathy〉는 제게 포기하지 않고 앞으로 나아갈 수 있는 힘을 주었습니다.

영시들을 감상하던 중 셰익스피어의 〈Sonnet66〉을 접하게 되었습니다. 이 일로 작가의 개성에 관심을 가지게 되었고, 그런 제게 영어선생님께서는 〈영문학사〉를 추천해 주셨습니다. 〈영문학사〉를 통해 좋은 감상을 하기 위해서는 역사와 문화, 관습을 전반적으로 고려할 필요가 있다는 생각을 정립하게 되었습니다(서울대학교 입학본부, 2016c).

① 관심 1: 문학기행에서 나희덕 시인을 만나 시적 감각과 언어에 감명 받음, 시에 관심을 갖게 됨.

② 교과 수업: 기형도 시인의 〈홀린 사람〉을 번역하는 선택 과제를 함.

③ 호기심: 반대로 영시를 한국어로 번역해 보고 싶었음.

④ 활동 1: 〈The Road Not Taken〉을 번역 및 영어 감상문 작성.

⑤ 활동 2: 영어선생님께 첨삭 부탁, 문법상의 오류 수정, 선생님의 조언.

⑥ 활동 3: 시 감상 연습, 3학년 때까지 선생님과 이야기 나눔.

⑦ 영향 1: 자신의 변화된 모습 – 주변 관찰, 생각하는 자기 모습 발견, 시 읽기를 통해 다시 태어남을 느낌. 〈Sympathy〉는 포기하지 않고 앞으로 나아갈 수 있는 힘을 줌.

⑧ 활동 4: 영시 감상 중 셰익스피어의 〈Sonnet66〉을 접함.

⑨ 관심 2: 작가의 개성에 관심을 가짐. 영어선생님의 〈영문학사〉 추천.

⑩ 활동 5: 〈영문학사〉 읽음.

⑪ 영향 2: 좋은 감상을 하기 위해서는 역사와 문화, 관습을 전반적으로 고려할 필요가 있다는 생각 정립.

이 사례는 체험활동에서의 관심(①)과 교과 수업으로 인한 지적 호기심(③), 학생 개인의 활동 과정(④, ⑤, ⑥), 학생 개인에게 미친 영향(⑦), 학생 개인의 활동 과정(⑧), 활동에 의한 관심(⑨), 학생 개인의 활동 과정(⑩), 학생 개인에게 미친 영향(⑪) 순으로 이어진다. 학업능력과 학업태도로 지적 호기심이 확장(③ → ⑨)되면서 지식의 양과 확장(④, ⑤, ⑥, ⑧ → ⑩)을 보여주며, 지적 호기심에 의한 자기주도적 활동 과정이 구체적으로 기술되고 있다. 1문단보다 2, 3문단에서 더 활동적인 면모를 보인다. 소재는 자율활동과 세부능력 및 특기사항, 독서활동에서 찾아 연결고리를 형성하고 있다.

자연과학대학 지구환경과학부 사례

`GOOD` G 사례 3

고등학교 생활 동안 스스로 알아가는 과정 속에서 배움의 즐거움에 대해 알게 되었습니다. 지구과학 시간에 편동풍 파동에 대해 배우면서 기압골의 상승기류, 하강기류의 발생 원인에 대해 궁금증이 생겼습니다. 인터넷을 통해 조사를 해본 결과 와도이류와 온도이류를 이용해 이 현상을 설명한다는 것을 알게 되었습니다. 처음 들어보는 용어라 이해하기 힘들었지만 온도이류가 지상에서 일어나는 일반적인 현상과 비슷하다는 것을 유추해 이해했습니다. 하지만 와도이류는 고등학교에서 배운 내용으로는 접근하기가 어렵다는 것을 느꼈고 지구환경과학부에 진학해 이 부분에 대해 심도 있게 배우고 싶다는 생각을 하게 되었습니다. 지구과학뿐만 아니라 다른 과목도 알아갈수록 새로운 사실과 궁금한 것이 많아졌고 배움이란 호기심을 채워가는 끝없는 과정이라 생각했습니다.

평소에 기상현상에 관심이 많던 저는 학교에서 슈퍼컴퓨터를 이용한 날씨예측에 관한 강의를 듣고 기상전문가라는 꿈을 확고히 가지게 되었습니다. 또 한국형수치예보모델을 개발하여 세계에서 인정받는 알고리즘이 되기 위해 노력하고 있다는 강의 내용을 배웠을 때 그 과정에 참여해 한국형수치예보시스템의 국제화에 이바지 하고 싶다는 포부가 생겼습니다(서울대학교 입학본부, 2016c).

▼

① 교과 수업: 편동풍 파동에 대해 배움.

② 호기심: 기압골의 상승기류, 하강기류의 발생 원인에 대해 궁금증이 생김.

③ 활동 : 인터넷 조사, 와도이류와 온도이류를 이용해 이 현상을 설명한다는 것을 알게 됨.

④ 이해 1: 온도이류가 지상에서 일어나는 일반적인 현상과 비슷하다는 것

유추.

⑤ 이해 2: 와도이류는 고등학교에서 배운 내용으로는 접근하기가 어렵다는 것을 느낌.

⑥ 지원 동기 1: 지구환경과학부에 진학: 이 부분에 대해 심도 있게 배우고 싶다는 생각을 함.

⑦ 영향: 지구과학뿐만 아니라 다른 과목도 알아갈수록 새로운 사실과 궁금한 것이 많아짐, 배움이란 호기심을 채워가는 끝없는 과정이라 생각함.

⑧ 관심: 평소 기상현상에 관심이 많음.

⑨ 특강 1: 슈퍼컴퓨터를 이용한 날씨예측에 관한 강의 들음.

⑩ 지원 동기 2: 기상전문가라는 꿈을 확고히 가짐.

⑪ 특강 2: 한국형수치예보모델을 개발하여 세계에서 인정받는 알고리즘이 되기 위해 노력하고 있다는 강의 내용을 배움.

⑫ 지원 동기 3:한국형수치예보시스템의 국제화에 이바지 하고 싶다는 포부 생김.

이 사례는 교과 수업(①)에 의한 지적 호기심(②), 학생 개인의 활동 과정과 이해(③, ④, ⑤), 모집 단위에 대한 지원 동기(⑥), 학생 개인에게 미친 영향(⑦), 관심(⑧), 특강(⑨, ⑪), 모집 단위에 대한 지원 동기(⑩, ⑫) 순으로 이어지고 있다. 학업 능력과 학업태도로 지적 호기심에 의한 교과학습능력(이해, ③, ④, ⑤)과 자기주도성(③, ④, ⑤)을 알 수 있다. 하지만 이 사례는 지원 동기를 기술하는 문항에 더 적절할 것이다. 한편, 소재는 세부능력 및 특기사항과 진로활동에서 찾아 연결 고리를 형성하고 있다.

GOOD G 사례 4

2학년 때 생명과학이 어렵게 느껴져 제 기대에 미치지 못했습니다. 공부 방식이 잘못 됐다는 것을 깨닫고 3학년이 되고 나서는 생명과학을 암기 위주가 아닌 기본 개념을 이해하는 방법으로 공부했습니다. 예를 들어 DNA 복제과정에서 프라이머로 인하여 DNA가 짧아져야 하는 것이 아닌가라는 생각을 하게 되었고, 선생님께 질문을 해 답을 얻어냈습니다. 교과서에 나와 있는 부분은 아니지만 이 질문을 통해 DNA복제과정에 대해 더 구체적으로 이해할 수 있었습니다. 또 자유 리보솜과 소포체 부착 리보솜의 기능, 골지체에서의 단백질 분류방법은 분자 생물학 책을 통해 알 수 있었습니다. 제가 궁금해 했던 것보다 더 많은 것을 배울 수 있었고 이러한 과정이 깊이 있게 공부할 수 있는 토대를 만들어준다는 것을 느꼈습니다(서울대학교 입학 본부, 2016c).

① 교과 수업: 어렵게 느껴져 기대에 미치지 못함.

② 반성: 암기 위주가 아닌 기본 개념을 이해하는 방법으로 공부.

③ 의문: DNA복제과정에서 프라이머로 인하여 DNA가 짧아져야 하는 것이 아닌가라는 생각.

④ 이해 방법 1: 선생님에게 질문을 하여 DNA복제과정에 대해 더 구체적으로 이해.

⑤ 이해 방법 2: 분자 생물학 책읽기를 통해 자유 리보솜과 소포체 부착 리보솜의 기능, 골지체에서의 단백질 분류방법 앎.

⑥ 영향: 질문과 독서의 과정이 깊이 있게 공부할 수 있는 토대를 만들어준다는 것을 느낌.

이 사례는 교과 수업에 대한 반성(①, ②), 지적 호기심(③), 학생 개인의 활동 과정(④, ⑤), 학생 개인에게 미친 영향(⑥) 순으로 이어진다. 학업능력과 학업태도로 지적 호기심에 의한 자기주도적인 질문 및 독서를 활용한 교과학습능력(④)과 지식의 누적(④, ⑤)이 나타난다. 소재는 세부능력 및 특기사항과 독서활동에서 찾아 연결고리를 형성하고 있다.

공과대학 전기정보공학부 사례

GOOD   G 사례 5

제가 가장 좋아하는 과목은 수학입니다. 수학을 즐겁게 공부하다 보니 다른 과목을 수학과 연관시켜서 공부하는 것을 좋아했습니다. 특히 과학적 사고의 기반은 수학이라고 생각하여 과학과목을 수학과 접목시키려 노력하였습니다. 그러던 중, 3학년 생명과학II 수업시간에 중합효소연쇄반응에 대해 배울 기회가 있었고, 선생님께서는 3회 시행 때 표적서열과 염기서열이 일치하는 DNA절편이 2개가 나온다는 사실을 가르쳐 주셨습니다. 문득 3회 이상의(n회) 시행 시 DNA절편의 개수를 수열을 이용하면 쉽게 구할 수 있겠다는 생각이 들어 수학과 접목을 시도해 보았습니다. 처음에 각 시행과 그 다음 시행과의 관계를 통해 점화식을 유도하는 과정에서 일반항을 각 시행 당 표적서열과 염기서열이 일치하는 DNA단편의 수로 두었더니 점화식을 짜기 힘들었습니다. 중합효소연쇄반응의 4회 시행까지 직접 그리면서 규칙성을 발견했고 일반항을 각 시행 당 표적서열과 길이가 같은 새로 생기는 단일가닥의 개수로 두어 점화식을 유도해 내었습니다. 점화식을 풀며 그것의 일반항을 구했고 각 시행의 표적서열과 길이가 같은 DNA분자는 바로 전 단계까지의 모든 표적과 길이가 같은 단일가닥들을 복제시켜 만들어 진다는 것을 이용해서 표적서열과 염기서열이 일치하는 DNA단편의 일반화된 개수를 구할 수 있었습니다. 점화식을 유도하면서 DNA가 복제되는 부분과 방향을 정확히 따졌고 이것은 DNA복제에 관한 더 정확한 이해를 할 수 있어서 인상이 깊었습니다. 또, 과학적 사고가 수학을 기반으로 하고 있다는 사실의 확인을 해본 뜻 깊은 경험이었습니다.

이 경험을 통한 자신감은 물리나 화학을 공부할 때에도 최대한 수학적인 접근을 통해 이론을 증명하려 노력하게 만들어 주었고, 보다 깊고 명확한 과학이론의 이해를 돕는 계기를 만들어 주었습니다. 저는 대학에 진학하고 나서도 여러 과목들과의 접목을 통해 단순 이론의 이해보다는 거시적인 안목으로 융합하며 이해하는 과정을 멈추지 않을 것입니다(서울대학교 입학본부, 2016c).

▼

① 관심: 수학 및 수학과 다른 과목 연계 공부 좋아함, 과학과 수학 접목 노력함.

② 교과 수업: 중합효소연쇄반응에 대해 배움, 3회 시행 때 표적서열과 염기서열이 일치하는 DNA절편이 2개가 나온다는 사실 배움.

③ 호기심: 3회 이상의(n회) 시행 시 DNA절편의 개수를 수열을 이용하면 쉽게 구할 수 있겠다는 생각이 듦, 수학과 접목 시도.

④ 시도 1: 각 시행과 그 다음 시행과의 관계를 통해 점화식을 유도하는 과정에서 일반항을 각 시행 당 표적서열과 염기서열이 일치하는 DNA단편의 수로 두었더니 점화식을 짜기 힘듦.

⑤ 시도 2: 중합효소연쇄반응의 4회 시행까지 직접 그리면서 규칙성 발견, 일반항을 각 시행 당 표적서열과 길이가 같은 새로 생기는 단일가닥의 개수로 두어 점화식 유도해 냄. 점화식을 풀며 그것의 일반항을 구했고 각 시행의 표적서열과 길이가 같은 DNA분자는 바로 전 단계까지의 모든 표적과 길이가 같은 단일가닥들을 복제시켜 만들어 진다는 것을 이용, 표적서열과 염기서열이 일치하는 DNA단편의 일반화된 개수 구함. 점화식을 유도하면서 DNA가 복제되는 부분과 방향을 정확히 따짐, DNA복제에 관한 더 정확한 이해.

⑥ 영향 1: 과학적 사고가 수학을 기반으로 하고 있다는 사실의 확인을 해 본 뜻 깊은 경험.

⑦ 영향 2: 경험을 통한 자신감, 물리나 화학을 공부할 때에도 최대한 수학적인 접근을 통해 이론을 증명하려 노력하게 만듦, 보다 깊고 명확한 과학이론의 이해를 돕는 계기를 만듦.

⑧ 학업 방향: 여러 과목들과의 접목을 통해 단순 이론의 이해보다는 거시적인 안목으로 융합하며 이해하는 과정으로서의 학업 지속.

이 사례는 수학과 과학의 접목에 대한 관심(①), 교과 수업에 의한 지적 호기심(③), 학생 개인의 활동 과정(④, ⑤), 학생 개인에게 미친 영향(⑥, ⑦), 학업 방향(⑧) 순으로 이어진다. 학생 개인의 노력 과정이 매우 구체적으로 나타난다. 학업능력과 학업태도로 지적호기심, 교과학습능력 및 교과지식의 활용(③, ④, ⑤)과 자기주도성에 의한 지식의 확장(④, ⑤) 및 의지(⑨) 등이 잘 나타난다. 이 사례는 미래 사회의 융·복합적인 잠재적 인재임을 보여준다. 소재는 세부능력 및 특기사항의 두 교과를 연결하고 있다. 사례1~5를 정리하면, 다음과 같다.

사례 1: 수업 의미부여 - 영향 1 - 활동 - 영향 2
사례 2: 관심 1 - 교과 수업 - 호기심 - 활동 1, 2, 3 - 영향 1 - 활동 4 - 관심 2 - 활동 5 - 영향 2
사례 3: 교과 수업 - 호기심 - 활동 - 이해 1, 2 - 지원 동기 1 - 영향 - 관심 - 특강 1 - 지원 동기 2 - 특강 2 - 지원 동기 3
사례 4: 교과 수업 - 반성 - 의문 - 이해 방법 1, 2 - 영향
사례 5: 관심 - 교과 수업 - 호기심 - 시도 1, 2 - 영향 1, 2 - 학업 방향

이 사례들의 구성 중 일치하는 것은 없다. 지원자의 개성이 묻어나고 있기 때문이다. 다만 '교과 수업 - 호기심 - 영향'이라는 구성이 눈에 띈다는 점을 감안하면, 이들 구성이 학업노력 및 학습경험의 핵심 과정으로 자리 잡는다. 하지만 이러한 구성은 학생 개인의 학업노력이나 학습경험에 의해 다른 과정과 맞물려 구성될 수 있을 것이다. 따라서 무엇보다도 중요한 것은 학생 개인의 노력이 구체적으로 드러나야 하며, 그것이 자신에게 어떤 영향을 미쳤는가에 있다. 즉, 구체적 활동 과정과 그에 대한 의미부여가 중요하다.

2) 의미 있는 활동

고등학교 생활 중 가장 소중했던 경험(ⓒ)이나 열심히 노력해온 일, 많은 시간을 쏟은 일(ⓒ)은 수상경력, 창의적 체험활동, 세부능력 및 특기사항, 독서활동, 행동특성 및 종합의견 등에서 소재를 찾고 필요한 경우 연결고리를 형성하면 된다. 사례를 보면 다음과 같다.

인문대학 인문계열 사례

GOOD G 사례 6

1, 2학년 때 교내 문학기행에 참가하였는데, 김유정 문학촌 프로그램이 특히 인상 깊습니다. 글을 짓는 것은 집을 짓는 것과 같다고 생각했는데, 기행을 준비하기 위해 스스로 작가의 소설을 찾아 읽으면서 비극에 가까운 현실을 거짓 없이 응시하면서도 활력 넘치는 언어를 사용한 의도에 궁금증을 갖게 되었습니다. 그의 비뚤어진 집에서는 위태로움과 아름다움이 동시에 느껴졌습니다. 이후 작가에 대한 논문과 평론, 수필을 읽고 사전조사를 하였습니다. 이상의 글과 직접 쓴 편지글을 통해 뼈와 살을 지닌 존재로 인간 김유정을 생생하게 느낄 수 있었습니다. 조사한 자료들과 학습한 내용을 정리하여 친구들의 이해를 돕기 위한 자료도 만들었습니다. 실레길을 걸으며 선생님, 친구들과 함께 이야기를 나누었는데, 수필 '오월의 산골짜기'에서 작가가 애정을 듬뿍 드러낸 길을 직접 걸으니 작가와 동행하는 느낌이 들었습니다. 작가가 살았던 시대, 작가의 고향, 작가의 친구 등 다양한 요소를 결합하여 작품을 감상해 본 의미 있는 경험이었습니다(서울대학교 입학본부, 2016c).

▼

① 활동에 의미부여: 김유정 문학촌 프로그램이 인상 깊음.

② 활동 1: 기행 준비 위해 작가의 소설을 찾아 읽음.

③ 호기심: 비극에 가까운 현실을 거짓 없이 응시하면서도 활력 넘치는 언어를 사용한 의도에 궁금증을 갖게 됨.

④ 감상 1: 그의 비뚤어진 집에서는 위태로움과 아름다움을 동시에 느낌.

⑤ 활동 2: 작가에 대한 사전조사 위해 논문과 평론, 수필을 읽음.

⑥ 감상 2: 이상의 글과 직접 쓴 편지글을 통해 뼈와 살을 지닌 존재로 인간 김유정을 생생하게 느낌.

⑦ 활동 3: 조사 자료들과 학습 내용 정리, 친구들의 이해를 돕기 위한 자료 만듦.

⑧ 활동 4: 수필 '오월의 산골짜기'에서 작가가 애정을 듬뿍 드러낸 길을 직접 걸음.

⑨ 감상 3: 작가와 동행하는 느낌이 듦.

⑩ 의미부여: 작가가 살았던 시대, 작가의 고향, 작가의 친구 등 다양한 요소를 결합하여 작품을 감상해 본 의미 있는 경험.

이 사례는 학교활동에 의미부여(①), 학생 개인의 활동(②)에 의한 지적 호기심(③)과 학생 개인의 확장된 활동(⑤, ⑦, ⑧), 활동에 따른 감상(④, ⑥, ⑨), 학생 개인에게 의미부여(⑩) 순으로 이어진다. 학생 개인의 노력 과정이 구체적이다. 그 과정에서 학업능력과 학업태도로 지적 호기심, 자기주도성(②, ⑤, ⑦, ⑧), 지식의 양과 확장(② → ⑤)이 나타난다. 더불어 학업 외 소양으로 배려와 나눔(⑦)도 엿볼 수 있다. 소재는 자율활동과 독서활동에서 찾아 연결고리를 형성하고 있다.

GOOD G 사례 7

2년간 인문학 동아리에서 활동하면서 여러 편의 인문, 사회과학 도서를 탐독했고 그 과정에서 배운 복지 사회와 관련된 벤담과 밀의 공리주의에 큰 흥미를 느꼈습니다. 그래서 벤담의 '양적 공리주의'와 밀의 '질적 공리주의'를 비교하며 마이클 샌델의 '정의란 무엇인가'에 언급된 공리주의도 함께 설명하는 발표를 하고, 공리주의를 주제로 사회자로서 모둠 토론을 이끌어 나갔습니다. 2년 동안 이 주제에 대해 알아보며 공리주의에서 우선시하는 사회의 효용성이 다수결의 원칙, 자본주의 논리 등 일상생활과 깊은 관련이 있다는 것을 알게 되었습니다(서울대학교 입학본부, 2016c).

① 활동 1: 여러 편의 인문, 사회과학 도서 탐독.

② 흥미: 그 과정에서 배운 복지 사회와 관련된 벤담과 밀의 공리주의에 흥미를 느낌.

③ 활동 2: 벤담의 '양적 공리주의'와 밀의 '질적 공리주의'를 비교, 마이클 샌델의 '정의란 무엇인가'에 언급된 공리주의도 함께 설명하는 발표, 공리주의를 주제로 사회자로서 모둠 토론을 이끌어 나감.

④ 활동 3: 2년 동안 이 주제에 대해 알아봄.

⑤ 의미부여: 공리주의에서 우선시하는 사회의 효용성이 다수결의 원칙, 자본주의 논리 등 일상생활과 깊은 관련이 있다는 것을 알게 됨.

이 사례는 활동(①)에 의한 지적 호기심(②), 학생 개인의 활동(③, ④), 학생 개인에게 의미부여(⑤) 순으로 되어 있다. 학업능력과 학업태도로 지적 호기심에 의한 자기주도적 활동(③, ④)과 지식의 누적(⑤)을 볼 수 있다. 소재는 동아리활동과 독서활동에서 찾아 연결고리를 형성하고 있다.

GOOD G 사례 8

그리고 2학년 겨울방학, 고전 강독반이 개설되었는데 주제는 밀의 '자유론'이었습니다. 저는 "만족한 돼지보다는 불만족한 인간임이 좋고, 만족한 바보보다는 불만족한 소크라테스임이 좋다."는 밀의 말을 인상 깊게 읽었던 기억을 떠올리며 수강신청을 하였습니다. 선생님께서 보다 정확한 이해를 위해 '자유론' 원서를 가져오셨는데, 친구들의 이해를 돕기 위해 원서를 번역본과 비교하던 중 번역상의 오류를 찾아낼 수 있었습니다. 각 챕터를 정독하고 요약한 후 이를 바탕으로 자유토의를 거듭하며 책을 완독한 것도 기뻤지만, 저의 노력으로 수업 진행에 도움이 된 일에도 큰 성취감을 느꼈습니다. 무엇보다 번역에 큰 흥미를 갖게 되었습니다. 그 후 3학년 때 개인별 소논문을 작성하면서 오스카 와일드의 '살로메'와 '도리안 그레이의 초상'의 원서와 번역본을 각각 읽었습니다. 작품들을 깊이 있게 이해함은 물론 두 언어의 표현법 차이를 알아 가며 언어적 감각을 키울 수 있었습니다. 또한 어휘와 표현법 등을 다양하게 조합해 보며 번역의 묘미를 느낄 수 있었습니다(서울대학교 입학본부, 2016c).

① 교과 개설: 고전 강독반, 주제 밀의 '자유론'.

② 수강신청 동기: "만족한 돼지보다는 불만족한 인간임이 좋고, 만족한 바보보다는 불만족한 소크라테스임이 좋다."는 밀의 말을 인상 깊게 읽었던 기억.

③ 활동 1: 친구들의 이해를 돕기 위해 원서를 번역본과 비교하던 중 번역상의 오류를 찾아냄.

④ 활동 2: 각 챕터를 정독하고 요약한 후 이를 바탕으로 자유토의를 거듭하며 책을 완독.

⑤ 의미부여 1: 저의 노력으로 수업 진행에 도움이 된 일에도 큰 성취감을 느낌.

⑥ 흥미: 번역에 큰 흥미를 갖게 됨.

⑦ 활동 3: 그 후 3학년 때 개인별 소논문을 작성, 오스카 와일드의 '살로메'와 '도리안 그레이의 초상'의 원서와 번역본을 각각 읽음.

⑧ 이해: 작품들을 깊이 있게 이해함은 물론 두 언어의 표현법 차이를 알아 감.

⑨ 의미부여 2: 언어적 감각 키움, 어휘와 표현법 등을 다양하게 조합해 보

며 번역의 묘미 느낌.

이 사례는 교과 개설(①)에 따른 수강신청 동기(②), 학생 개인의 활동(③, ④), 학생 개인에게 의미부여(⑤), 번역에 대한 흥미(⑥), 학생 개인의 활동(⑦), 활동에 의한 이해(⑧), 학생 개인에게 의미부여(⑨) 순으로 이어지고 있다. 학업능력과 학업태도로 동기에 의한 자기주도성(③, ④)과 지적 호기심(⑥)에 의한 자기주도성(⑦), 지식의 양과 확장(③, ④ → ⑦), 교과학습능력(⑧)이 나타난다. 소재는 세부 능력 및 특기사항과 독서활동에서 찾아 연결고리를 형성한다.

자연과학대학 지구환경과학부 사례

GOOD G 사례 9

2학년 때 전공 소개 프로그램을 통해 지구 온난화의 가속화를 막는 방법인 CCS(이산화탄소 포집 및 저장)기술에 대해 알게 되었습니다. 창의체험 소논문 작성시간에 논문주제를 'CCS 기술의 정의, 과정, 방법'으로 정하고 인터넷을 통해 여러 논문을 찾았습니다. CCS기술이 획기적이지만 에너지와 비용이 많이 들고 지층 사이의 공극에 저장해 둔 이산화탄소는 시간이 지나면 다시 대기 중으로 나온다는 것을 알게 되었습니다. 조사를 하면서 이산화탄소가 나오는 연료의 사용을 최대한 줄이는 방법에 대해 연구하는 것이 지구 온난화가 지속되는 것을 막을 수 있는 더 효율적인 방법이라는 것을 느꼈습니다(서울대학교 입학본부, 2016c).

▼

① 계기: 전공 소개 프로그램을 통해 지구 온난화의 가속화를 막는 방법인 CCS기술에 대해 앎.

② 활동 1: 창의체험 수업 시간에 논문주제를 'CCS 기술의 정의, 과정, 방법'으로 정함.

③ 활동 2: 인터넷을 통해 여러 논문 찾음.

④ 이해: CCS기술이 획기적이지만 에너지와 비용이 많이 들고 지층 사이의 공극에 저장해 둔 이산화탄소는 시간이 지나면 다시 대기 중으로 나온다는 것을 알게 됨.

⑤ 의미부여: 이산화탄소가 나오는 연료의 사용을 최대한 줄이는 방법에 대해 연구하는 것이 지구 온난화가 지속되는 것을 막을 수 있는 더 효율적인 방법이라는 것을 느낌.

이 사례는 전공 소개 프로그램으로 인한 계기(①), 학생 개인의 활동(②, ③), 활동에 의한 이해(④), 학생 개인에게 의미부여(⑤) 순으로 이어지며, 의미부여는 지식(앎)과 연관된다. 학업능력과 학업태도로 계기에 의한 자기주도성과 지식의 누적(④, ⑤)이 나타난다. 소재는 진로활동과 독서활동에서 찾아 연결고리를 형성한다.

GOOD G 사례 10

고등학교 과학 수업은 내용을 중심으로 하기 때문에 많은 실험을 하지는 않았습니다. 그래서 저와 친구들은 수업 시간에 배운 내용을 직접 실험해보고자 자율 동아리를 만들고 실험 과정을 보고 싶은 후배들을 위해 사진과 동영상을 찍어 어플을 제작했습니다. 처음에는 서로 시간이 맞지 않고, 실험 방법에 대한 의견이 달라 순조롭게 진행하기가 어려웠습니다. 이 문제를 해결하기 위해 시간이 날 때마다 모여 친구들과 솔직한 대화를 나눴습니다. 이 과정에서 상대방의 생각을 경청하는 태도가 의견을 하나로 모으는데 중요하다는 것을 느꼈습니다. 대화를 통해 얻어낸 결과는 서로의 역할분담으로 이어졌고 성격이 꼼꼼한 저는 준비물 챙기기와 실험실 사용 허락받기를 맡았습니다. 역할분담은 실험을 순조롭게 이뤄 낼 수 있었고 서로의 시간에 맞추기 위해 양보를 하다 보니 실험 일정을 세울 수 있었습니다. 실험을 진행할 때 필요한 이론들을 자세히 배우고자 선생님의 수업을 더욱 집중하여 들었고 이런 점은 공부 습관에도 좋은 영향을 주었습니다. 동아리 활동을 하면서 각자의 책임감과 조원들 간의 협동심이 얼마나 중요한지를 알 수 있었습니다(서울대학교 입학본부, 2016c).

▼

① 계기: 과학 수업은 내용을 중심으로 하기 때문에 많은 실험을 하지는 않음.

② 호기심: 저와 친구들은 수업 시간에 배운 내용을 직접 실험해보고자 함.

③ 활동 1: 자율 동아리를 만듦, 실험 과정을 보고 싶은 후배들을 위해 사진과 동영상을 찍어 어플 제작.

④ 활동 2(시련): 서로 시간이 맞지 않음, 실험 방법에 대한 의견이 달라 순조롭게 진행하기가 어려움.

⑤ 활동 3(해결과정): 문제를 해결하기 위해 시간이 날 때마다 모여 친구들과 솔직한 대화를 나눔.

⑥ 의미부여: 상대방의 생각을 경청하는 태도가 의견을 하나로 모으는데 중요하다는 것을 느낌.

⑦ 활동 4(해결과정): 서로의 역할분담, 준비물 챙기기와 실험실 사용 허락받기를 맡음.

⑧ 활동 5(극복): 실험을 순조롭게 이뤄 냄, 서로의 시간에 맞추기 위해 양보, 실험 일정 세움.

⑨ 영향: 실험을 진행할 때 필요한 이론들을 자세히 배우고자 선생님의 수업에 더욱 집중함, 공부 습관에도 좋은 영향을 줌.

⑩ 의미부여: 각자의 책임감과 조원들 간의 협동심이 얼마나 중요한지 앎.

이 사례는 과학 수업으로 인한 계기(①)와 지적 호기심(②), 학생 개인의 활동(③, ④, ⑤), 학생 개인에게 의미부여(⑥), 학생 개인의 활동(⑦, ⑧), 학생 개인에게

미친 영향(⑨), 학생 개인에게 의미부여(⑩) 순으로 이어진다. 학생의 활동에서
시련 극복의 과정(④, ⑤, ⑦, ⑧)이 잘 드러난다. 학업태도로 지적 호기심에 의한
자기주도성(③), 적극성(⑨)이, 학업 외 소양으로 나눔(③), 의사소통능력(⑤, ⑥),
배려(⑧), 책임감과 협동심(⑦)이 나타난다. 소재는 동아리활동과 세부능력 및 특
기사항에서 찾아 연결고리를 형성한다.

이전에는 회장이라면 목소리가 크고 자기주장이 강한 사람이어야 한다고
생각했습니다. 하지만 반을 하나로 만들고 포용하는 것에 자신이 있었기에
색다른 회장의 모습을 보여주고자 회장 선거에 나갔습니다. 회장이 되고 가
장 신경 쓴 부분은 공부할 수 있는 분위기를 만드는 것이었습니다. 학기 초
에는 친구들이 쉬는 시간에 공부를 하거나 질문하는 등 학업에 열중하는 반
을 만들어갔습니다. 하지만 중간고사가 끝난 후 점점 반 분위기가 흐트러졌
습니다. 이 문제를 해결하기 위해 학급회의 시간을 이용하여 반 분위기 개
선을 위한 방안을 같이 생각해보자고 제안했습니다. 그 결과 '쉬는 시간에
질문을 할 때는 작은 목소리로 말하기, 자리에서 이동 할 만들 수 있었습니
다. 평소 저는 친구들의 의견을 수렴만 하고 제 의견을 자신감 있때는 조용
히 걷기' 등이 채택 되었습니다. 이 과정을 통해 학기 초의 분위기를 다시
게 말하지 못하는 성격이었습니다. 그러나 용기를 내어 과감히 추진한 저의
행동이 반 친구들을 바꿀 수 있었습니다. 리더의 역할이 남의 의견을 수용
만 하는 것이 아니라 때로는 자신의 생각을 잘 전달하여 타인을 설득할 줄
알아야 한다는 것을 배웠습니다(서울대학교 입학본부, 2016c).

▼

① 기존 관념: 회장이라면 목소리가 크고 자기주장이 강한 사람이어야 한다
　고 생각.
② 동기: 반을 하나로 만들고 포용하는 것에 자신이 있었기에 색다른 회장

의 모습을 보여주고자 회장 선거에 나감.

③ 활동 1: 회장이 되고 가장 신경 쓴 부분은 공부할 수 있는 분위기를 만드는 것, 학기 초에는 친구들이 쉬는 시간에 공부를 하거나 질문하는 등 학업에 열중하는 반을 만듦.

④ 활동 2(위기): 중간고사가 끝난 후 점점 반 분위기가 흐트러짐.

⑤ 활동 3(해결과정): 학급회의 시간을 이용하여 반 분위기 개선을 위한 방안을 같이 생각해보자고 제안.

⑥ 활동 4(극복): '쉬는 시간에 질문을 할 때는 작은 목소리로 말하기, 자리에서 이동 할 …… 만듦.

⑦ 활동 5(단점 및 극복): 저는 친구들의 의견을 수렴만 하고 제 의견을 자신감 있 …… 때는 조용히 걷기' 등이 채택 됨, …… 용기를 내어 과감히 추진한 저의 행동이 반 친구들을 바꿈.

⑧ 의미부여: 리더의 역할이 남의 의견을 수용만 하는 것이 아니라 때로는 자신의 생각을 잘 전달하여 타인을 설득할 줄 알아야 한다는 것을 배움.

이 사례는 기존의 관념(①)을 바꾸고 회장 출마의 동기를 밝힘(②), 학생 개인의 활동(③, ④, ⑤, ⑥, ⑦), 학생 개인에게 의미부여(⑧) 순으로 이어진다. 학생의 활동에서 위기와 성격의 단점을 극복하는 과정을 알 수 있다. 학업 외 소양으로 의사소통능력과 리더십(⑤, ⑦)이 나타난다. 소재는 자율활동에서 찾아 기술하고 있다.

공과대학 전기정보공학부 사례

GOOD G 사례 12

고등학교 수학을 즐겁게 공부하며 교과서에 나오지 않는 대학 수준의 수학 내용들도 궁금해졌습니다. 그래서 수학선생님과 관심 있는 친구들을 모아 대학 수학 중 '정수론'을 공부하는 동아리를 만들었습니다. 보다 깊은 사고를 요구한 것과 이것을 혼자 공부하는 것 보다 친구들과 함께 공부하며 서로의 다양한 풀이를 공유할 수 있었던 것들이 즐거웠습니다. 특히 복잡해 보이던 오일러정리를 해석하며 함께 증명과정을 공부한 것은 정말 즐거웠습니다. 2학년 때는 수학동아리에서 친구들과 같이 오일러정리가 활용된 'RSA암호'에 대해 알아보기도 했습니다. 암호화와 복호화를 하는 키가 서로 다르다는 것이 가장 인상 깊어서 그것의 증명과정을 공부하며 이에 대한 보고서를 친구들과 만들었습니다. 수학적으로 체계화된 암호를 공부하며 수학이 우리 실생활의 많은 곳에서 중요한 역할을 할 수 있다는 것을 느꼈습니다(서울대학교 입학본부, 2016c).

▼

① 호기심: 수학을 즐겁게 공부하며 교과서에 나오지 않는 대학 수준의 수학 내용들도 궁금해짐.

② 활동 1: 수학선생님과 관심 있는 친구들을 모아 대학 수학 중 '정수론'을 공부하는 동아리를 만듦.

③ 활동 2: 보다 깊은 사고를 요구한 것과 이것을 혼자 공부하는 것보다 친구들과 함께 공부하며 서로의 다양한 풀이를 공유할 수 있었던 것들이 즐거웠음. 특히, 복잡해 보이던 오일러정리를 해석하며 함께 증명과정을 공부한 것은 정말 즐거웠음.

④ 활동 3: 2학년 때는 수학동아리에서 친구들과 같이 오일러정리가 활용된 'RSA암호'에 대해 알아봄.

⑤ 활동 4: 암호화와 복호화를 하는 키가 서로 다르다는 것이 가장 인상 깊어서 그것의 증명과정을 공부하며 이에 대한 보고서를 친구들과 만듦.

⑥ 의미부여: 수학적으로 체계화된 암호를 공부하며 수학이 우리 실생활의 많은 곳에서 중요한 역할을 할 수 있다는 것을 느낌.

이 사례는 상위 수학에 대한 지적 호기심(①), 학생 개인의 활동(②, ③, ④, ⑤), 학생 개인에게 의미부여 순으로 이어진다. 학업능력과 학업태도로 지적 호기심에 의한 자기주도성(②), 지식의 양과 확장(③, ④, ⑤)이, 학업 외 소양으로 협력(③, ④, ⑤)이 나타난다. 소재는 세부능력 및 특기사항과 동아리활동에서 찾아 연결고리를 형성한다.

GOOD G 사례 13

또한 수학적인 사고가 많이 필요한 물리를 공부할 때에도 재미있게 공부할 수 있었습니다. 그래서 학교에서 배우던 물리Ⅰ보다 더 자세한 수식으로 공부하는 물리Ⅱ를 배우고 싶어졌습니다. 학교에서 물리Ⅱ수업을 신청하였지만 폐강돼서 물리 선생님께서 과학 거점학교를 추천해주셨고 다행히 선발되어 화요일마다 물리Ⅱ수업을 들었습니다. 배우고 싶어 모인 친구들 덕분에 학교수업보다 심화된 내용을 집중해서 공부할 수 있었습니다. 특히 전자기장 부분에서는 학교에서 이론적으로 접근하던 것들을 식으로 정리하며 물리량과의 관계를 더 명확하게 알 수 있었던 것이 인상 깊었습니다. 또, 교류회로를 배우며 회로의 개정 전 교육과정이었던 부분도 궁금해 공부했는데 그 중 '키르히호프 법칙'을 이용하며 복잡한 합성저항을 구하는 것이 어려웠습니다. 이것에 대해 선생님과 토론하며 이해했고 논리적으로 해결되는 것들이 매우 인상 깊었습니다. 여러 가지 회로에 대해 공부하며 많은 흥미를 느꼈던 저는 대학교에 가서는 더 발전된 '회로이론'을 공부하고 싶습니다(서울대학교 입학본부, 2016c).

▼

① 호기심 1: 물리Ⅰ보다 더 자세한 수식으로 공부하는 물리Ⅱ를 배우고 싶어짐.

② 교과 수업 1: 과학 거점학교에 선발되어 화요일마다 물리Ⅱ 수업을 들음.

③ 교과 수업 2: 배우고 싶어 모인 친구들 덕분에 학교수업보다 심화된 내

용을 집중해서 공부함.

④ 활동 1: 전자기장 부분에서는 학교에서 이론적으로 접근하던 것들을 식으로 정리함.

⑤ 의미부여 1: 물리량과의 관계를 더 명확하게 알 수 있었던 것이 인상 깊었음.

⑥ 호기심 2: 교류회로를 배우며 회로의 개정 전 교육과정이었던 부분도 궁금해 공부함.

⑦ 시련: '키르히호프 법칙'을 이용하며 복잡한 합성저항을 구하는 것이 어려웠음.

⑧ 활동 2: 이것에 대해 선생님과 토론하며 이해함.

⑨ 의미부여 2: 논리적으로 해결되는 것들이 매우 인상 깊었음.

⑩ 학업 방향: 대학교에 가서 더 발전된 '회로이론'을 공부하고 싶음.

이 사례는 지적 호기심(①), 교과 수업(②, ③), 학생 개인의 활동(④), 의미부여(⑤), 지적 호기심 확장(⑥), 시련(⑦), 학생 개인의 활동(⑧), 의미부여(⑨), 학업 방향(⑩) 순으로 이어진다. 학업능력과 학업태도로 지적 호기심에 의한 적극성(③)과 지식의 누적(④, ⑤)이, 지적 호기심의 확장에 따른 시련 극복 과정에서 적극성(⑧) 및 교과학습능력(⑧)이 나타난다. 소재는 세부능력 및 특기사항에서 취하고 있다.

GOOD G 사례 14

세계적인 기술경영인의 꿈을 꾸는 저에게 이런 수학, 과학적 능력을 위한 학습도 중요하지만 외국인들과의 소통을 위해서는 영어가 필수적이란 생각이 들었습니다. 하지만 학교에서 배우는 영어는 문법적인 요소가 강해 소통을 위한 영어와는 거리가 좀 있다고 생각했습니다. 그래서 영어로 기사를 쓰며 실용적인 영어를 공부하기 위해 학교의 영자신문 활동을 했습니다. 자습실에서의 태도, 선생님께 지켜야할 예의 등 학교에서 볼 수 있는 친숙한 내용들을 기사로 쓰며 영어를 잘 못하는 친구도 이해할 수 있도록 최대한 간단한 영어로 작성했습니다. 또한 작성한 기사를 친구들과 함께 편집을 하며 문법적인 완성도가 있는 영어뿐 아니라 의사소통을 위한 영어를 공부할 수 있었습니다. 신문이 발행되자 무슨 영어 신문이냐면서 어렵고 재미도 없다며 질색을 하던 친구들도 저의 기사를 보고는 쉽게 써서 이해할 수 있다고 말해줘서 더욱 뿌듯했습니다. 기사를 작성하며 배운 영어는 회화에 대한 자신감을 만들어 주었고 영어의 주된 목적은 소통하는 데에 있다는 것을 다시 한 번 깨닫게 되었습니다(서울대학교 입학본부, 2016c).

▼

① 생각 1: 세계적인 기술경영인의 꿈, 외국인들과의 소통을 위해서는 영어가 필수적이란 생각.

② 생각 2: 학교에서 배우는 영어는 문법적인 요소가 강해 소통을 위한 영어와는 거리가 좀 있다고 생각.

③ 활동 1: 영어로 기사를 쓰며 실용적인 영어를 공부하기 위해 학교의 영자신문 활동을 함.

④ 활동 2: 자습실에서의 태도, 선생님께 지켜야 할 예의 등 학교에서 볼 수 있는 친숙한 내용들을 기사로 쓰며 영어를 잘 못하는 친구도 이해할 수 있도록 최대한 간단한 영어로 작성.

⑤ 활동 3: 작성한 기사를 친구들과 함께 편집을 하며 문법적인 완성도가 있는 영어뿐 아니라 의사소통을 위한 영어를 공부함.

⑥ 의미부여 1: 신문이 발행되자 무슨 영어 신문이냐면서 어렵고 재미도 없다며 질색을 하던 친구들도 저의 기사를 보고는 쉽게 써서 이해할 수 있다고 말해줘서 더욱 뿌듯했음(성취감).

⑦ 의미부여 2: 기사를 작성하며 배운 영어는 회화에 대한 자신감을 만들어 주었고 영어의 주된 목적은 소통하는 데에 있다는 것을 다시 한 번 깨닫게 됨.

이 사례는 개인적 생각(①, ②)에 의한 학생 개인의 활동(③, ④, ⑤), 학생 개인에게 의미부여(⑥, ⑦) 순으로 이어진다. 학업능력과 학업태도로 자기주도성(③, ④)에 의한 교과학습능력(④, ⑤)이, 학업 외 소양으로 배려(④)와 협력(⑤)이 나타난다. 소재는 동아리활동에서 취하고 있다. 사례6~14를 정리하면, 다음과 같다.

> 사례 6: 활동 의미부여 – 활동 1 – 호기심 – 감상 1 – 활동 2 – 감상 2 – 활동 3, 4 – 감상 3 – 의미부여
>
> 사례 7: 활동 1 – 흥미 – 활동 2, 3 – 의미부여
>
> 사례 8: 교과 개설 – 수강신청 동기 – 활동 1, 2 – 의미부여 1 – 흥미 – 활동 3 – 이해 – 의미부여 2
>
> 사례 9: 계기 – 활동 1, 2 – 이해 – 의미부여
>
> 사례 10: 계기 – 호기심 – 활동 1, 2, 3 – 의미부여 – 활동 4, 5 – 영향 – 의미부여
>
> 사례 11: 기존 관념 – 동기 – 활동 1, 2, 3, 4, 5 – 의미부여
>
> 사례 12: 호기심 – 활동 1, 2, 3, 4 – 의미부여
>
> 사례 13: 호기심 1 – 교과 수업 1, 2 – 활동 1 – 의미부여 1 – 호기심 2 – 시련 – 활동 2 – 의미부여 2 – 학업 방향
>
> 사례 14: 생각 1, 2 – 활동 1, 2, 3 – 의미부여 1, 2

이 사례들의 구성도 일치하는 것을 찾기는 어렵다. 지원자마다 활동이 다르고 그 다른 활동들에서 의미를 찾고 있기 때문이다. 다만, '계기(동기)나 호기심 – 활동 – 의미부여'라는 구성이 자주 등장하는 것을 감안하면, 의미 있는 활동에서 이들 구성이 중핵이 될 것이다. 하지만 학생 개인의 활동 과정과 노력에 따라 다른 과정이나 새로운 의미의 과정과 맞물려 구성될 수 있을 것이다. 따라서 의미 있는 활동은 학생 개인의 노력을 구체화하면서 여기에 어떤 의미를 부여할 것인가가 중요하다.

3) 학교생활

학교생활 중 배려, 나눔, 협력 사례 또는 친구와 함께 했던 의미 있는 활동 ④은 수상경력, 창의적 체험활동, 세부능력 및 특기상황, 독서활동, 행동특성 및 종합의견 등에서 소재를 찾고 필요한 경우 연결고리를 형성하면 된다. 사례를 보면 다음과 같다.

인문대학 인문계열 사례

GOOD G 사례 15

고등학교 입학 첫날, 지금껏 만나 본 적이 없는 특별한 친구를 만났습니다. 조선족 아버지와 탈북자 어머니 사이에 태어난 이 친구는 13살 때 중국을 떠나 홀로 한국에 왔습니다. 공교롭게도 3년 내내 같은 반에서 함께하며 가족이야기와 한국에서 어렵게 적응한 이야기를 들었고 친구의 삶을 간접적으로 체험할 수 있었습니다. 그 과정에서 둘 사이의 입장 차이들을 이해하고 좁혀 갈 수 있었습니다. 친구가 학교에 적응하는데 도움이 될 수 있도록 노력하였는데, 시간이 지난 후, 친구들에게 힘이 되고 싶어 시작한 일들이 오히려 저를 성장하게 했음을 깨달았습니다. 친구는 제게 새 세계를 열어주는 문이었고, 제 자신의 편의를 우선시 하였던 모습을 반성하며 타인을 배려하는 모습을 갖춰 나갈 수 있도록 도움을 주었습니다. 또한, 많은 사람들 앞에 서는 것을 두려워하던 저를 격려해 주며 자신감을 갖도록 저를 믿어 주었습니다(서울대학교 입학본부, 2016c).

▼

① 입학 의미부여: 입학 첫날, 지금껏 만나 본 적이 없는 특별한 친구를 만남.

② 생활 1: 조선족 아버지와 탈북자 어머니 사이에 태어난 이 친구는 13살

때 중국을 떠나 홀로 한국에 왔음.

③ 생활 2: 3년 내내 같은 반에서 함께하며 가족이야기와 한국에서 어렵게 적응한 이야기를 들었고 친구의 삶을 간접적으로 체험.

④ 생활 3: 그 과정에서 둘 사이의 입장 차이들을 이해하고 좁혀 감.

⑤ 생활 4: 친구가 학교에 적응하는데 도움이 될 수 있도록 노력.

⑥ 영향 1: 시간이 지난 후, 친구들에게 힘이 되고 싶어 시작한 일들이 오히려 저를 성장하게 했음을 깨달음.

⑦ 영향 2: 친구는 제게 새 세계를 열어주는 문이었고, 제 자신의 편의를 우선시 하였던 모습을 반성하며 타인을 배려하는 모습을 갖춰 나갈 수 있도록 도움을 줌.

⑧ 영향 3: 많은 사람들 앞에 서는 것을 두려워하던 저를 격려해 주며 자신감을 갖도록 저를 믿어 줌.

이 사례는 입학에 의미부여(①), 학급생활(②~⑤) 중 학생 개인의 노력(④, ⑤), 학생 개인에게 미친 영향(⑥~⑧) 순으로 이어진다. 이 과정에서 학업 외 소양으로 대인관계, 배려 등이 나타나므로 학생 개인의 성장 과정을 엿볼 수 있다. 소재는 자율활동에서 취하고 있다.

NO GOOD NG 사례 16

친구의 응원에 용기를 얻은 저는 2학년 2학기 학급반장 선거에 출마했습니다. 과묵한 제가 반장 역할을 잘 수행할 수 있을지 스스로도 확신이 잘 서지 않았습니다. 체육대회를 준비하는 과정에서 평소 조용하기로 소문난 학급 친구들은 큰 관심을 보이지 않았고, 저는 학급회의를 열어 의견을 유도하고 이를 수렴하여 함께 계획을 수립하였습니다. 그리고 모두의 노력이 모여 저희 반은 종합성적 1위를 달성할 수 있었습니다. 그때 〈뻘〉이라는 시가 떠올랐습니다. '말랑말랑한 흙이 말랑말랑 발을 잡아준다.'는 말이 정말 마음에 와 닿았습니다. 진정한 리더십이란 사람들의 이야기를 들어 주며 다독이는 부드러움을 알았고 이를 바탕으로 학급의 발전을 위해 힘쓰는 과정에서 그 어느 때보다도 성숙해질 수 있었습니다. 3년간 함께한 친구와의 시간을 통해 사회 취약계층을 위해 제가 할 수 있는 일은 무엇일까 고민하기 시작하였고, 반장의 자리에서 다양한 친구들과 어울리며 저와는 다른 사람을 포용하고 사랑하는 법을 배웠습니다. 저는 그렇게 더 큰 세상으로 성장해 나갈 수 있었습니다(서울대학교 입학본부, 2016c).✔

▼

① 성격과 심리: 과묵한 제가 반장 역할을 잘 수행할 수 있을지 스스로도 확신이 잘 서지 않았음.

② 상황: 체육대회를 준비하는 과정에서 평소 조용하기로 소문난 학급 친구들은 큰 관심을 보이지 않음.

③ 활동: 학급회의를 열어 의견을 유도하고 이를 수렴하여 함께 계획 수립.

④ 활동 결과: 모두의 노력이 모여 저희 반은 종합성적 1위 달성.

⑤ 기억 재인: 그때 〈뻘〉이라는 시가 떠올랐음. '말랑말랑한 흙이 말랑말랑 발을 잡아준다.'는 말이 정말 마음에 와 닿음.

⑥ 영향 1: 진정한 리더십이란 사람들의 이야기를 들어 주며 다독이는 부드러움을 앎.

⑦ 영향 2: 학급의 발전을 위해 힘쓰는 과정에서 그 어느 때보다도 성숙해짐.

⑧ 영향 3: 3년간 함께한 친구와의 시간을 통해 사회 취약계층을 위해 제가 할 수 있는 일은 무엇일까 고민.

✔ 임병욱 교감은 자기소개서에서 본 인상적인 사례를 소개했다. "한 학생이 어머니와의 갈등에 대해 쓴 적이 있어요. 10년 가까이 어머니 손에 이끌려 강남 학원가에서 사교육을 받았는데, 그게 너무 싫어서 어머니와 자주 다퉜다고 해요. 그러다가 '혼자 힘으로 공부하고 싶다'고 어머니를 설득해. 방학에 어떤 절에 들어가 공부하면서 자기주도학습 습관을 갖게 됐다는 내용이었죠. 이는 학업에 대한 내용이기도 하면서, '갈등 관리'에 대한 이야기도 되는 셈이에요."(조선일보 2016.06.23.)

⑨ 영향 4: 반장의 자리에서 다양한 친구들과 어울리며 저와는 다른 사람을 포용하고 사랑하는 법을 배움.

⑩ 영향 5: 저는 그렇게 더 큰 세상으로 성장해 나갈 수 있었음.

이 사례는 반정 선거 출마에 따른 학생 개인의 성격과 심리 상태(①), 학급 상황(②)에 의한 자기주도적 활동(③) 및 결과(④), 기억 재인(⑤), 학생 개인에 미친 영향(⑥~⑩) 순으로 이어진다. 그런데 학생 개인의 노력 과정이 구체적이지 못하다. 즉, 계획과 결과는 있지만 구체적인 활동의 과정이 나타나지 않는다. 따라서 학업 외 소양으로 내세운 리더십, 공동체의식, 대인관계, 포용 등으로 인한 학생 개인의 성장 과정은 알 수 없다. 다만, 이 학생이 기술한 앞의 사례와 종합적으로 본다면, 학생의 학업 외 소양은 충분히 갖춘 것으로 보인다. 소재는 자율활동과 독서활동에서 소재를 찾아 연결고리를 형성하고 있다.

자연과학대학 지구환경과학부 사례

GOOD G 사례 17

1학년 때 학교 시험 전 학급의 부장들과 함께 과목을 지정해서 예상문제를 만들어 반 친구들에게 배포했습니다. 저는 과학부장으로서 화학1과 공통과학 문제를 내기로 했습니다. 처음에는 시간을 뺏기는 것 같고 공부하는데 도움이 되지 않는 것 같다는 생각에 불안했습니다. 하지만 반 친구들에게 문제를 나눠주고 문제 풀이를 하면서 생각이 달라졌습니다. 제 설명을 열심히 듣고 문제풀이에 열중하는 친구들을 보며 더 꼼꼼히 준비해야겠다는 생각에 책임감이 커졌습니다. 문제를 내면서 간과했던 부분을 다시 볼 수 있었고 내용 정리도 함께 할 수 있었기 때문에 학업 향상에도 도움이 되었습니다. 많은 사람들 앞에서 말하는 것에 두려움이 있었는데 친구들 앞에서 설명하고 이해시키면서 그런 두려움을 해소할 수 있었습니다. 무엇보다 아는 것을 나눔으로써 나 자신도 많이 배우고 성장할 수 있는 기회가 되었습니다(서울대학교 입학본부, 2016c).

▼

① 활동 1: 1학년 때 학교 시험 전 학급의 부장들과 함께 과목을 지정해서 예상문제를 만들어 반 친구들에게 배포.

② 활동 2: 과학부장으로서 화학1과 공통과학 문제를 내기로 함.

③ 심리 1: 처음에는 시간을 뺏기는 것 같고 공부하는데 도움이 되지 않는 것 같다는 생각에 불안함.

④ 활동과 심리 변화 1: 반 친구들에게 문제를 나눠주고 문제 풀이를 하면서 생각이 달라짐.

⑤ 활동과 심리 변화 2: 제 설명을 열심히 듣고 문제풀이에 열중하는 친구들을 보며 더 꼼꼼히 준비해야겠다는 생각에 책임감이 커짐.

⑥ 활동과 심리 변화 3: 문제를 내면서 간과했던 부분을 다시 볼 수 있었고 내용 정리도 함께 할 수 있었기 때문에 학업 향상에도 도움이 됨.

⑦ 영향 1: 많은 사람들 앞에서 말하는 것에 두려움이 있었는데 친구들 앞에서 설명하고 이해시키면서 그런 두려움을 해소할 수 있었음.

⑧ 영향 2: 무엇보다 아는 것을 나눔으로써 나 자신도 많이 배우고 성장할 수 있는 기회가 됨.

이 사례는 학생의 활동(①, ②)과 그에 따른 불안 심리(③), 활동을 하면서 나타난 심리 변화(④, ⑤, ⑥), 활동에 의한 학생 개인에게 미친 영향(⑦, ⑧) 순으로 이어진다. 이 과정에서 학업 외 소양은 책임감, 나눔 등이 나타나며, 학생 개인의 심리 변화에 따른 성장을 엿볼 수 있다. 더불어 교과학습능력도 보인다. 소재는 자율활동에서 선택한 것이다.

노인 복지 시설 유자원에서 꾸준히 봉사를 했습니다. 어르신들 식사시간에 보조해 드리기, 산책 시켜드리기, 심부름 해드리기 등 처음에는 수동적인 봉사활동을 했었습니다. 어느 날 거동이 불편하신 할머니께서 밖을 나가고 싶어 하셨습니다. 제 역할이 아니어서 외면했는데 할머니께서 제 손을 잡으셨습니다. 당황하여 모시고 나갔을 때 벚꽃을 보고 진심으로 좋아하시는 할머니의 모습에서 배려란 어려운 것이 아니라 함께 나누려는 마음만 있어도 된다는 것을 느꼈습니다. 또 외면하려 했던 제 자신을 반성했습니다. 그 후 저는 요양원 방문 시 어르신들이 하시는 체조도 같이 하고 말동무가 되어 드리기 위해 노력했습니다. 친할머니, 할아버지처럼 생각하니 함께 하는 활동들이 즐거웠고 따뜻함을 배웠습니다. 유자원에 할머니, 할아버지의 자녀분들이 오시면 서로 애틋해 하는 모습을 보고 가족의 소중함에 대해서도 느끼게 되었습니다. 봉사란 주는 사람, 받는 사람 모두에게 도움이 되는 작은 실천이라는 것을 배웠습니다(서울대학교 입학본부, 2016c).

▼

① 활동 1: 꾸준히 봉사를 함.

② 활동 2: 어르신들 식사시간에 보조해 드리기, 산책 시켜드리기, 심부름 해드리기 등 처음에는 수동적인 봉사활동을 함.

③ 상황 1: 어느 날 거동이 불편하신 할머니께서 밖을 나가고 싶어 함.

④ 심리와 상황 2: 제 역할이 아니어서 외면했는데 할머니께서 제 손을 잡음.

⑤ 심리와 상황 3: 당황하여 모시고 나갔을 때 벚꽃을 보고 진심으로 좋아하시는 할머니의 모습.

⑥ 심리 변화: 배려란 어려운 것이 아니라 함께 나누려는 마음만 있어도 된다는 것을 느낌, 외면하려 했던 제 자신을 반성.

⑦ 활동 3: 그 후 저는 요양원 방문 시 어르신들이 하시는 체조도 같이 하고

말동무가 되어 드리기 위해 노력.

⑧ 영향 1: 친할머니, 할아버지처럼 생각하니 함께 하는 활동들이 즐거웠고 따뜻함을 배움.

⑨ 영향 2: 유자원에 할머니, 할아버지의 자녀분들이 오시면 서로 애틋해 하는 모습을 보고 가족의 소중함에 대해서도 느끼게 됨.

⑩ 영향 3: 봉사란 주는 사람, 받는 사람 모두에게 도움이 되는 작은 실천이 라는 것을 배움.

이 사례는 학생 개인의 활동(①, ②), 학생이 처한 상황과 심리(③, ④, ⑤), 학생의 심리 변화(⑥), 심리 변화에 따른 활동(⑦), 그로 인해 학생 개인에게 미친 영향(⑧, ⑨, ⑩) 순으로 이어진다. 이 과정에서 학업 외 소양은 배려, 반성, 소중함 등이 나타나며, 학생 개인의 심리 변화에 따른 성장을 엿볼 수 있다. 소재는 봉사활동에서 가져 왔다.

공과대학 전기정보공학부 사례

GOOD G 사례 19

고등학교 재학동안 3명이 한 조가 되어 주변의 독거노인분의 집에 찾아가 우유를 전달해 드리는 '노인행복 건강우유 프로젝트'에 참가했습니다. 할머니는 눅눅하고 냄새나는 곳에서 불조차 켜지 않고 살고 계셨고 처음에 갔을 때 표정은 어둡고 굳어 있었습니다. 그런 할머니와 저희가 할 수 있는 것은 시간과 대화를 나누는 것이라고 생각했습니다. 대화를 나누다 보니 할머니는 가족이 있을 것이라고 생각은 들었으나 가족에 대해서는 전혀 얘기하지 않으셨습니다. 그래서 제가 손자라고 생각하며 격주마다 방문하였습니다. 비가 온 날에는 집이 눅눅해져서 곰팡이 냄새가 났고 문을 열자마자 악취가 몰려왔습니다. 하지만 거동이 불편하신 할머니가 환기를 하는 것은 당연히 어려운 일이었기에 아무렇지 않아 보이려고 노력하면서 그런 환경에서 사는 할머니의 건강이 더 걱정되어 환기를 해드렸고 친구들과 함께 방청소도 해드렸습니다. 그 이후 비가 오는 날이면 할머니 생각이 더 나게 되어 연락을 드렸습니다. 한 번은 냉장고를 열어 보았더니 드렸던 우유가 유통기한이 지난 채 쌓여 있었습니다. 당연히 다 드실 줄 알았지만 혼자 계셔서 그것을 다 드시기엔 버거우셨다는 것을 몰랐던 것이었습니다. 아무 말 못하셨던 할머니를 생각하며 그 이후부터는 작은 우유를 여러 개 사서 드렸습니다. 계속 방문하며 할머니의 표정은 점점 밝아 지셨고 저희가 오는 날짜를 물어보시며 달력에 표시해 두셨습니다. 또, 전화를 드리면 처음에는 귀가 어두우셔서 못 알아 들으셨지만 나중에는 할머니가 먼저 아시고는 좋아해 주셨습니다. 사실 처음에는 큰 생각 없이 시작한 봉사였는데 저의 작은 시간을 나눈 것이 누군가를 기대하고 기다리게 만들 수 있다는 것을 알게 되었고 할머니만 기쁘게 해드린 것이 아니라 저도 또한 행복했습니다. 또, 가족과 단절된 독거노인을 보며 우리 주위에는 소외된 분들이 많이 있고, 그분들을 돕는 것은 그분들의 입장에서 생각하고 제가 가지고 있는 작은 것을 나누는 것이기에 결코 어렵지 않은 것이라는 것을 깨닫게 되었습니다(서울대학교 입학본부, 2016c).

▼

① 활동 취지: 고등학교 재학동안 3명이 한 조가 되어 주변의 독거노인분의 집에 찾아가 우유를 전달해 드리는 '노인행복 건강우유 프로젝트'에 참가.
② 상황 1: 할머니는 눅눅하고 냄새나는 곳에서 불조차 켜지 않고 살고 계셨고 처음에 갔을 때 표정은 어둡고 굳어 있음.
③ 생각 1: 그런 할머니와 저희가 할 수 있는 것은 시간과 대화를 나누는 것이라고 생각.
④ 활동 1, 생각 2, 상황 2: 대화를 나누다 보니 할머니는 가족이 있을 것이

라고 생각은 들었으나 가족에 대해서는 전혀 얘기하지 않음.

⑤ 생각 3과 활동 2: 제가 손자라고 생각하며 격주마다 방문.

⑥ 활동 변화 1: 비가 온 날에는 집이 눅눅해져서 곰팡이 냄새가 났고 문을 열자마자 악취가 몰려옴. 거동이 불편하신 할머니가 환기를 하는 것은 당연히 어려운 일이었기에 아무렇지 않아 보이려고 노력하면서 그런 환경에서 사는 할머니의 건강이 더 걱정되어 환기를 해드렸고 친구들과 함께 방 청소도 해드림.

⑦ 활동 변화 2: 이후 비가 오는 날이면 할머니 생각이 더 나게 되어 연락을 드림.

⑧ 활동 변화 3: 한 번은 냉장고를 열어 보았더니 드렸던 우유가 유통기한이 지난 채 쌓여 있음. 당연히 다 드실 줄 알았지만 혼자 계셔서 그것을 다 드시기엔 버거우셨다는 것을 몰랐음. 아무 말 못하셨던 할머니를 생각하며 그 이후부터는 작은 우유를 여러 개 사서 드림.

⑨ 상황 변화 1: 계속 방문하며 할머니의 표정은 점점 밝아 짐. 저희가 오는 날짜를 물어보시며 달력에 표시해 둠.

⑩ 상황 변화 2: 전화를 드리면 처음에는 귀가 어두우셔서 못 알아 들으셨지만 나중에는 할머니가 먼저 아시고는 좋아해 줌.

⑪ 영향 1: 처음에는 큰 생각 없이 시작한 봉사였는데 저의 작은 시간을 나눈 것이 누군가를 기대하고 기다리게 만들 수 있다는 것을 알게 되었고 할머니만 기쁘게 해드린 것이 아니라 저도 또한 행복했음.

⑫ 영향 2: 가족과 단절된 독거노인을 보며 우리 주위에는 소외된 분들이 많이 있고, 그분들을 돕는 것은 그분들의 입장에서 생각하고 제가 가지고 있는 작은 것을 나누는 것이기에 결코 어렵지 않은 것이라는 것을 깨달음.

이 사례는 활동의 취지(①)를 밝히고 참가하는 것으로 시작한다. 상황에 따른 생각과 활동(②, ③, ④, ⑤), 활동 변화(⑥, ⑦, ⑧), 상황 변화(⑨, ⑩), 학생 개인에게 미친 영향(⑪, ⑫) 순으로 이어진다. 이 과정에서 학업 외 소양으로 배려, 나눔이 구체적으로 나타난다. 특히 프로젝트 취지인 우유 전달을 넘어 대화로, 대화에서 환기와 방청소, 작은 우유 여러 개 사드리기 등의 변화된 활동을 통해 학생 개인의 성장 과정이 잘 나타난다. 이 사례는 스토리텔링에 의한 자기소개서의 전형이라고 할 수 있을 것이다. 소재는 봉사활동에서 취하고 있다. 사례15~19를 정리하면, 다음과 같다.

> 사례 15: 입학 의미부여 - 생활 1, 2, 3, 4 - 영향 1, 2, 3
> 사례 16: 성격과 심리 - 상황 - 활동 - 활동 결과 - 기억 재인 - 영향 1, 2, 3, 4, 5
> 사례 17: 활동 1, 2 - 심리 1 - 활동과 심리 변화 1, 2, 3 - 영향 1, 2
> 사례 18: 활동 1, 2 - 상황 1 - 심리와 상황 2, 3 - 심리 변화 - 활동 3 - 영향 1, 2, 3
> 사례 19: 활동 취지 - 상황 1 - 생각 1 - 활동 1, 생각 2, 상황 2 - 생각 3과 활동 2 - 활동 변화 1, 2, 3 - 상황 변화 1, 2 - 영향 1, 2

이 사례들의 구성 또한 일치하는 모습을 보이지 않는다. 이는 학생이 처한 상황이나 활동 및 심리에 의해 다양해질 수밖에 없기 때문이다. 다만, '활동 – 심리나 상황 – 활동 변화 – 심리나 상황 변화 – 영향'이라는 구성 정도가 적절할 것으로 보인다. 물론 학교생활에 따라 이 구성은 얼마든지 달라질 수 있다. 하지만 학생마다 학교생활이 다양하더라도 활동 전후의 변화와 학생 개인에게 미친 영향은 기술되어야 할 것이다.

4) 도서목록

자신에게 영향을 준 책(ⓒ)은 학생 개인의 독서경험에 자신의 생각을 담아내면 된다.✔ 이 항목은 독서활동에서 소재를 찾으면 된다. 필요한 경우 소재는 창의적 체험활동이나 세부능력 및 특기사항과 연결고리를 생각해 볼 수 있다. 사례를 보면 다음과 같다.

인문대학 인문계열 사례

GOOD G 사례 20

소수의견(손아람 저)

저는 2학년 때 학습동아리 '○○○'에서 팀장으로 활동하였습니다. 교육 문제에 관심이 있는 친구들과 함께 학습동아리를 조직하여 인권교육에 대한 연구를 하고 소논문을 작성하였는데, 이후 인권에 많은 관심이 생겼고 이 책을 찾아 읽었습니다. 100원이 걸린 진실을 향한 법정공방, 공평과 정의라는 법의 허울에 구속된 힘없는 남자를 바라보며 쓸쓸한 마음이 들었습니다. 진실이 많은 사람들의 삶을 송두리째 바꾸어 놓을 수 있을 만큼 꼭 세상에 드러나야 하는 중요한 것임을 실감하였습니다. 그리고 자신들이 맡은 사건을 해결하기 위해 끝까지 고군분투하는 변호사들의 모습에서 끈기와 인내를 배웠습니다. 제 일에 열정을 가지고 임하면서도 타인에게 베풀 줄 아는 사람이 되고자 다짐하였습니다. 또한 책을 읽고 용산참사가 떠올라 여러 자료들을 찾아보았는데, 그 과정에서 사회문제에 둔감했던 모습을 반성하였으며, 한 사건을 바라보는 다양한 시선을 접하고 그것들을 비판적으로 수용하는 방법을 알아갔습니다(서울대학교 입학본부, 2016c).

> ✔ 자신의 생각을 보여준다는 점에서 자기소개서 안의 또 다른 자기소개서이다. 따라서 책의 줄거리 요약이나 내용 소개는 의미가 없다. 자신에게 의미 있는 영향을 주었던 책을 3권 선정하여 그 책이 본인에게 어떤 영향을 주었고 어떤 생각을 하게 하였는지, 또는 자신에게 어떤 변화를 주었는지 등의 내용을 담아주면 된다. 도서 선정은 지원하는 모집 단위와 관련성이 없어도 된다. 분야를 막론하고 현재의 자신에게 가장 큰 의미가 있었다고 생각되는 책을 선정하여 경험과 생각을 담아야 한다(서울대학교 입학본부, 2016b: 27).

▼

① 동기: 2학년 때 학습동아리 '○○○'에서 팀장으로 활동함. 교육 문제에 관심이 있는 친구들과 함께 학습동아리를 조직하여 인권 교육에 대한 연구를 하고 소논문을 작성. 이후 인권에 많은 관심이 생겼고 이 책을 찾아 읽음.

② 정서: 100원이 걸린 진실을 향한 법정공방, 공평과 정의라는 법의 허울에 구속된 힘없는 남자를 바라보며 쓸쓸한 마음이 듦.

③ 영향 1: 진실이 많은 사람들의 삶을 송두리째 바꾸어 놓을 수 있을 만큼 꼭 세상에 드러나야 하는 중요한 것임을 실감.

④ 영향 2: 자신들이 맡은 사건을 해결하기 위해 끝까지 고군분투하는 변호사들의 모습에서 끈기와 인내를 배움.

⑤ 영향 3: 제 일에 열정을 가지고 임하면서도 타인에게 베풀 줄 아는 사람이 되고자 다짐.

⑥ 영향 4: 책을 읽고 용산참사가 떠올라 여러 자료들을 찾아보았는데, 그 과정에서 사회문제에 둔감했던 모습을 반성.

⑦ 영향 5: 한 사건을 바라보는 다양한 시선을 접하고 그것들을 비판적으로 수용하는 방법을 알아감.

이 사례는 동아리활동에 의한 동기 생성(①), 책 내용에 대한 학생 개인의 정서(②), 이로 인해 학생 개인에게 미친 영향(③~⑦) 순으로 이어진다. 특히, 독서를 통해 진실의 중요성, 끈기와 인내, 베풂, 반성, 비판적 수용을 인지적, 정의적 측면의 성장 과정으로 보여주고 있다. 이 사례는 동아리활동과 독서활동의 연계를 보여준다.

필로미나의 기적(마틴 식스미스 저 / 원은주, 이지영 역)

　제가 활동한 학습동아리 '○○'의 논술 수업에서 소수자에 대해 다룬 적이 있었는데 이후 소수자의 삶에 대해 구체적으로 알고 싶어 이 책을 읽었습니다. 미혼모나 동성애자 등 소수자의 이야기를 읽은 후 그들을 비난하거나 좋지 않은 시선으로 바라보는 우리 사회의 모습을 되돌아보게 되었습니다. 종교의 윤리 아래 미혼모와 동성애자를 죄악으로 치부하고 방치하는 사회의 모습을 보고 진정한 포용과 사랑의 의미가 무엇인지 되새겨 보았습니다. 특히 새터민 가정의 친구들과 함께 대안학교에 다닌 경험이 있는 친구가 들려준 이야기들을 떠올리며, 탈북자를 비롯한 소수자들을 더욱 힘겹게 하는 것이 사람들의 무지에서 비롯된다는 생각이 들었고 그들을 애정 어린 손길로 보듬어 주어야 한다고 느꼈습니다. 그리고 그들에게 어떤 도움을 줄 수 있을까를 생각하며 친구와 이야기를 나누었고, 그들에게 작은 도움이라도 주고자 자료를 조사해 소논문을 작성하였으며 제가 깨달은 것들을 주변 사람들에게 알리고 책을 소개하였습니다(서울대학교 입학본부, 2016c).

▼

① 동기: 제가 활동한 학습동아리 '○○'의 논술 수업에서 소수자에 대해 다룬 적이 있었는데 이후 소수자의 삶에 대해 구체적으로 알고 싶어 이 책을 읽음.

② 비판적 성찰 1: 미혼모나 동성애자 등 소수자의 이야기를 읽은 후 그들을 비난하거나 좋지 않은 시선으로 바라보는 우리 사회의 모습을 되돌아보게 됨.

③ 비판적 성찰 2: 종교의 윤리 아래 미혼모와 동성애자를 죄악으로 치부하고 방치하는 사회의 모습을 보고 진정한 포용과 사랑의 의미가 무엇인지 되새겨 봄.

④ 비판적 성찰 3: 새터민 가정의 친구들과 함께 대안학교에 다닌 경험이

있는 친구가 들려준 이야기들을 떠올리며, 탈북자를 비롯한 소수자들을 더욱 힘겹게 하는 것이 사람들의 무지에서 비롯된다는 생각이 듦.

⑤ 영향: 그들을 애정 어린 손길로 보듬어 주어야 한다고 느낌.

⑥ 활동: 그들에게 어떤 도움을 줄 수 있을까를 생각하며 친구와 이야기를 나누었고, 그들에게 작은 도움이라도 주고자 자료를 조사해 소논문을 작성하였으며 제가 깨달은 것들을 주변 사람들에게 알리고 책을 소개함.

이 사례는 동아리활동의 논술 수업에 의한 동기 생성(①), 비판적 성찰(②~④), 학생 개인에게 미친 영향(⑤), 이로 인한 학생 개인의 활동(⑥) 순으로 이어진다. 읽기를 통해 비판적 성찰이 이루어지며, 그 성찰로 포용과 사랑을 담아내고 있다. 특히, 학생 개인에게 미친 영향으로 인하여 개인적 활동이 이루어지고 있다. 일반적으로 이 항목에서는 영향에서 끝맺음을 하는 경우가 많으나, 이 사례는 영향에 의한 활동을 보여준다는 점에서 독특하다. 그리고 이 사례도 동아리활동과 독서활동의 연계를 보여준다.

GOOD G 사례 22

반 고흐, 영혼의 편지(빈센트 반 고흐 저 / 신성림 역)

2학년 미술시간에 화가의 시선으로 평면 작품을 제작하는 활동을 하였습니다. 가장 좋아하는 미술 작품 〈별이 빛나는 밤〉의 작가 빈센트 반 고흐를 선택했고, 그에 대해 자세히 알아보기 위해 그가 직접 쓴 편지들을 담은 이 책을 선택하였습니다. 경제적, 육체적, 정신적으로 힘겨운 삶을 살았음에도 불구하고 오늘날 많은 사람들의 사랑을 받는 아름다운 작품들을 그린 그의 강인함이 정말 놀라웠습니다. 그림을 가득 채운 별 빛 한줄기 한줄기마다 예술을 향한 고흐의 사랑이 느껴졌습니다. 그가 그랬던 것처럼 제가 하는 일을 사랑하며 끝까지 포기하지 말자고 다짐하였습니다. 하지만 생계를 제대로 꾸려 나가지 못한 채 동생에게 많은 부분을 의지하였던 그가 조금 더 진취적으로 삶을 개척했으며 어땠을까 하는 안타까운 마음도 들었습니다. 클림트, 모네 등 친구들이 선택한 작가와 작품에 대한 설명도 듣고 직접 작품도 제작하면서 한 학기 동안 예술이 주는 풍요로움 속에서 풍부한 감성을 기를 수 있었습니다(서울대학교 입학본부, 2016c).

① 동기: 미술시간에 화가의 시선으로 평면 작품을 제작하는 활동을 함. 가장 좋아하는 미술 작품 〈별이 빛나는 밤〉의 작가 빈센트 반 고흐를 선택함. 그에 대해 자세히 알아보기 위해 그가 직접 쓴 편지들을 담은 이 책을 선택.

② 감상 1: 경제적, 육체적, 정신적으로 힘겨운 삶을 살았음에도 불구하고 오늘날 많은 사람들의 사랑을 받는 아름다운 작품들을 그린 그의 강인함이 놀라움.

③ 감상 2: 그림을 가득 채운 별 빛 한줄기 한줄기마다 예술을 향한 고흐의 사랑이 느껴짐.

④ 영향 1: 그가 그랬던 것처럼 제가 하는 일을 사랑하며 끝까지 포기하지 말자고 다짐.

⑤ 비판적 정서: 하지만 생계를 제대로 꾸려 나가지 못한 채 동생에게 많은 부분을 의지하였던 그가 조금 더 진취적으로 삶을 개척했으면 어땠을까 하는 안타까운 마음도 들었음.

⑥ 활동과 영향 2: 클림트, 모네 등 친구들이 선택한 작가와 작품에 대한 설명도 듣고 직접 작품도 제작하면서 한 학기 동안 예술이 주는 풍요로움 속에서 풍부한 감성을 기를 수 있었음.

이 사례는 교과 수업에 의한 동기 생성(①), 학생 개인의 감상(②, ③), 이로 인한 영향(④), 학생 개인의 비판적 정서(⑤), 수업 활동에 따른 영향(⑥) 순으로 이어진다. 이 과정에서 학업 외 소양은 의지, 비판적 정서 등을 보여주며, 인문계열을 지원한 학생으로서 예술적 감성의 신장에 노력하고 있음이 돋보인다. 그리고 이 사례는 세부능력 및 특기사항과 독서활동의 연계를 보여준다.

자연과학대학 지구환경과학부 사례

GOOD G 사례 23

세상을 바꾼 창조자들(이종호, 박홍규 저)

여러 과학 이론을 확립하기 위해 노력한 과정에 대해서 알고 싶어졌고, 세상을 보는 관점들에 대해 배우고 싶어 이 책을 선정하게 되었습니다. 기억에 남는 과학자는 베게너입니다. 베게너는 기상학자였는데 지질학자도 생각하지 못한 대륙이동설에 대해 주장했다는 것과 당시의 조롱과 비판에도 험난한 탐험을 통해 끝까지 증거를 찾으려 했다는 것이 인상 깊었습니다. 나의 의견에 대한 상대방의 비판이 두려워 상대방을 설득하려 하지 않고 포기하는 경우가 많았는데 베게너의 포기하지 않는 자세를 보면서 반성을 하게 되었습니다. 또 나의 의견에 자신감을 가지고 논리적으로 설득하는 것도 중요하다는 것을 배웠습니다. 요즘 사회에서 자유에 대한 논란이 많이 일어나고 있는데 이 책을 통해 존 스튜어트 밀의 자유에 대해 알게 되었습니다. 밀의 생각에 대해 알게 되면서 자유에 대한 좀 더 넓은 시각을 가지게 되었습니다. 자유와 다양성을 인정하면 이 시대의 정신이 진화할 수 있을 것 같다는 생각을 했습니다(서울대학교 입학본부, 2016c).

▼

① 동기: 여러 과학 이론을 확립하기 위해 노력한 과정에 대해서 알고 싶어졌고, 세상을 보는 관점들에 대해 배우고 싶어 이 책을 선정하게 됨.

② 인상: 기억에 남는 과학자는 베게너임. 베게너는 기상학자였는데 지질학자도 생각하지 못한 대륙이동설에 대해 주장했다는 것과 당시의 조롱과 비판에도 험난한 탐험을 통해 끝까지 증거를 찾으려 했다는 것이 인상

깊었음.

③ 영향 1: 나의 의견에 대한 상대방의 비판이 두려워 상대방을 설득하려 하지 않고 포기하는 경우가 많았는데 베게너의 포기하지 않는 자세를 보면서 반성하게 됨.

④ 영향 2: 나의 의견에 자신감을 가지고 논리적으로 설득하는 것도 중요하다는 것을 배움.

⑤ 지식: 사회에서 자유에 대한 논란이 많이 일어나고 있는데 이 책을 통해 존 스튜어트 밀의 자유에 대해 알게 됨.

⑥ 영향 3: 밀의 생각에 대해 알게 되면서 자유에 대한 좀 더 넓은 시각을 가지게 됨.

⑦ 영향 4: 자유와 다양성을 인정하면 이 시대의 정신이 진화할 수 있을 것 같다는 생각을 함.

이 사례는 책 선정의 동기(①), 베게너에 대한 인상(②), 이로 인해 학생 개인에게 미친 영향(③, ④), 밀의 자유에 대한 지식(⑤), 이로 인해 학생 개인에게 미친 영향(⑥, ⑦) 순으로 이어진다. 읽기를 통해 자신의 반성과 더불어 논리적 설득의 중요성, 자유에 대한 시각 및 자유와 다양성 인정 등의 지적 성장 과정을 보여준다. 특히, 자연환경과학부를 지원한 학생이 인문학적 소양을 갖추려는 모습을 엿볼 수 있다.

GOOD G 사례 24

일기 예보를 믿을 수 있을까?(로베르 사두르니 저 / 정나원 역)

일기 예보에 관심을 가지고 있었지만 교과서에서는 일기 예보의 세부 과정에 대해 거의 다루지 않기 때문에 관련 책을 읽어 호기심을 채워나갔습니다. 수치예보모델의 격자점 간격을 아무리 좁게 만들어도 격자점 사이에 공간이 있기 때문에 완벽한 기상예측은 불가능하다는 것을 알게 되었습니다.

또 방정식의 값을 슈퍼컴퓨터도 정확한 값을 낼 수는 없다는 것에 기상학이 발전할 부분이 많다는 것을 느꼈습니다. 이 책을 읽기 전까지만 해도 시간이 지날수록 일기 예보의 오류가 줄어들 것이라고 생각했습니다. 하지만 초기 상태의 차이가 나중에는 큰 오류를 만든다는 것을 알게 되었고 기상 예측이 어려워진다는 것을 배우게 되었습니다. 완벽히 예측할 수 없다는 부분에서 도전의식이 생겨 지구환경과학부에 진학해 기상예측에 필요한 지식을 쌓고 싶다는 생각이 강해졌습니다(서울대학교 입학본부, 2016c).

① 동기: 일기 예보에 관심을 가지고 있었지만 교과서에서는 일기 예보의 세부 과정에 대해 거의 다루지 않기 때문에 관련 책을 읽어 호기심을 채워나감.

② 지식 1: 수치예보모델의 격자점 간격을 아무리 좁게 만들어도 격자점 사이에 공간이 있기 때문에 완벽한 기상예측은 불가능하다는 것을 알게 됨.

③ 지식 2와 영향 1: 또 방정식의 값을 슈퍼컴퓨터도 정확한 값을 낼 수는 없다는 것에 기상학이 발전할 부분이 많다는 것을 느낌.

④ 기존의 생각: 이 책을 읽기 전까지만 해도 시간이 지날수록 일기 예보의 오류가 줄어들 것이라고 생각.

⑤ 지식 3: 초기 상태의 차이가 나중에는 큰 오류를 만든다는 것을 알게 되었고 기상 예측이 어려워진다는 것을 배우게 됨.

⑥ 영향 2: 완벽히 예측할 수 없다는 부분에서 도전의식이 생겨 지구환경과학부에 진학해 기상예측에 필요한 지식을 쌓고 싶다는 생각이 강해짐.

이 사례는 책 선정의 동기(①), 지식(②, ③)과 영향(③), 학생 개인의 기존 생각(④), 지식(⑤)과 영향(⑥) 순으로 이어진다. 책읽기를 통해 기존의 생각이 바뀌면서 지식이 누적되고 있다. 또한 그 누적에 의해 학생 개인에게 미친 영향이 나타난다. 특히, 영향 2는 모집 단위에 지원하는 동기가 되는 영향이라고 볼 수 있을 것이다.

GOOD G 사례 25

아름다운 마무리(법정 저)

　이 책은 아버지께서 마음을 평화롭게 해준다며 사주신 책입니다. '무엇을 위해 살았는지, 어떻게 살아왔는지, 과연 나 자신답게 살아왔는지를 묻는다.' 라는 문구를 보고 잠시 책을 덮고 진지하게 이 물음에 대한 답변을 생각해 보았습니다. 지금까지 앞만 보고 달려왔는데 지난날들을 생각하니 '내가 과연 가치 있는 삶을 살아온 것이 맞나'라는 생각이 들었습니다. 생각 끝에 가치 있는 것은 현재의 행복이라고 답했습니다. 각각의 사건이 가치를 가지고 있고 이 가치가 누적이 되면서 지금의 행복을 만들 수 있다고 생각하기 때문입니다. 배움에 대한 기대로 인하여 현재 저는 행복하기 때문에 가치 있는 삶을 살아 왔다고 자부할 수 있을 것 같습니다. 법정 스님의 질문을 통해 제 자신을 되돌아볼 수 있었고, 예전보다 자신감을 많이 얻어 자신의 의견을 분명히 말할 수 있게 된 저의 변화된 모습도 찾을 수 있었습니다 (서울대학교 입학본부, 2016c).

▼

① 동기: 이 책은 아버지께서 마음을 평화롭게 해준다며 사주신 책.

② 사색: '무엇을 위해 살았는지, 어떻게 살아왔는지, 과연 나 자신답게 살아왔는지를 묻는다.'라는 문구를 보고 잠시 책을 덮고 진지하게 이 물음에 대한 답변을 생각해 봄.

③ 자문: 지금까지 앞만 보고 달려왔는데 지난날들을 생각하니 '내가 과연 가치 있는 삶을 살아온 것이 맞나'라는 생각.

④ 자답: 생각 끝에 가치 있는 것은 현재의 행복이라고 답함.

⑤ 이유: 각각의 사건이 가치를 가지고 있고 이 가치가 누적이 되면서 지금

의 행복을 만들 수 있다고 생각하기 때문임.

⑥ 소신: 배움에 대한 기대로 인하여 현재 저는 행복하기 때문에 가치 있는 삶을 살아 왔다고 자부할 수 있을 것 같음.

⑦ 영향: 법정 스님의 질문을 통해 제 자신을 되돌아볼 수 있었고, 예전보다 자신감을 많이 얻어 자신의 의견을 분명히 말할 수 있게 된 저의 변화된 모습도 찾을 수 있었음.

이 사례는 책을 읽게 된 동기(①), 문구에 대한 사색(②), 자문자답(③, ④), 자답의 이유 제시(⑤)와 학생 개인의 소신(⑥), 학생 개인에게 미친 영향(⑦) 순으로 되어 있다. 이 과정에서 학생 개인의 성찰적 측면이 잘 드러난다. 다만, 동기는 책을 선정하게 된 직접적인 계기가 아니라는 점이 아쉽다. 또한 자신의 '어떤' 의견을 분명히 말할 수 있는지를 밝혔으면 더 좋았을 것이다. 예를 들면, 가치 있는 삶과 행복에 대한 의견 정도가 적절할 것이다.

공과대학 전기정보공학부

GOOD G 사례 26

반드시 알아야 할 50 위대한 수학(토니 크릴리 저 / 김성훈 역)

수학적인 내용들의 예시와 이야기를 통해 흥미를 돋게 하면서도 논리적 명확함을 잃지 않는 이 책은 수학의 즐거움을 더욱 불러일으켜 주었습니다. 그중 '자연대수(e)' 부분에서 오일러의 자연대수를 활용한 공식은 익숙한 기호들이 복잡한 식을 이루고 있어서 인상 깊었습니다. 이 공식은 수업시간에 배운 삼각함수의 여러 가지 공식들을 증명하는 데에도 쓰일 수 있어 더 흥미로웠습니다. 좌표평면위의 단위원에서 벡터의 내적과 회전변환 등의 방법으로 증명할 수 있었던 '삼각함수의 덧셈정리'를 오일러의 공식에서 지수법칙을 활용하면서 복소수의 상등을 이용하면 더 간단하게 증명할 수 있었습니다.

복잡해 보여 큰 의미가 없다고 생각했던 책의 내용이 수업과도 연결되는 것을 보고 하나의 수학적 개념은 다양한 부분에 쓰일 수 있다는 것을 깨달 았습니다. 이 책은 중요하지 않다고 흔히 넘기는 수학적인 내용들도 다른 내용들과 연결되면 중요성이 더해질 수 있어서 그런 것들도 차근차근 봐야 한다는 것을 깨닫게 해주었습니다(서울대학교 입학본부, 2016c).

▼

① 평가: 수학적인 내용들의 예시와 이야기를 통해 흥미를 돋게 하면서 도 논리적 명확함을 잃지 않는 이 책은 수학의 즐거움을 더욱 불러일 으켜 줌.

② 인상: 그중 '자연대수(e)' 부분에서 오일러의 자연대수를 활용한 공식은 익숙한 기호들이 복잡한 식을 이루고 있어서 인상 깊음.

③ 지식 활용 1: 이 공식은 수업시간에 배운 삼각함수의 여러 가지 공식들 을 증명하는 데에도 쓰일 수 있어 더 흥미로웠음.

④ 지식 활용 2: 좌표평면위의 단위원에서 벡터의 내적과 회전변환 등의 방 법으로 증명할 수 있었던 '삼각함수의 덧셈정리'를 오일러의 공식에서 지수법칙을 활용하면서 복소수의 상등을 이용하면 더 간단하게 증명할 수 있었음.

⑤ 영향 1: 복잡해 보여 큰 의미가 없다고 생각했던 책의 내용이 수업과도 연결되는 것을 보고 하나의 수학적 개념은 다양한 부분에 쓰일 수 있다 는 것을 깨달음.

⑥ 영향 2: 이 책은 중요하지 않다고 흔히 넘기는 수학적인 내용들도 다른 내용들과 연결되면 중요성이 더해질 수 있어서 그런 것들도 차근차근 봐 야 한다는 것을 깨닫게 해줌.

이 사례는 책에 대한 평가(①)와 인상(②), 지식의 활용(③, ④), 이로 인해 학생 개인에게 미친 영향(⑤, ⑥) 순으로 되어 있다. 그런데 이 과정에는 책을 선정하게 된 동기가 생략되고, 바로 평가로 시작한다는 점이 특이하다. 그리고 학업 외 소양은 대체로 인성적인 측면을 드러내기 마련이지만, 이 사례는 지식의 연계적 활용이라는 점을 들고 이로 인한 개인적 영향을 밝힌다는 점이 특징이다. 따라서 이 특징은 학업 외 소양이라기보다는 지식의 확장 등과 맞물린 학업 소양이라고 할 수 있을 것이다. 이 사례는 독서활동과 세부능력 및 특기사항의 부분적 연계를 보여준다.

GOOD G 사례 27

물리학 클래식(이종필 저)

고등학교 물리교과서에는 물리학적 내용이 이론의 탄생의 역사와 함께 나옵니다. 하지만 그런 물리학적 이론의 발견과정들을 무시한 채 단지 고득점을 위해 이론과 법칙들을 외우기만 했었습니다. 이해하지 않고 외우기만 하니 단기간 동안은 괜찮았지만 시간이 지날수록 헷갈리게 되고 이해도 잘 안 갔습니다. 그래왔던 저에게 이 책은 새로운 공부의 방향을 제시해 주었습니다.

이 책은 물리학적 이론의 탄생 배경과 탐구과정을 보여줍니다. 그것을 읽고 해당된 이론들을 공부하니 이론의 기초가 되었던 학자들의 기초적인 발상들, 실험과정들과 함께 이론을 이해하게 되어 이론의 뿌리 깊은 이해가 가능하게 되었습니다. 또, 그 이론의 응용된 사고도 가능하게 되어 복잡한 것들도 기본적인 이론들을 통해 논리적으로 해결할 수 있게 되었습니다. 이런 학습방법을 통해 이론과 법칙들을 무작정 외우며 공부했던 것들을 반성하게 되었고 앞으로도 이론을 배울 때 그것이 만들어진 역사적 배경을 통한 이해를 하기 위해 노력할 것입니다(서울대학교 입학본부, 2016c).

▼

① 문제점: 고등학교 물리교과서에는 물리학적 내용이 이론의 탄생의 역사

와 함께 나옴. 하지만 그런 물리학적 이론의 발견과정들을 무시한 채 단지 고득점을 위해 이론과 법칙들을 외우기만 했음. 이해하지 않고 외우기만 하니 단기간 동안은 괜찮았지만 시간이 지날수록 헷갈리게 되고 이해도 잘 안 갔음.

② 의미부여: 그래왔던 저에게 이 책은 새로운 공부의 방향을 제시해 주었음.

③ 소개: 이 책은 물리학적 이론의 탄생 배경과 탐구과정을 보여줌.

④ 이해: 그것을 읽고 해당된 이론들을 공부하니 이론의 기초가 되었던 학자들의 기초적인 발상들, 실험과정들과 함께 이론을 이해하게 되어 이론의 뿌리 깊은 이해가 가능하게 됨.

⑤ 문제해결: 또, 그 이론의 응용된 사고도 가능하게 되어 복잡한 것들도 기본적인 이론들을 통해 논리적으로 해결할 수 있게 됨.

⑥ 영향 1: 이런 학습방법을 통해 이론과 법칙들을 무작정 외우며 공부했던 것들을 반성하게 됨.

⑦ 영향 2: 앞으로도 이론을 배울 때 그것이 만들어진 역사적 배경을 통한 이해를 하기 위해 노력할 것임.

이 사례는 교과 공부의 개인적 문제점(①), 책에 대한 의미부여(②), 책에 대한 간략한 소개(③), 교과에 나오는 이론 이해(④)와 문제해결(⑤), 이로 인해 학생 개인에게 미친 영향(⑥, ⑦) 순으로 되어 있다. 일반적으로 제시되는 책 선정의 동기는 나타나지 않고, 학생 개인의 교과 공부에 대한 문제점으로부터 글이 시작된다. 특히 책읽기를 통해 교과

✔ 수학 관련 독서와 물리 관련 독서를 교과 공부와 연계한 두 사례(사례 26, 27)는 공과대학 전기정보공학부 합격의 가능성을 높이기 위한 독서활동의 전략적 선택으로 보인다.

서에 나오는 이론을 이해하고 문제를 해결할 수 있었다는 점은 학업능력의 평가 세부사항인 교과학습능력을 보여준다. 사례 26과 마찬가지로 학생 개인에게 미친 영향 또한 학업 외 소양이기보다는 학업 소양이라고 해야 할 것이다.✔ 이

사례는 세부능력 및 특기사항과 독서활동을 연계하고 있다.

GOOD G 사례 28

프레임(최인철 저)

3년 동안 다양한 사람들을 접하면서 이상하다고 생각되는 사람들이 많았습니다. 그러다 사람들의 다양한 사고방식을 해석하는 이 책을 읽게 되었습니다. 이 책은 사람의 고유한 사고방식을 '프레임'이라 정의합니다. 사람은 고유한 프레임을 가지며 사고를 하고 그것을 바탕으로 행동한다고 합니다. 프레임의 관점에서 보면 저만의 프레임으로 사람들을 평가하고 있었고 그랬던 제 자신이 매우 부끄러워졌습니다. 사람들은 살아온 사회, 문화적 배경이 다르기 때문에 당연히 가지고 있는 프레임이 다르고 서로 다른 프레임으로 생각을 하기 때문에 당연히 다른 생각과 행동을 하게 되는 것이었습니다. 생각이 다른 것이지 틀린 것은 아니기 때문에 거기에 대해서 서로가 이해하고 존중해 주어야 된다는 것을 깨달았습니다. 그래서 이 책을 읽고 난 이후에는 서로 다른 생각을 만날 때 이해가 되지 않더라도 저와 다른 생각이 있는 것은 저의 생각이 존재한다는 것만큼이나 당연하기 때문에 최대한 존중하려 노력하게 되었습니다(서울대학교 입학본부, 2016c).

▼

① 동기: 3년 동안 다양한 사람들을 접하면서 이상하다고 생각되는 사람들이 많았음. 그러다 사람들의 다양한 사고방식을 해석하는 이 책을 읽게 됨.

② 소개: 이 책은 사람의 고유한 사고방식을 '프레임'이라 정의함. 사람은 고유한 프레임을 가지며 사고를 하고 그것을 바탕으로 행동한다고 함.

③ 반성: 프레임의 관점에서 보면 저만의 프레임으로 사람들을 평가하고 있었고 그랬던 제 자신이 매우 부끄러워졌음.

④ 이해: 사람들은 살아온 사회, 문화적 배경이 다르기 때문에 당연히 가지고 있는 프레임이 다르고 서로 다른 프레임으로 생각을 하기 때문에 당

연히 다른 생각과 행동을 하게 되는 것임.

⑤ 영향 1: 생각이 다른 것이지 틀린 것은 아니기 때문에 거기에 대해서 서로가 이해하고 존중해 주어야 된다는 것을 깨달음.

⑥ 영향 2: 그래서 이 책을 읽고 난 이후에는 서로 다른 생각을 만날 때 이해가 되지 않더라도 저와 다른 생각이 있는 것은 저의 생각이 존재한다는 것만큼이나 당연하기 때문에 최대한 존중하려 노력하게 됨.

이 사례는 책을 읽게 된 동기(①), 책 소개(②), 책을 읽고 난 후 자신에 대한 반성(③)과 사람들에 대한 이해(④), 학생 개인에게 미친 영향(⑤, ⑥) 순으로 이어진다. 이 과정에서 학업 외 소양으로 사람들에 대한 이해와 존중이 나타난다. 다만 아쉬운 점은 책을 읽게 된 동기가 어떤 계기에 의해 직접적으로 선택된 것이라기보다는 간접적이라는 것이다. 사례20~28을 정리하면, 다음과 같다.

사례 20: 동기 - 정서 - 영향 1, 2, 3, 4, 5

사례 21: 동기 - 비판적 성찰 1, 2, 3 - 영향 - 활동

사례 22: 동기 - 감상 1, 2 - 영향 1 - 비판적 정서 - 활동과 영향 2

사례 23: 동기 - 인상 - 영향 1, 2 - 지식 - 영향 3, 4

사례 24: 동기 - 지식 1 - 지식2, 영향 1 - 기존 생각 - 지식 3 - 영향 2

사례 25: 동기 - 사색 - 자문 - 자답 - 이유 - 소신 - 영향

사례 26: 평가 - 인상 - 지식 활용 1, 2 - 영향 1, 2

사례 27: 문제점 - 의미부여 - 소개 - 이해 - 문제해결 - 영향 1, 2

사례 28: 동기 - 소개 - 반성 - 이해 - 영향 1, 2

이 사례들의 구성도 일치하는 것을 찾기는 어렵다. 책을 선택한 동기에 따라 그 과정이 달라질 수밖에 없기 때문이다. 서울대가 요구하는 구성은 '동기 - 평가 - 영향'이지만, 이 사례들을 보면 평가 부분에 많은 변화가 있음을 볼

수 있다. 이는 모집 단위에 따라, 글쓰기 목적에 따라 적절한 변화가 가능하다는 것을 보여준다. 따라서 평가 부분에 변화를 두되 책을 읽게 된 동기와 학생 개인에게 미친 영향을 기술하여 학생 개인의 독서활동에 대한 의미부여를 해야 할 것이다.

지금까지 서울대 학생부종합전형에 합격한 자기소개서 사례를 학업노력 및 학습경험, 의미 있는 활동, 학교생활, 도서목록 순으로 분석해 보았다. 이러한 분석을 토대로 본다면, 자기소개서는 어떤 일정한 틀에 의해 작성되기보다는 학생 개인의 경험과 노력 과정에 의한 개성적인 글쓰기가 요구된다. 따라서 자기소개서는 3년 간의 교과 및 비교과 활동 중, 의미 있는 활동에 대한 과정적, 개성적 글쓰기여야 한다.

3 서울대 자기소개서 양식

1. 고등학교 재학 기간 중 학업에 기울인 노력과 학습 경험에 대해, 배우고 느낀 점을 중심으로 기술해 주시기 바랍니다. (1,000자 이내, 띄어쓰기 포함)

2. 고등학교 재학 기간 중 본인이 의미를 두고 노력했던 교내 활동을 배우고 느낀 점을 중심으로 3개 이내로 기술해 주시기 바랍니다. 단, 교외 활동 중 학교장의 허락을 받고 참여한 활동은 포함됩니다. (1,500자 이내, 띄어쓰기 포함)

3. 학교생활 중 배려, 나눔, 협력, 갈등 관리 등을 실천한 사례를 들고, 그 과정을 통해 배우고 느낀 점을 기술해 주시기 바랍니다. (1,000자 이내, 띄어쓰기 포함)

4. 고등학교 재학 기간(또는 최근 3년간) 읽었던 책 중 자신에게 가장 큰 영향을 준 책을 3권 이내로 선정하고 그 이유를 기술하여 주십시오.
   ▶ '선정 이유'는 각 도서별로 띄어쓰기를 포함하여 500자 이내로 작성
   ▶ '선정 이유'는 단순한 내용 요약이나 감상이 아니라, 읽게 된 계기, 책에 대한 평가, 자신에게 준 영향을 중심으로 기술

4 서울대 합격생 사례 ✔

✔ 서울대 합격생 사례는 서울대학교 입학본부(2016c)에서 인용함.

사례 1: 인문대학 인문계열

(경기 소재 일반고, 국어 1, 영어 1, 수학 1, 사회 1.1, 과학 1.28, 생활교양 1)

〈교내 수상〉

백일장대회 / 최우수상(1위)	2013.5.29.
영어토론대회 / 최우수상(1위)	2013.7.19.
수학경시대회 / 우수상(2위)	2013.9.27.
백일장(산문) / 우수상(2위)	2014.5.23
영어토론대회 / 최우수상(1위)	2015.6.22.
수학창의력탐구대회 / 장려상(3위)	2015.6.22

1. 학업노력 및 학습경험

'아는 만큼 보인다.'라는 말이 있습니다. 하지만 저는 '아는 만큼 즐겁다.'가 더 맞는 표현인 것 같습니다. 영어를 심도 있게 공부하고 싶어 2학년 때 클러스터 심화영어독해독서 수업을 신청해 들었습니다. 영어 독서 수업에서 원서 '해리포터'를 읽고 다양한 시각으로 그 내용을 살펴보자는 취지로 각자 관심 주제를 정해 발표하게 되었습니다. 마침 저는 활동하고 있던 신화탐구 동아리에서 신화학자인 조지프 캠벨의 생애에 대해서 공부하고 있었습니다. 그가 만든 영웅 서사의 12단계 중 Departure 단계가 일상, 모험의 소명, 소명의 거부, 스승과 만남의 4단계로 이루어져 있음을 알게 되었습니다. 평범한 소년이었던 해리가 마법 학교에서 입학 허가장을 받고, 자신이 마법사라는 사실을 처음에는 믿지 않다가 결국 해그리드와 함께 학교로 떠나는 내용이 이에 해당한다고 생각되어 '해리포터 책이 신화의 영웅 서사 구조를 충실히 따랐기 때문에 보다 탄탄한 내용을 이뤄 21세기를 대표하는 성장소설이 될 수 있었다.'라는 내용으로 발표를 준비했습니다. 발표는 좋은 평가를 받았고, 특히 선생님께서 흥미로운 주제라고 칭찬해주셔서 뿌듯했습니다. 여기서 더 나아가 인상 깊게 본 영화 '향수'를 비롯한 다양한 미술 작품과 영화 등에서도 원시 신화의 모티프를 찾아보자는 생각을 하게 되었고, 이를 바탕으로 신화탐구반의 활동 책에 들어갈 제 소논문인 '문화컨텐츠 속의 신화'라는 글을 구상했습니다. 이 소논문과 다른 활동 자료를 한국장학재단에 응모해 '인문 100년 장학금'을 받게 되었습니다. 하나의 배움이 다른 탐구의 토대가 되고, 기존에 알고 있던 지식들이 하나의 긴 실처럼 꿰어져 작은 결실을 맺는 경험은 새롭고 즐거운 것이었습니다. 이러한 경험을 많은 사람들과 함께 나누면 좋겠다는 생각이 들었습니다. 사람들이 지적 경험을 더욱 풍요롭게 할 수 있도록 사고와 배움의 방향을 정하고 기획하여 지적 성장을 도울 수 있는 사람이 되고 싶습니다.

2. 의미 있는 활동

영화와 책을 본 뒤 그에 담긴 메시지를 깊이 생각해 보는 습관은 새로운 시각으로 세상을 볼 수 있게 했습니다. 영화 '브이 포 벤데타'의 '사람들이 하고 싶은 말이 무엇인지 알려면 가면을 씌워라'라는 대사에 감명 받아 윤리 시간에 인터넷 실명제 찬반 토론에서 실명제를 주장하는 다수의 학생들과는 다른 관점을 제시할 수 있었습니다. 많은 학생들과 인생의 교훈을 주는 좋은 영화들을 통해 배움을 얻고자 영화평론부를 만들었습니다. 저는 영화평론 VOD를 소개한 뒤 키워드를 중심으로 평론 활동을 할 수 있도록 활동지를 만들었습니다. 처음에는 영화의 줄거리만 쓰는 부원이 많았지만 꿈을 찾아가는 청소년 영화를 보고 '돌연변이'라는 키워드로 청소년기를 비유하는 등 평론을 구체적으로 하게 되었습니다. 동아리 활동에 적극적으로 참여하면서 좋은 영화를 제게 추천해주는 부원도 생겼습니다. 이를 통해 다른 사람들에게 영화뿐만 아니라 다른 예술과 인문학을 즐기는 방법을 제시해 삶의 질과 만족감을 높이는 일을 하고 싶다고 생각했습니다.

　2학년 진로 수업에서 자신의 꿈에 대해 발표하는 시간이 있었습니다. 저는 영화, 미술, 소설가의 삶 등 다양한 사례를 들어 제가 원하는 삶은 '아름다움을 존중하고 전수할 수 있는 사람이 되는 것'이라고 발표했습니다. 이것을 계기로 인문학적 지식을 재료로 삼아서 사람들에게 감동을 주는 프로그램을 기획하는 일을 하고 싶다고 꿈을 구체화시킬 수 있었습니다. 발표를 준비하면서 TED의 책임자인 크리스 앤더슨이 쓴 프리젠테이션 방법에 대한 글을 읽으며, TED에서 프레젠테이션을 통해 사람들에게 아이디어를 알리고 세상을 변화시키고자 하는 것을 알게 되었습니다. 인문학적 지식을 통해서 사람들이 더 좋은 삶을 살 수 있도록 돕고 싶다는 저의 꿈과 비슷하다고 생각했습니다. 짧은 영상들이 단편적으로 업로드 되는 TED 강연과는 달리, 큰 테마 안에서 다양한 인문학 컨텐츠를 기획해서 사람들에게 널리 알리고 함께 공유하고 싶다는 생각을 하게 되었습니다. 폭 넓은 지식을 쌓고자 한 권의 책을 읽을 때 그 관련 서적을 찾아 4권 정도의 책을 동시에 읽는 독서를 했습니다. '걸리버 여행기'를 읽으면서 책 속에 담긴 과학적 원리에 대해 설명하는 '걸리버 과학 탐험기'나 조너선 스위프트의 전기 등을 함께 찾아 읽어보면서, 18세기 현미경의 발달과 미생물 관찰 일러스트레이션 등이 작품 속의 세계인 소인국 릴리풋과 거인국 브롭딩내그에 반영되어 있다는 사실을 알게 되었습니다. 과학과 문학처럼 동떨어져 보이는 분야들도 서로 긴밀하게 엮어 있다는 것과 문학을 매개로 당시 과학자들이 가진 인식의 문제점을 비판할 수 있다는 사실이 놀라웠습니다. 문학을 읽는 것에서 시작한 과학 공부는 색다르고 재미있었습니다. 과학계의 사조가 어떤 과정을 통해 형성되는지 자세히 알고 싶어 에든버러 대학교의 MOOC 강좌 'Philosophy and the Sciences'를 찾아 들었습니다. 이러한 경험을 통해서 주체적으로 배움을 찾아 가는 태도를 가지게 되었습니다.

3. 학교생활

고교 3년간 친구들과 함께 초등학생들에게 영어를 가르치는 봉사활동을 했습니다. 원래는 8품사 개념을 PPT로 정리해 가르쳤지만 어린 학생들은 지루해했습니다. 낮아지는 출석률을 보고 수업 수정 방안에 대해 친구들과 협의했습니다. 고민 끝에 수업차시 중 절반은 아이들이 관심을 가질만한 주제를 정해서 테마 수업을 하기로 했습니다. 선사 시대, 신화, 태양계 등을 주제로 삼아 아이들의 참여를 높일 수 있는 게임과 활동지를 함께 만들었습니다. 태양계 수업 때 solar system song을 준비해 따라 부르게 하자 학생들은 수업에 흥미를 보였고 행성의 순서, 특징까지 기억했습니다. 이런 방식으로 독창적인 커리큘럼을 구성할 수 있었고, 수업 만족도도 높아졌습니다. 수업을 진행하는 사람은 한 명이지만, 나머지 친구들이 서로의 도우미가 되어 수업 중 아이들의 반응을 관찰하고 서로에게 도움이 되는 자료를 공유했기에 가능했던 것이었습니다. 협력이 이루어지기 위해서는 각자 맡은 일만을 하는데 그치지 않고 서로의 어려움에 관심을 가지고 도움을 주고받는 것이 중요함을 알게 되었습니다.

내가 살고 있는 지역사회에 기여하자는 취지의 사회참여 수행평가가 있었습니다. 신설인 우리 학교는 버스 정류장이 학교 바로 앞에만 있고 맞은편에는 없었습니다. 가로등도 거의 없어 학생들이 무서워했습니다. 조장인 저는 조원들과 함께 이 문제를 해결해 보기로 했습니다. 우선 전교생을 대상으로 정류장 설치에 대한 설문조사를 시행하고, 행정실장님의 도움을 받아 시청 민원실을 방문해 정류장 설치를 촉구하는 진정서를 제출하였습니다. 비록 정류장 설치는 교통사고 증가 우려로 거절되었지만 가로등이 추가로 설치되었습니다. 청소년인 우리가 지역 사회의 문제 상황에 대해 힘을 모아 노력한 것이 변화로 이어졌다는 사실이 뿌듯했습니다. 작은 참여들이 모이는 것이 중요하다는 것을 깨닫고 학생자치회 봉사부 부장으로써 축제 때 많은 학생들이 헌옷을 모아 기부하는데 참여하도록 ○○ 캠페인을 홍보하는데 앞장섰습니다.

4. 도서목록

불안(알랭 드 보통 저/ 정영목 역)

옮긴이의 말을 보며, 불안이라는 개인의 심리적 상태를 현대 사회의 문제로 인식하고 해결책을 제시하고자 하는 작가의 생각이 흥미롭게 느껴져 이 책을 읽게 되었습니다. 책은 불안이 발생하는 원인을 프로테스탄티즘과 자본주의 등과 연결시키면서, 해결책을 제시하고 있습니다. 예술의 역할이 무엇인지 항상 궁금했는데, 이 책을 통해 예술이 현대인의 불안을 해소해 준다는 것을 알게 되었습니다. 작가는 '미들마치', '맨스필드 파크'와 같은 소설뿐만 아니라 풍자만화, 지면 광고의 사례를 들어가며 예술 작품 속의 의미를 이해하는 감상 활동을 통해 불안을 해결할 수 있음을 보여 줍니다. 저도 다양한 분야의 지식을 이용해서 사람들이 아름다움을 제대로 감상하고 행복한 삶을 사는데 도움을 주는 일을 하고 싶습니다. 나아가 개인의 삶에만 초점을 맞추는 것이 아니라 사회 문제에 대해 알리고 해결하는데 적극적으로 참여하는 지식인이 되고 싶다고 생각했습니다.

하이브리드 시대의 문학(김성곤 저)

영문학사에 대한 책을 읽으면서 20세기 후반부터 현대 소설의 특징이나 사조를 딱 집어 말하기 어려워졌다는 사실을 알고, 그렇게 된 이유가 무엇일까 궁금해 이 책을 찾아 읽었습니다. 책을 읽으면서 세계화, 정보화로 인해 트랜스내셔널리즘, 그래픽 노블 등의 새로운 장르들이 생겨났다는 사실이 흥미롭게 느껴졌습니다. 책을 읽은 후, 이 장르들을 어떤 요소들이 결합했는지에 따라 새롭게 분류할 수 있겠다는 생각이 들었습니다. 그래서 제 나름대로 공간, 시간, 장르, 영역 간 하이브리드 등의 카테고리를 만든 뒤 그에 속하는 문학 작품들을 찾아보았습니다. 문학이 사회 변화에 적응하면서 점점 다채로워지는 역동적 학문이라는 생각을 갖게 되었고, 영문학에 대한 저의 호기심도 더욱 커졌습니다. 그리고 책 속의 개념을 적용해 분류 체계를 만드는 경험을 하면서, 책의 내용을 보다 잘 이해할 수 있었기에 이후에도 책을 읽은 뒤에 적극적으로 독후 활동을 계획하고 실행하게 되는 계기가 되었습니다.

리스본행 야간열차(파스칼 메르시어 저/ 전은경 역)

처음에는 주인공이 답답한 일상에서 벗어나 겪게 되는 이색적인 모험에 관한 내용인 줄 알고 호기심에 이 책을 읽게 되었습니다. 예상과 달리, 이 책은 다양한 삶의 모습을 저에게 보여주었습니다. 고전문헌학자 그레고리우스는 아마데우 프라두의 책을 읽고 그의 삶에 대해 알아보고자 열차를 타고 리스본에 갑니다. 그는 프라두와 관련된 많은 사람들과 대화를 하면서 지나온 삶을 새로운 시각으로 바라보게 됩니다. 이미 충분한 지식과 연륜이 있는 그가 여행을 하며 자신을 돌아보고자 하는 자세는 기존에 자신이 만든 틀에 갇히지 않고 도전하는 것처럼 보였습니다. 저도 이러한 태도를 본받아 최대한 많은 학교활동에 빠짐없이 참여하려고 했습니다. 어떤 경험이 나에게 '리스본행 야간열차'가 될지는 모르는 일이기 때문입니다. 학교 활동들을 하면서 다양한 꿈을 가진 친구들을 만났고, 제 자신의 꿈도 찾을 수 있었습니다. 이러한 경험을 통해 고등학교 생활을 좋은 추억으로 남길 수 있었습니다.

사례 2: 인문대학 인문계열

(부산 소재 일반고, 국어 1.29, 영어 1.32, 수학 1.18, 사회 1.15, 과학 1, 생활교양 2.29)

〈교내 수상〉
토론대회 / 은상(3위)	2013.7.19.
교내글짓기대회 / 우수상(2위)	2013.11.7.
수학경시대회 / 최우수(1위)	2014.5.20.
영어경시대회 / 금상(1위)	2014.7.7.
동아리연구발표대회 / 우수(2위)	2014.12.31

1. 학업노력 및 학습경험

까마귀는 과연 검은가? 당연하다고 대답하기 쉬운 이 질문에 연암 박지원은 다르게 대답했습니다. '까마귀를 검다고 말하는 것은 까마귀의 비취빛과 붉은 기를 제대로 보지 않고 마음으로 먼저 정해버리고 표현하는 것이다.' 하이데거가 썼듯이 언어가 존재의 집이라면, 집을 확장하기 위해 내벽을 무너뜨리듯이 언어의 상투성을 공격해야 한다고 연암은 제게 가르쳐 주었습니다. 문학 시간에 배운 첫 박지원의 작품인 〈한바탕 울 만한 자리〉는 눈물을 단지 슬픔에서 비롯되었다고 말하는 것의 안이함에 대해 말했습니다. 고정관념을 무너뜨리는 그의 태도에 깊은 인상을 받은 저는 그의 문학 세계를 탐색하기 위해 '연암9전'과 '열하일기'를 읽었습니다. 그의 책 속 다양하고 생생한 인간 군상이 그려내는 리얼리즘에서 말몰이꾼조차 가볍게 보지 않았던 그의 인간존중을 읽어낼 수 있었습니다. 그리고 박지원의 유머가 가진 문학적 기능을 탐구하기 위해 고미숙 고전평론가의 열하일기 강론을 들었고 박지원의 유머는 기존의 권력 관계를 비틀며 그 부조리함을 드러내는 전복적인 상상력에서 나온다는 것을 알게 되었습니다. 박지원의 유머와 대척점에 서서, 약자를 조롱하는 유머가 tv쇼 등을 통해서 널리 퍼져있는 실태를 비판적으로 인식하게 되었습니다. 동시대인의 시선으로 본 박지원의 모습을 알기 위해 읽은 종북소선 연구서 '연암과 선귤당의 대화'는 제가 본래 알고 있던 비평의 형식에서 완전히 벗어난 창조적인 비평을 보여주었으며 교육청 독서토론대회에서 '연암9전'과 '프로테스탄트 윤리와 자본주의 정신'을 비교론적인 관점에서 비평했습니다. 박지원에 관한 탐구를 통해 문학이 만들어내는 낯선 자극이 하이데거의 말처럼 개인의 사유의 영역을 확장시킬 뿐만 아니라 사회의 구조적 모순을 드러내고 재고하게 만든다는 사실을 알게 되었습니다. 그러한 인식이 이성에 부합할 뿐만 아니라 즐거움을 주고 마음을 움직인다는 사실이 절묘하게 느껴졌습니다. 대학에서의 심화된 탐구를 통해 문학의 이러한 절묘한 아름다움을 알리는 나팔수인 비평가가 되겠습니다.

2. 의미 있는 활동

독서토론동아리 '광장'은 이명준이 그리던 이상적인 '광장'에서 이름을 유래했습니다. 몇 권의 책들과 함께 저만의 밀실에 틀어박혀 있던 제게 동아리 광장은 좀 더 많은 대화의 가능성을 열어주었습니다. 동아리의 문을 두드린 최초의 동기는 제가 소중히 여기는 가치들을 옹호하는 말하기 방법을 배우기 위해서였습니다. 하지만 저는 동아리 활동을 통해서 더욱 중요한 능력인 듣는 방법을 배웠습니다. 열렬하게 준비했던 첫 토론이 끝났을 때, 다들 자기가 준비해온 것들을 읽기에 바빠 상대방의 말을 듣지 않았다는 선배들의 따끔한 심사를 들었습니다. 저는 제 자신을 광장이 아닌 연단 앞에 세우려고 했으며 연단을 높이 하기 바쁜 사람은 아무것도 배울 수 없음을 깨우치고 반성했습니다.

밀실에서 광장으로 나오기 위한 또 다른 시도의 일환으로, 저는 3회에 걸쳐 독서방송을 진행했습니다. 독서방송은 학교방송을 통해 책에 대해 자유로운 주제로 이야기하는 활동이었습니다. 비평의 형식을 빌려 다른 사람들 앞에서 발표했던 최초의 경험이었습니다. 저는 〈숨그네〉를 표현기법 중심으로 비평했고, 두 번째 방송에선 SF소설의 정의와 장르적 특색을 논하며 작품을 추천했습니다. 그리고 세 번째 방송에선 남미문학의 환상성이란 주제로 발표했습니다. 독서방송을 준비하는 과정에서 저만을 위한 글쓰기가 아닌 듣는 이를 염두에 둔 글쓰기란 어떤 것인지 느꼈습니다. 그리고 저와 생각이 다르거나, 방송을 들은 후 책을 찾아본 친구들과 이야기를 하며 더 많은 생각과 대화의 가능성을 만드는 것의 중요성을 실감했습니다. 그리고 제 글이 그러한 열정이 실천될 수 있는 장이 되게 하겠다는 목표를 가지게 되었습니다.

2학년 때는 포토에세이집 '광장, 13인의 시선'을 만드는데 있어 편집장으로 활동했습니다. 토론과 각종 사설을 읽는 활동을 통해 얻은 문제의식을 기반으로 수필이나 비평을 쓰는 것이 목표였습니다. 저는 청소년들의 언어습관에 대한 현황자료와 비판은 많지만 청소년들의 부정적인 언어습관을 만들어내는 기저의 가치관이나 구조의 문제를 지적하는 글은 드물다고 생각했습니다. 그래서 저는 청소년의 자기애 부족과 자아존중의 결여가 언어 습관에서 나타나며 그 이면에 줄세우기 일변도의 교육과 물질주의 세태가 자리 잡고 있다는 논지의 문화비평을 썼습니다. 저도 청소년인 입장에서 지나치게 감정적인 글쓰기가 될지도 모른다는 우려가 있었습니다. 비평적인 거리를 확보하는 감각을 얻기 위해 '집요한 자유'와 '유토피아라는 물음', '비인칭적인 것'과 같은 문학비평, 영화비평, 메타비평 등을 직접 찾아 읽었습니다. 더불어 비평을 어려워하는 친구들에게 도움을 줄 수 있었습니다. 현상에 해석의 다양한 층위를 부여한다는 점에서 비평에 매력을 느꼈습니다. 그리고 문학뿐만 아니라 사회를 총체적으로 볼 수 있게 해준다는 점에서 문학 애호가들을 넘어서 시민 전반에 보편적으로 읽혀야 한다고 생각하게 되었습니다. 비평 읽기를 대중화할 수 있는 비평가가 되기 위해 대학에서 공부하고 싶습니다.

3. 학교생활

저에게 있어 3년간의 간부 경험은 진정한 협력의 의미를 깨닫게 해준 시간이었습니다. 반장으로서 제가 느꼈던 가장 큰 어려움은, 우연히 같은 반이 되었다는 이유 하나만으로 원하는 바도 가치관도 제각기인 30 명가량의 개인들이

한가지로 움직여야만 한다는 것이었습니다. 학교는 단체생활이 이루어지는 곳이므로 어느 정도는 감안해야 했습니다. 하지만 협력이란 이름 아래에 다수의 것과 다른 의견을 배제하는 분위기는 불합리하다고 생각했습니다. 반장이 되어서 그 모순을 인정하되 최대한 다양한 요구를 반영하는 방향으로 학급의 분위기를 이끄리라고 결심했습니다. 저는 이를 위해 학급회의를 실질적으로 활용하기 위해 노력했습니다.

1학년 때 학급회의를 통해 모두가 만족할 수 있는 학급별 체험활동 계획을 짰습니다. 즐거움을 나눌 수 있는 시간을 가지고 싶었던 저는 농산물도매시장으로 견학 가서 채소 모종을 사고 손수 길러 여성단기보호시설인 헬렌의 집에 기부를 해 보는 게 어떻겠냐고 물었습니다. 제 제안은 호응을 얻었고 실행되었습니다. 저희는 주체적으로 결정된 내용을 행동으로 옮길 때의 기쁨을 맛보았고, 그것이 내 주변인들까지 행복하게 만들어 준 경험이었기에 더욱 보람을 느꼈습니다.

3학년 때, 주말을 잘 활용하는 방법으로 기상시간 인증제를 실시할 것을 학급회의에 건의했습니다. 반의 단체 채팅방에서 기상시간을 사진으로 찍어 올려 인증하는 제도였습니다. 저를 비롯해 불규칙한 수면습관을 가졌던 친구들은 이 인증제를 통해 좋지 않은 습관을 강하게 자각했고 고쳐나가기 시작했습니다. 주말동안 일정한 기상시간을 유지한 덕에 저희 반은 월요일에도 좀 더 맑은 시간으로 깨어있을 수 있었습니다. 저는 위와 같이 학급 회의를 당면한 문제를 해결하는데 뿐만 아니라 창조적으로 현 상황을 개선시키기 위해 할 수 있는 일들을 만들며 적극적으로 이끌어나갔습니다. 그리고 이러한 경험은 협력이 여럿이서 하나의 목소리를 내는 것이 아닌 다양한 목소리를 내면서도 서로를 존중하고 조화를 찾아가는 것이라고 생각하게 만들었습니다.

4. 도서목록

페미니즘 정전 읽기 – 근대소설편(송명희 저)

〈빨래하는 페미니즘〉과 〈자기만의 방〉을 읽으며 여성이 문학을 통해 자신의 목소리를 내고 동등한 인간임을 역설해온 역사를 개략적으로 살펴볼 수 있었고 한국에서는 이러한 논의가 언제 시작되었고 어떻게 진행되었는지 알고 싶었습니다. 그러한 계기로 인해, 성평등 사상이 확산되고 여성이 주체가 된 목소리가 등장하기 시작한 근대의 여성 소설을 공부하고자 이 책을 읽게 되었습니다. 나혜석, 백신애, 지하련과 같은 여성 작가의 글들은 같은 시기 남성 작가의 글들에 결코 문학적으로 뒤처지지 않다고 느꼈으며 그럼에도 불구하고 그녀들의 이름을 교과서에서 보는 것은 왜 힘든지, 그리고 왜 여전히 널리 읽히지 않는지 의문이 들었습니다. 〈근대여성문학사론〉과 함께 읽으며 그런 저평가 받은 여성작가들을 알리고 바르게 조명하기 위해 끈질기게 노력했던 여성 비평가의 존재를 알게 되었습니다. 그녀와 같이 사회적 소수자의 목소리를 담은 문학을 양지로 끌어올리는 비평가가 되고 싶다는 소망을 품게 되었습니다.

여장남자 시코쿠(황병승 저)

'아름답고 멋지고 열등한'이란 시를 통해 황병승 시인을 알게 되었습니다. 사랑에 대한 도취적인 예찬을 늘어놓다가 느닷없이 적나라한 비속어를 내뱉는 이 시의 반전과 유머에 마음을 빼앗겼고 황병승 시인의 다른 시를 읽기 위해 시집 '여장남자 시코쿠'를 찾게 되었습니다. 말장난과 도무지 의미를 찾을 수 없는 모순적인 대화로 점철된 그의 시는 분명히 매력적이었지만 어떻게 해석해야 할지 알 수 없었습니다. 그때, 수전 손택의 메타 비평 〈해석에 반대한다〉를 읽고 제가 어떤 식으로 그의 시를 받아들여야할지 갈피를 잡을 수 있었습니다. 현대시에서 중요한 것은 사물의 반짝임을 그 자체 안에서 경험하는 것, 있는 그대로의 사물을 경험하는 것을 의미하는 투명성이란 그녀의 선언을 토대로 그의 시를 해석의 강박관념에서 벗어나서 감각적 경험 자체로 즐길 수 있었습니다. 그의 파격적인 시를 통해 제가 상식이자 성역이라고 생각했던 시에 대한 관념이 실은 언제든 침범당할 수 있는 영역이었음을 깨달았습니다.

문학은 자유다(수전 손택 저 / 홍한별 역)

〈해석에 반대한다〉를 통해 알게 된 수전 손택이 반전주의자로서 낸 목소리가 궁금했던 저는 그녀의 유작 '문학은 자유다'를 읽었습니다. '문학은 자유다'라는 명제는 간결하면서 동시에 위력적으로 제게 다가왔습니다. 그 자유를 위해 헌신했던 역사가 그녀의 글에 고스란히 새겨져있었기 때문입니다. 비평가로서 그녀의 글은 문학을 향한 열정과 진실한 예찬으로 저를 감화시켰으며, 실천하는 지식인으로서 그녀의 글은 다양한 목소리의 옹호와 문학을 통한 인류애의 실천을 제게 보여주었습니다. 특히 세르주의 소설에 대한 그녀의 비평 '소멸되지 않음'은 정치성이 문학을 순수하지 않게 만들거나 도구화시키는 것이란 본래의 고정관념을 바꾸었습니다. 때로는 그 정치성이 더 큰 호소력과 아름다움을 불어넣는다고 생각하게 되었습니다. 그 아름다움은 유치환의 시 '깃발'에서 푸른 해원을 향해 펄럭이는 깃발의 아름다움과 같다고 느꼈습니다. 그것은 진실성과 이상의 끊임없는 옹호으로부터 발현하는 것이었습니다.

사례 3: 자연과학대학 지구환경공학부

(서울 소재 일반고, 국어 1.59, 영어 1.23, 수학 1.46, 사회 1, 과학 1.48, 생활교양 1.64)

〈교내수상〉
과학경시대회(지구과학) / 장려상(6위)   2014.5.21.
과학실험경시대회(지구과학, 공동수상 2인) / 은상(2위)   2014.12.10.
과학논술경시대회(화학부문) / 금상(1위)   2015.6.3.

1. 학업노력 및 학습경험

고등학교 생활 동안 스스로 알아가는 과정 속에서 배움의 즐거움에 대해 알게 되었습니다. 지구과학 시간에 편동풍 파동에 대해 배우면서 기압골의 상승기류, 하강기류의 발생 원인에 대해 궁금증이 생겼습니다. 인터넷을 통해 조사를 해본 결과 와도이류와 온도이류를 이용해 이 현상을 설명한다는 것을 알게 되었습니다. 처음 들어보는 용어라 이해하기 힘들었지만 온도이류가 지상에서 일어나는 일반적인 현상과 비슷하다는 것을 유추해 이해했습니다. 하지만 와도이류는 고등학교에서 배운 내용으로는 접근하기가 어렵다는 것을 느꼈고 지구환경과학부에 진학해 이 부분에 대해 심도 있게 배우고 싶다는 생각을 하게 되었습니다. 지구과학뿐만 아니라 다른 과목도 알아갈수록 새로운 사실과 궁금한 것이 많아졌고 배움이란 호기심을 채워가는 끝없는 과정이라 생각했습니다.

평소에 기상현상에 관심이 많던 저는 학교에서 슈퍼컴퓨터를 이용한 날씨예측에 관한 강의를 듣고 기상전문가라는 꿈을 확고히 가지게 되었습니다. 또 한국형수치예보모델을 개발하여 세계에서 인정받는 알고리즘이 되기 위해 노력하고 있다는 강의 내용을 배웠을 때 그 과정에 참여해 한국형수치예보시스템의 국제화에 이바지 하고 싶다는 포부가 생겼습니다.

2학년 때 생명과학이 어렵게 느껴져 제 기대에 미치지 못했습니다. 공부방식이 잘 못 됐다는 것을 깨닫고 3학년이 되고 나서는 생명과학을 암기 위주가 아닌 기본 개념을 이해하는 방법으로 공부했습니다. 예를 들어 DNA복제과정에서 프라이머로 인하여 DNA가 짧아져야 하는 것이 아닌가라는 생각을 하게 되었고, 선생님께 질문을 해 답을 얻어냈습니다. 교과서에 나와 있는 부분은 아니지만 이 질문을 통해 DNA복제과정에 대해 더 구체적으로 이해할 수 있었습니다. 또 자유 리보솜과 소포체 부착 리보솜의 기능, 골지체에서의 단백질 분류방법은 분자 생물학 책을 통해 알 수 있었습니다. 제가 궁금해 했던 것보다 더 많은 것을 배울 수 있었고 이러한 과정이 깊이 있게 공부할 수 있는 토대를 만들어 준다는 것을 느꼈습니다.

2. 의미 있는 활동

2학년 때 전공 소개 프로그램을 통해 지구 온난화의 가속화를 막는 방법인 CCS(이산화탄소 포집 및 저장)기술에 대해 알게 되었습니다. 창의체험 소논문 작성 시간에 논문주제를 'CCS 기술의 정의, 과정, 방법'으로 정하고 인터넷을 통해 여러 논문을 찾았습니다. CCS기술이 획기적이지만 에너지와 비용이 많이 들고 지층 사이의 공극에 저장해 둔 이산화탄소는 시간이 지나면 다시 대기 중으로 나온다는 것을 알게 되었습니다. 조사를 하면서 이산화탄소가 나오는 연료의 사용을 최대한 줄이는 방법에 대해 연구하는 것이 지구 온난화가 지속되는 것을 막을 수 있는 더 효율적인 방법이라는 것을 느꼈습니다.

고등학교 과학 수업은 내용을 중심으로 하기 때문에 많은 실험을 하지는 않았습니다. 그래서 저와 친구들은 수업 시간에 배운 내용을 직접 실험해보고자 자율 동아리를 만들고 실험 과정을 보고 싶은 후배들을 위해 사진과 동영상을 찍어 어플을 제작했습니다. 처음에는 서로 시간이 맞지 않고, 실험 방법에 대한 의견이 달라 순조롭게 진행하기가 어려웠습니다. 이 문제를 해결하기 위해 시간이 날 때마다 모여 친구들과 솔직한 대화를 나눴습니다. 이 과정에서 상대방의 생각을 경청하는 태도가 의견을 하나로 모으는데 중요하다는 것을 느꼈습니다. 대화를 통해 얻어낸 결과는 서로의 역할분담으로 이어졌고 성격이 꼼꼼한 저는 준비물 챙기기와 실험실 사용 허락받기를 맡았습니다. 역할분담은 실험을 순조롭게 이뤄 낼 수 있었고 서로의 시간에 맞추기 위해 양보를 하다 보니 실험 일정을 세울 수 있었습니다. 실험을 진행할 때 필요한 이론들을 자세히 배우고자 선생님의 수업을 더욱 집중하여 들었고 이런 점은 공부 습관에도 좋은 영향을 주었습니다. 동아리 활동을 하면서 각자의 책임감과 조원들 간의 협동심이 얼마나 중요한지를 알 수 있었습니다.

이전에는 회장이라면 목소리가 크고 자기주장이 강한 사람이어야 한다고 생각했습니다. 하지만 반을 하나로 만들고 포용하는 것에 자신이 있었기에 색다른 회장의 모습을 보여주고자 회장 선거에 나갔습니다. 회장이 되고 가장 신경 쓴 부분은 공부할 수 있는 분위기를 만드는 것이었습니다. 학기 초에는 친구들이 쉬는 시간에 공부를 하거나 질문하는 등 학업에 열중하는 반을 만들어갔습니다. 하지만 중간고사가 끝난 후 점점 반 분위기가 흐트러졌습니다. 이 문제를 해결하기 위해 학급회의 시간을 이용하여 반 분위기 개선을 위한 방안을 같이 생각해보자고 제안했습니다. 그 결과 '쉬는 시간에 질문을 할 때는 작은 목소리로 말하기, 자리에서 이동 할 만들 수 있었습니다. 평소 저는 친구들의 의견을 수렴만 하고 제 의견을 자신감 있때는 조용히 걷기' 등이 채택 되었습니다. 이 과정을 통해 학기 초의 분위기를 다시 게 말하지 못하는 성격이었습니다. 그러나 용기를 내어 과감히 추진한 저의 행동이 반 친구들을 바꿀 수 있었습니다. 리더의 역할이 남의 의견을 수용만 하는 것이 아니라 때로는 자신의 생각을 잘 전달하여 타인을 설득할 줄 알아야 한다는 것을 배웠습니다.

3. 학교생활

1학년 때 학교 시험 전 학급의 부장들과 함께 과목을 지정해서 예상문제를 만들어 반 친구들에게 배포했습니다. 저는 과학부장으로서 화학1과 공통과학 문제를 내기로 했습니다. 처음에는 시간을 뺏기는 것 같고 공부하는데 도움이 되지 않는 것 같다는 생각에 불안했습니다. 하지만 반 친구들에게 문제를 나눠

주고 문제 풀이를 하면서 생각이 달라졌습니다. 제 설명을 열심히 듣고 문제풀이에 열중하는 친구들을 보며 더 꼼꼼히 준비해야겠다는 생각에 책임감이 커졌습니다. 문제를 내면서 간과했던 부분을 다시 볼 수 있었고 내용 정리도 함께 할 수 있었기 때문에 학업 향상에도 도움이 되었습니다. 많은 사람들 앞에서 말하는 것에 두려움이 있었는데 친구들 앞에서 설명하고 이해시키면서 그런 두려움을 해소할 수 있었습니다. 무엇보다 아는 것을 나눔으로써 나 자신도 많이 배우고 성장할 수 있는 기회가 되었습니다.

노인 복지 시설 유자원에서 꾸준히 봉사를 했습니다. 어르신들 식사시간에 보조해 드리기, 산책 시켜드리기, 심부름 해드리기 등 처음에는 수동적인 봉사활동을 했었습니다. 어느 날 거동이 불편하신 할머니께서 밖을 나가고 싶어 하셨습니다. 제 역할이 아니어서 외면했는데 할머니께서 제 손을 잡으셨습니다. 당황하여 모시고 나갔을 때 벚꽃을 보고 진심으로 좋아하시는 할머니의 모습에서 배려란 어려운 것이 아니라 함께 나누려는 마음만 있어도 된다는 것을 느꼈습니다. 또 외면하려 했던 제 자신을 반성했습니다. 그 후 저는 요양원 방문 시 어르신들이 하시는 체조도 같이 하고 말동무가 되어 드리기 위해 노력했습니다. 친할머니, 할아버지처럼 생각하니 함께 하는 활동들이 즐거웠고 따뜻함을 배웠습니다. 유자원에 할머니, 할아버지의 자녀분들이 오시면 서로 애틋해 하는 모습을 보고 가족의 소중함에 대해서도 느끼게 되었습니다. 봉사란 주는 사람, 받는 사람 모두에게 도움이 되는 작은 실천이라는 것을 배웠습니다.

4. 도서목록

세상을 바꾼 창조자들(이종호, 박홍규 저)

여러 과학 이론을 확립하기 위해 노력한 과정에 대해서 알고 싶어졌고, 세상을 보는 관점들에 대해 배우고 싶어 이 책을 선정하게 되었습니다. 기억에 남는 과학자는 베게너입니다. 베게너는 기상학자였는데 지질학자도 생각하지 못한 대륙이동설에 대해 주장했다는 것과 당시의 조롱과 비판에도 험난한 탐험을 통해 끝까지 증거를 찾으려 했다는 것이 인상 깊었습니다. 나의 의견에 대한 상대방의 비판이 두려워 상대방을 설득하려 하지 않고 포기하는 경우가 많았는데 베게너의 포기하지 않는 자세를 보면서 반성을 하게 되었습니다. 또 나의 의견에 자신감을 가지고 논리적으로 설득하는 것도 중요하다는 것을 배웠습니다. 요즘 사회에서 자유에 대한 논란이 많이 일어나고 있는데 이 책을 통해 존 스튜어트 밀의 자유에 대해 알게 되었습니다. 밀의 생각에 대해 알게 되면서 자유에 대한 좀 더 넓은 시각을 가지게 되었습니다. 자유와 다양성을 인정하면 이 시대의 정신이 진화할 수 있을 것 같다는 생각을 했습니다.

일기 예보를 믿을 수 있을까?(로베르 사두르니 저 / 정나원 역)

일기 예보에 관심을 가지고 있었지만 교과서에서는 일기 예보의 세부 과정에 대해 거의 다루지 않기 때문에 관련 책을 읽어 호기심을 채워나갔습니다. 수치예보모델의 격자점 간격을 아무리 좁게 만들어도 격자점 사이에 공간이 있기 때문에 완벽한 기상예측은 불가능하다는 것을 알게 되었습니다. 또 방정식의 값을 슈퍼컴퓨터도 정확한 값을 낼 수는 없다는 것에 기상학이 발전할 부분이 많다는 것을 느꼈습니다. 이 책을 읽기 전까지만 해도 시간이 지날수록 일기 예보의 오류가 줄어들 것이라고 생각했습니다. 하지만 초기 상태의 차이가 나중에는 큰 오류를 만든다는 것을 알게 되었고 기상 예측이 어려워진다는 것을 배우게 되었습니다. 완벽히 예측할 수 없다는 부분에서 도전의식이 생겨 지구환경과학부에 진학해 기상예측에 필요한 지식을 쌓고 싶다는 생각이 강해졌습니다.

아름다운 마무리(법정 저)

이 책은 아버지께서 마음을 평화롭게 해준다며 사주신 책입니다. '무엇을 위해 살았는지, 어떻게 살아왔는지, 과연 나 자신답게 살아왔는지를 묻는다.' 라는 문구를 보고 잠시 책을 덮고 진지하게 이 물음에 대한 답변을 생각해 보았습니다. 지금까지 앞만 보고 달려왔는데 지난날들을 생각하니 '내가 과연 가치 있는 삶을 살아온 것이 맞나'라는 생각이 들었습니다. 생각 끝에 가치 있는 것은 현재의 행복이라고 답했습니다. 각각의 사건이 가치를 가지고 있고 이 가치가 누적이 되면서 지금의 행복을 만들 수 있다고 생각하기 때문입니다. 배움에 대한 기대로 인하여 현재 저는 행복하기 때문에 가치 있는 삶을 살아 왔다고 자부할 수 있을 것 같습니다. 법정 스님의 질문을 통해 제 자신을 되돌아볼 수 있었고, 예전보다 자신감을 많이 얻어 자신의 의견을 분명히 말할 수 있게 된 저의 변화된 모습도 찾을 수 있었습니다.

사례 4: 자연과학대학 지구환경과학부

(경기 소재 일반고, 국어 1.16, 영어 2, 수학 1.25, 사회 1, 과학 1.08, 생활교양 1)

〈교내수상〉

토론보고서대회 / 최우수 (1위)	2013.6.10.
교내학생과학논술대회 / 우수(2위)	2014.5.14.
수학과학경시대회(지구과학부문) / 최우수(1위)	2014.7.16.
수학과학경시대회(수학부문—공동5명) / 장려(3위)	2014.7.18.
수리논술대회 / 장려상(5위)	2015.5.20.
과학올림피아드 학술대회(공동수상, 4인)	2015.7.9.

1. 학업노력 및 학습경험

꿈과 적성을 찾아 진로에 대해 고민하던 중에 우리나라가 발사체 개발기술력이 부족하여 어려움을 겪고 있는 것을 알게 되었습니다. 막연히 그와 관련된 공부를 하고 싶었고, 고교과목 중에서는 물리나 지구과학이 관련이 있었습니다. 그래서 1학년 과학을 배울 때부터 관련 분야에 관심을 가지고 교과공부를 했습니다. 특히 지구과학 분야의 천문, 대기, 해양 분야에 큰 흥미를 느꼈습니다. 따라서 우수심화과학 학술연구반에 참여해 위도와 경도, 해양항해에 대한 원리 등을 공부했고, 당연히 2학년 때도 지구과학을 선택하려고 했습니다. 그러나 지구과학은 선택하는 인원이 작아 성적을 얻기에 불리했습니다. '흥미'와 '점수' 사이에서 고민했지만 스스로를 믿고 우직하게 노력할 자신이 있었기 때문에 지구과학을 선택했습니다. 지구과학을 배우며 확실한 개념 이해를 위해 수업시간에 학습한 내용을 쉬는 시간에 바로 복습했습니다. 뒤늦게 복습을 하면 선생님께서 들어주셨던 예시나 반드시 이해해야 하는 부분을 놓칠 수 있기 때문이었습니다. 이런 습관을 들이다 보니, 수업에 더 충실히 임하였고, 궁금한 점은 질문을 통해 바로 해결할 수 있었습니다. 그로 인해 2학년 지구과학1에서 과목 석차 1등이 되었고, 교내 지구과학 경시대회에서도 최우수상을 받았습니다.

흥미를 느낀 과목에서 노력의 성과를 얻자, 적성이라는 생각이 들었습니다. 저는 저의 적성과 목표의 교집합을 찾고 싶었습니다. 그래서 지구과학과 발사체 개발의 연관성을 찾아보았습니다. 그 과정에서 대기과학과 교수님을 직접 찾아갔고, 교수님께서는 인공위성이나 발사체를 개발하는 일에 지구과학 전공 학생들이 참여하기도 하며 특히 대기과학, 위성학 등 전공과목과 관련된 내용과 학문 간의 연관성을 밝혀 주셨습니다. 이를 계기로 3학년때도 지구과학2를 선택해 공부하였고, 기계항공학과 보다는 대기과학분야를 비롯하여 지구시스템 전반에 관하여 공부할 수 있는 지구환경과학부에 진학하여 우리나라에 기술적, 학문적으로 기여를 하는 연구자가 되고 싶다는 목표를 정했습니다.

2. 의미 있는 활동

교내 과학실험 동아리 '○○'에서 고등학교 생활에 큰 영향을 준 활동들을 많이 경험 했습니다. 정규 고교과학 학습 과정 내에서는 과학 실험을 접해볼 기회가 많지 않았습니다. 이론뿐만 아니라 과학실험을 제대로 해보고 싶었기에 고등학교 1학년 때부터 다양한 실험을 할 수 있는 과학실험 동아리 '○○'에서 활동했습니다.'○○'에서의 활동 중 가장 기억에 남는 것은 '○○평생학습축제'에 참여한 경험입니다. 축제에서 저희 동아리는 과학 분야에 참가해 부스를 운영했습니다. 1학년 때 서울대학교 융합과학청소년스쿨에 참여해 '아두이노 회로' 구성을 다뤄 봤던 경험을 살려 팀원과 2인 1조로 프로젝트를 진행했습니다. 준비한 실험은 대중에게 과학을 재미있게 접할 수 있도록 흥미를 끌면서 쉽게 이해할 수 있는 '깜짝 상자'였습니다. '깜짝 상자'는 하단에 충격감지 센서가 달려있어 충격을 받으면 물체가 위로 튀어 오르는 실험물인데, 아두이노 회로를 이용해 직접 구현하는 계획을 세웠습니다. 프로젝트를 진행하는 과정에서 적당한 탄성을 지닌 용수철의 선정, RC모터의 성능 상의 문제, 피에조센서의 인식 오류 발생 등의 예상치 못한 문제들이 발생했고 해결하지 못했습니다. 결국 제한된 준비시간 내에 아두이노 회로를 이용한 LED전구시연으로 대체하여 아쉬움을 남긴 채 행사를 마무리하였습니다.

생각지 못한 여러 변수들을 통제하지 못한 이 실험은 제게 실패한 경험이 되었습니다. 저희는 실패한 경험을 토대로 교내 축제에서 다시 '깜짝 상자' 실험에 재도전했습니다. 전에 겪었던 문제에 대한 철저한 준비를 통해 축제에서 완성된 결과물을 선보일 수 있었고 노력의 결실을 맺을 수 있었습니다. 이 일을 통해 숱한 실패는 빛나는 성공의 발판이 된다는 것을 깨달았습니다.

저는 평소에 말을 빨리 하는 버릇이 있어서 발표할 때 의미 전달의 문제가 있다는 지적을 많이 받아왔습니다. 그래서 침착하고 조리 있게 말하는 능력을 기르기 위해 고민하던 중 교내토론대회가 있다는 것을 알고 참가했습니다. 토론대회는 3인 1조로 진행되었고, '선행학습금지법'이라는 논제가 매 토론마다 심화되는 방식이었습니다. 난감했던 점은, 대회가 'CEDA토론'이라는 낯선 형식토론으로 진행되는 것이었습니다. 저는 조장으로서 형식토론의 진행방식과 특징에 대해 선생님께 여쭤보고 조사한 내용을 조원들에게 설명했습니다. 다른 토론 조와 '모의 토론'을 진행해 조원들의 성향을 파악하였고 이를 바탕으로 조원들과 입론, 반박질문, 최종발언 등의 역할을 분담했습니다. 처음 해본 형식토론이었기에 미숙한 점이 많아 어려움이 따랐지만, 이를 보완해 토론대회에 임한 결과 토론보고서부문에서 최우수상을 받게 되었고 토론부문은 준우승이라는 값진 결과를 얻기도 하였습니다. 저는 토론 대회를 진행하면서 팀원들과 의견을 효과적으로 조율하고 상대방에게 명확하게 의사를 전달하는 능력을 기를 수 있었습니다. 나아가 이 경험은 대학교에 진학하여 적극적으로 강의에 참여하고 다양한 의사소통을 할 수 있게 해주는 디딤돌이라고 생각합니다.

3. 학교생활

고등학교 3학년, 나태해진 학습의욕을 불태우기 위해 친구들과 협력하여 열정적으로 공부를 하게 된 계기가 있습니다. 수험생으로서 부담감으로 스스로가 많이 지쳐있다는 것을 깨달았을 때, 공부에 대한 동기부여가 필요하다고 생각했고 저와 같은 고민을 하던 친구 6명이 모여 '209일의 기적'이라는 스터디 그룹을 만들었습니다.

우리는 다음과 같은 3가지의 규칙을 정했습니다. 첫째, 각자 학교에서의 하루 학습량을 타이머로 체크하여 기록할 것, 둘째, 자습시간을 제외한 자투리 시간을 2시간 이상 확보할 것, 셋째, 20분 이상 잠을 자지 않는 것입니다. 줄곧 혼자 공부해왔기에 친구들과 규칙에 따라 공부하는 것은 쉬운 일이 아니었습니다. 그렇지만 우리는 이 규칙을 통해 서로 공부시간을 비교해보며 경쟁심을 불태우기도 하고, 서로의 고민도 나누면서 모르는 문제들은 서로 설명해주며 혼자서는 잘 해내기 어려웠던 목표들을 이루어 나갔습니다.

특히 친구들은 저에게 수학문제에 대한 질문을 많이 했습니다. 친구들에게 도움이 되고 싶다는 생각에 아는 한에서 많은 것을 전해 주려고 노력했습니다. 설명을 하다 보니 스스로의 공부에도 많은 도움이 되었습니다. 그러면서 어느 순간 친구들은 저를 스터디그룹의 '수장'이라고 불러주었습니다. 저는 책임을 다하고 역할에 충실하기 위해 더욱 노력하였고 친구들과는 돈독한 사이를 유지할 수 있었습니다. 가장 뿌듯했던 점은, 우리가 함께 공부하는 모습이 학급 면학 분위기 형성에 도움이 된다고 선생님들께서 칭찬해 주신 것입니다.

'209일의 기적'은 지금도 현재 진행형입니다. 혼자였다면 끊임없는 자기 합리화 속에서 계획을 잘 지키지 않았을지도 모릅니다. 성적에 개의치 않고 한 자리에 줄곧 앉아 무섭게 집중하는 친구들의 모습, 혼자가 아니라 함께 문제를 해결해 나가는 우리의 모습은 서로에게 큰 자극제가 되고 있습니다. 저는 '209일의 기적'을 통해 고등학교를 다니면서 가장 소중한 친구들을 얻게 되었고 협력과 배려 속의 선의의 경쟁의 가치를 느끼고 있습니다.

4. 도서목록

지구온난화에 속지마라(프레드 싱거, 데니스 에이버리 저 / 김민정 역)

지구과학 교과 수업 중 '위기의 지구' 단원에서 지구온난화에 대해 회의적으로 바라보는 과학자들이 있다고 선생님께서 알려주셨습니다. 이를 계기로 저는 지구 온난화를 다른 시각으로 바라보는 것에 대해 궁금증을 갖게 되었고 이 책을 찾아 읽게 되었습니다. 책의 주된 내용은 지구온난화는 인재가 아닌 기후변동 주기에 의한 자연스러운 현상이라는 것입니다. 또한 지구온난화에 대한 우리의 우려는 단지 지구의 자연현상에 대한 인간의 무지의 산물이라는 것입니다. 저는 이 책을 읽으면서 실제로 기후변화로 인해 자연재해로 세계 곳곳에서 많은 피해가 발생하고 있는데 저자와 같은 회의적인 시각이 피해를 입고 있는 사람들에게 실질적으로 어떤 도움을 줄 수 있을까라는 의문을 품게 되었습니다. 과학자의 연구는 인류에게 도움을 주어야하므로 저는 저자와 같은 지구온난화에 대한 회의적 관점은 바람직하지 않다고 생각합니다.

혼자 있는 시간의 힘(사이토 다카시 저 / 장은주 역)

우리는 SNS, 블로그 등 각종 인터넷 매체의 홍수 속에서 가족, 친구를 넘어 지구반대편의 세계인과 소통하는 사회를 살아가고 있습니다. 작은 스마트폰 화면을 통해 타인의 근황을 확인하고 자신의 근황을 타인과 공유합니다. 하지만 그 속에서 우리는 끊임없이 타인과 자신을 비교합니다. 행복한 타인을 보면서 도리어 우울해지는 현대인들에게 이제는 '혼자 있는 시간'이 필요한 것 같습니다. 이 책에서 저는 혼자 있는 시간을 이용해 스스로를 성숙하게 하고 발전하게 하는 법을 배울 수 있었습니다. 또한 나 자신을 발전시킬 수 있는 에너지를 채워가면서 힘을 키우고 스스로의 깊이를 깊게 만들며 고독한 시간을 에너지로 바꿀 수 있다는 인식의 전환을 가져왔습니다. 홀로 설 수 없다면 함께 설 수도 없다는 말은 가장 굉장히 인상적이었습니다. 이 책은 남의 '좋아요' 한마디에 집착하지 않고 내 속의 '좋아요'에 주목하여 주체적인 삶의 가치를 깨닫는 의미 있는 시간을 저에게 선물하였습니다.

한반도 자연사 기행(조홍섭 저)

　지구과학을 공부하면서 우리가 살고 있는 지구에 대한 이해는 필수입니다. 또한 내가 살고 있는 한반도에 대한 이해는 더 필요하다고 생각합니다. 그래서 지구과학 선생님께 이 책을 추천 받아 읽게 되었습니다. 단순하게 이론만 배우고 암기를 하는 식으로 지구과학을 학습했던 저는 이 책을 통해 우리나라 지형에 대한 다양한 그림과 자세한 설명을 보면서 교과공부를 심화시킬 수 있었습니다. 가장 기억에 남는 것은 곰소만의 떠다니는 섬인 '셰니에' 입니다. '셰니에'는 바람과 파도에 실려 온 모래와 진흙 입자가 갯벌 위에 쌓여 생긴 작은 모래등입니다. 이처럼 교과서에서는 접할 수 없는 우리나라 각지의 지형을 알게 되면서 우리가 살고 있는 한반도에 대하여 지구과학적으로 심도 있게 이해할 수 있었습니다. 또한 이 책은 왜 그런 지형이 생기게 되었고, 그러한 지형이 우리에게 미치는 영향 등을 더 자세하게 공부할 수 있는 지구환경과학부에 입학하고자하는 저의 열정을 깨워주었습니다.

사례 5: 공과대학 전기정보공학부

(경기 소재 일반고, 국어 1.61, 영어 1.66, 수학 1, 사회 2, 과학 1.13, 생활교양 2.08)

〈교내수상〉	
수학경시대회 / 우수상(2위)	2013.6.28.
과학실험탐구대회(공동수상, 2인) / 최우수상(1위)	2013.10.25.
과학경시대회(물리부문) / 우수상(2위)	2014.7.18.
외국어경시대회(영어부문) / 장려상(3위)	2015.5.19.

1. 학업능력 향상노력

수학과 과학은 논리적이고 흥미로운 다양한 이론과 내용을 갖고 있어 초등학생 때부터 좋아하는 과목입니다. 특히 과학은 그동안 꾸준히 과학 교양서와 관련 도서들을 찾아 읽으며 자신 있는 과목이 되었습니다. 그러나 고등학교에서 배우는 수학, 과학은 피상적인 지식을 넘어 구체적이고 체계적인 학습이 되어야 학업 성취도와 연결된다는 것을 알았는데, 특히 물리의 전자기장과 수학의 적분은 쉽게 되지 않아 좀 더 근본적이고 체계적인 공부의 필요성을 느꼈습니다. 먼저 물리는 교과서를 정독하고 개념을 이해한 후, 도서관에서 전자기학 전공서적을 참고해가며 원리와 심화 개념에 대한 학습을 하고, EBS에서 전자기장 부분만 인터넷 강의를 집중적으로 수강하며 결국 자신 있는 분야 중 하나로 만들었습니다. 전자기장을 공부할 때 가장 재미있기도 하고 어려웠던 부분이 교류에 대한 내용이었는데, 생소한 내용과 용어가 많이 나와 공부하기 어렵고 시간도 오래 걸렸지만 실생활 속에서 다양한 분야에 쓰이는 방식을 알아가는 것이 재미있었습니다. 적분 또한 기본적인 내용의 보충이 필요했는데, 기계적으로 계산은 할 수 있었지만 정확히 왜 그런 계산이 나오는지에 대해서 알지 못했고, 특히 정적분의 정의에 대한 문제가 나오면 풀어낼 수가 없었습니다. 이런 점을 극복하기 위해 정적분에 관한 모든 문제들을 노트에 옮긴 뒤 일일이 분석해 나가며 개념을 확실히 정립해 나갔고 이런 노력은 학업 성적 향상으로 이어지게 되었습니다.

중학교 때까지 생각나는 대로 공부를 하던 저는 앞의 2가지 문제를 해결하는 과정에서 시간의 적절한 분배를 위한 계획의 중요성을 깨달았습니다. 그래서 계획표를 세우며 공부를 하기 시작했으나 모두 실천하기가 어려웠습니다. 하지만 어느 순간부터 매일의 계획을 모두 지킬 수 있게 되었고, 모든 계획이 실천했다는 표시로 지워지는 것을 보며 오늘도 열심히 했다는 뿌듯함과 내일도 오늘같이 모든 계획을 끝내겠다는 의지를 불태우게 되었고, 계획적으로 공부를 하게 되며 공부를 더 즐겁게 할 수 있었습니다.

2. 의미 있는 활동

1학년 때부터 3년동안 학교에서 진행하는 멘토-멘티 프로그램과 그룹 멘토링에 참여하였습니다. 평소에 다른 친구들을 가르치는 것을 좋아했던 저는 멘토로서 개인 멘토링과 그룹 멘토링에 모두 참여했습니다. 멘토링 과목은 모두 생명과학을 하였습니다. 개인 멘토로서는 멘티가 그 날 수업한 내용을 복습하도록 시키고 이해가 가지 않는 부분들을 좀 더 알기 쉽게 설명해주는 활동을 했는데, 처음엔 멘티가 일지를 잘 쓰지 않아 일지 쓰기를 어려워하는 멘티를 위해서 작성하는 것을 같이 도와주어 결국 일지를 쓰는 습관을 갖게 해주었습니다. 꾸준히 그날의 수업 내용들을 수차례 복습시킨 결과 멘티의 성적이 크게 향상되어 그동안 힘들었던 고생은 모두 사라지고 멘티와 함께 큰 기쁨을 나눌 수 있었습니다. 그룹 멘토링에서는 기출 문제집을 하나 정해서 풀어오게 한 뒤 질문을 받는 형식의 수업을 했습니다. 어떤 문제를 질문 받을지 모르니 모든 문제에 대한 설명을 만들어야 했고 또 친구들이 숙제를 안 해올 때는 수업에 차질이 생겨서 곤란했습니다. 그러나 밤늦게까지 문제집과 수많은 참고서들을 펼쳐 놓고 한 문제씩 풀이를 만들고 설명해주었을 때 친구들이 빨리 이해하는 것을 볼 때면 보람을 느꼈습니다. 이 멘토링 활동은 저의 실력을 점검하고, 성취도가 낮은 친구들을 도와줄 수 있었으며 이 과정을 통해 소그룹 활동도 경험하고 우정도 더욱 다질 수 있었던 인상적인 활동이었습니다.

저희 학교에는 1학년을 대상으로 성적 우수자들에 한해서 심화 과학반을 운영합니다. 저는 이 방과 후 수업을 듣게 되어 다양하고 심화된 내용들을 배웠습니다. 수업은 수학과 과학으로 나뉘었고 과학은 물리, 화학, 생명과학, 지구과학을 배웠습니다. 수학은 주로 자연 속에서 찾아볼 수 있는 프랙탈 구조나 타일을 통한 테셀레이션과 정다각형의 성질 등 일상과 관련된 수학을 배웠는데 그 중에서 가장 재미있게 들었던 수업은 암호학 수업이었습니다. 수업을 들으며 간단한 시저 암호부터 비게네르 암호와 같이 복잡한 치환암호까지 직접 만들어 볼 수 있었고 다양한 곳에서 쓰이는 공개키 암호, 소수 암호의 원리도 배우면서 책을 통해 배운 내용들이 실제 현실에서 어떻게 쓰이는지 알게 되었고, 이를 통해 수학을 더 즐겁게 공부할 수 있게 되었습니다. 물리 시간에는 문제로만 보던 타점기록계를 직접 이용해 중력 가속도를 스스로 구해보기도, 화학 시간에는 스티로폼구와 이쑤시개를 이용해 분자 모형을 직접 만들어 보기도 했고, 생명과학 시간에는 가상의 생물 수십 종을 분류하고 DNA 이중나선 모형도 직접 만들어보기도, 그리고 지구과학 시간에는 굴절 망원경을 통해 실제로 별을 관측해보기도 했습니다. 이런 실험을 중점으로 한 수업을 통해 평소에도 주변의 현상들을 물리적으로 분석해보는 등 주위를 좀 더 자세히 관찰하는 습관들을 기를 수 있었습니다. 심화 과학반 활동은 개인적으로 좋아하는 수학, 과학에 대해 더 큰 재미를 느끼게 해주었고, 적극적인 참여로 지식뿐만 아니라 선생님, 친구들과의 토론과 실험을 통해 경험의 폭을 넓히는 계기가 되었습니다.

3. 학교생활

1학년 때 문화제가 열렸었는데, 모든 반이 반별로 부스를 운영하거나 단체로 장기자랑에 나가야 했습니다. 그래서 저희 반은 어떻게 하면 즐겁게 문화제를 보낼 수 있을지 토의해본 결과 '유령의 집'을 부스로 운영하게 되었습니다. 부스를 만들기 위해서는 준비해야 할 일이 많았으므로 각자 일을 분담해서 맡기로 했고, 반장이었던 저는 유령의 집의 구조와 유령의 배치, 소품 준비 상황 확인 등 총괄적인 업무를 주로 맡았습니다. 문화제 전날에는 다 같이 학교에 남아서 열정적으로 유령의 집을 만들었고, 10시 가까이 되어서 완벽하게 완성했을 때는 친구들과 함께 해냈다는 기쁨을 맛볼 수 있었고, 이렇게 노력한 결과 문화제 당일 날 가장 인기가 있는 부스들 중 하나가 되어 문화제를 만족스럽게 끝낼 수 있었습니다. 이를 통해 협력의 중요성을 알게 되었고 큰 보람도 느낄 수 있었습니다.

3학년이 되면서 대학 입시가 다가오자 대부분의 아이들은 열심히 공부를 하기 시작했습니다. 하지만 모의고사와 시험을 치를 때마다 공부에 점점 흥미를 잃어 학업을 포기하는 친구들이 생겨나기 시작했고 이런 친구들 때문에 마음을 잡고 공부를 하던 친구들도 공부에 집중하지 못하게 되었고 결과적으로 학습 분위기가 흐트러졌습니다. 그래서 반장인 저는 이런 분위기를 개선하기 위해서 저희 반의 멘토가 되는 것을 자청했습니다. 공부를 하지 않는 친구들은 공부를 하도록 설득하고 격려해주었고 그럼에도 공부를 하지 않는 경우에는 다른 친구들의 공부를 방해하지 말아주도록 부탁했습니다. 공부가 잘 되지 않는 친구들에게는 진지하게 고민 상담이나 진로 상담을 해주기도 하고, 잘 모르는 것을 가져오면 친절하게 가르쳐 주기도 하였습니다. 비록 친구들에게 많은 시간을 할애하게 되며 공부할 수 있는 시간은 좀 줄어들게 되었지만 이렇게 노력을 한 결과 공부를 하지 않던 친구들도 공부를 하게 되었고 반의 분위기가 다소 진정될 수 있어서 뿌듯했습니다.

4. 도서목록

한 권의 물리학(클리퍼드 A. 픽오버 저 / 최가영 역)

이 책은 물리학에 관한 다양한 이야기들을 사진과 함께 읽기 쉽게 그리고 흥미롭게 풀어나가는 책입니다. 평범하게 쉬운 기초과학 내용 이외에도 공학, 응용물리학, 그리고 천체물리학까지 물리에 대한 전반적인 주제를 다루고 있고 많은 사진들도 같이 있어서 질리지 않고 재미있게 끝까지 볼 수 있었는데, 그 중에서도 전자기나 현대 물리학에 대한 부분이 가장 흥미로운 부분이었습니다. 과학의 네 가지 분야 중에서 물리를 가장 좋아하지만 단순히 내용을 암기해서 문제를 풀거나 복잡한 계산만 하는 고등 물리를 공부하다보니 물리를 하기 싫어졌던 때가 있었습니다. 하지만 그 때 이 책을 보게 되면서 틀에 박힌 교과서에서 벗어나 물리에 대한 폭넓은 지식을 접할 수 있었고 이 경험은 다시 물리에 재미를 붙이고 공부를 할 수 있도록 동기를 부여해주는 계기가 되었습니다.

공중그네(오쿠다 히데오 저 / 이영미 역)

이 책은 '이라부'라는 이름의 정신과 의사가 다소 엽기적인 방법으로 환자들의 마음을 치유해주는 유쾌한 소설입니다. 원래 소설을 읽는 것을 좋아했고 책을 많이 읽으시는 어머니가 재미있게 볼 수 있는 책이라며 추천해준 것이 책을 읽게 된 계기가 되었습니다. 순수한 아이의 시각으로 환자의 문제점에 다가가 해결책을 찾도록 도와주는 이 정신과의사의 모습을 보며 저는 공부와 바쁜 생활에 지친 마음이 치유되는 기분을 느낄 수 있었습니다. 평소에도 남을 도와주거나 상담을 해주는 것을 좋아하기 때문에 이 책의 내용에 더욱 공감하며 읽을 수 있었던 것 같습니다. 또한 이 책을 보면서 이공계적인 지식을 가지고 있으면서도 인문학적인 감성을 가질 수 있으면 좋겠다는 생각과 사람의 마음에 대해 조금 더 알고 싶다는 생각이 들어, 대학에 가면 따로 심리학을 공부해서 전문적인 전공지식뿐만 아니라 사람들의 마음을 이해해주고 따뜻하게 감싸줄 수 있는 사람이 되고 싶다는 꿈을 가지게 되었습니다.

습관의 힘(찰스 두히그 저 / 강주헌 역)

이 책은 서점에서 책을 고르다가 제목과 살짝 읽어본 내용이 인상적이어서 저에게 도움이 될 것 같아 읽게 된 책입니다. 처음 만들었을 당시 완전한 실패작이었지만 사람들의 열망을 이용해 탈취제로서 사용하는 습관이 형성되도록 유도하여 큰 성공을 거둔 페브리즈에 대한 일화, 안전에 대한 습관 하나를 고쳐 기업 전체의 이윤을 5배나 증가시킨 미국의 알루미늄 회사 알코아의 이야기 등을 보며 사소한 습관 하나 고치는 것이 아주 중대하고 긍정적인 변하를 가지고 온다는 것을 알게 되었고 평소의 자신을 되돌아보는 계기가 되었습니다. 이 책을 읽기 이전에는 시간이 여유가 있다고 느껴지는 일이라면 마지막까지 미루고, 계획성 없이 기분에 따라 생활하는 좋지 않은 습관을 가지고 있었습니다. 하지만 이 책을 읽고 나서 습관이 가진 놀라운 힘을 알게 된 후 이런 나쁜 습관을 없애기 위해 노력했고 결과적으로 좀 더 효율적으로 행동할 수 있게 만들어준 책이었습니다.

사례 6: 서울대 공과대학 전기정보공학부

(충남 소재 일반고, 국어 4, 영어 3.62, 수학 1.55, 사회 3.60, 과학 1.87, 생활교양 3.17)

〈교내수상〉	
수학경시대회 / 은상(2위)	2013.5.27.
학습동아리발표대회(1학기) / 은상(2위)	2013.7.18.
학습동아리발표대회(1학기) / 은상(2위)	2014.1.15.
진로맞춤형 학습동아리 발표대회(자연 부문) / 은상(3위)	2014.12.23.
사회교과캠프 모의재판 경연대회 / 금상(1위)	2015.5.12.
수학경시대회 / 동상(3위)	2015.7.13.

1. 학업 노력 및 학습 경험

모든 문제에 답이 정해져 있는 수학이 좋았지만 그 답을 향해 가는 길이 정해지지 않은 수학이 더 좋아졌습니다. 수학시간 토론 활동 때 부등식의 영역 문제를 직선의 방정식을 이용해 답을 구한 저와 달리 코시 슈바르츠 부등식을 이용해 답을 구한 친구의 풀이를 보고 말로 표현 못 할 희열을 느꼈고 그 이후로 수학 공부를 할 때 다양한 풀이를 알아가는 데에 초점을 맞췄습니다. 항상 문제를 풀고 나서 또 다른 방법이 없을지 2분 정도 생각해 보았고 문제를 푼 후에 답안지를 보고 새로운 풀이가 있으면 모두 정독하여 다양한 관점에서 문제를 바라보는 시각을 키웠습니다. 그 결과 문제 풀기 전에 어떻게 접근할지 생각하고 문제를 풀어 심화 문제도 손쉽게 풀 수 있었고 이러한 공부법이 큰 도움이 되어 교내 수학경시대회에서 상을 받을 수 있었습니다.

2학년 때 수학 교과서 탐구 대회에서 사이클로이드가 최단강하곡선임을 증명하고 사이클로이드의 활용가능성에 대해 조사하였습니다. 페르마의 원리를 통해 빛이 A지점에서 B지점까지 갔을 때 빛이 이동한 곡선이 최단강하곡선임을 보이고 동시에 에너지 보존 법칙을 만족하는 곡선이 사이클로이드임을 증명했습니다. 또한 최단강하곡선을 이용해 물체의 역학적 에너지를 증가시킬 수 있는 시스템을 탐구했고 물리의 기본이 수학임을 느꼈습니다.

더 나아가 수학적 탐구력을 기르고 심도 있는 수학에 대해 공부하기 위해 고급수학 수업을 들었습니다. 고급수학 수업에서 입실론과 델타를 이용하여 고등학교에서 배웠던 수열, 함수의 극한 단원에서 당연하다고 생각했던 조임 정리, 수렴하는 수열에 관한 정리들을 엄밀하게 증명했습니다. 또한 단위복소수를 나타내는 오일러의 공식을 미분과 맥클로린 급수를 이용해 증명하는 과정을 발표하였습니다. 더 나아가 대학수학인 미적분학에서 테일러 급수에 대해 자세히 알아보았고 평균값의 정리를 테일러 정리, 코시의 정리로 확장시켰습니다. 또한 코시의 정리를 이용해 분자, 분모가 모두 0의 꼴의 극한일 때 로피탈의 정리를 증명했습니다.

2. 의미 있는 활동

저의 큰 꿈은 이 세상의 사람들에게 조금이라도 도움을 주는 것이었습니다. 1학년 때는 이 꿈을 이루기 위해 신재생에너지 연구원이 되어 친환경 에너지를 개발해 환경을 보호하려는 목표가 있었습니다. 하지만 그 때 당시에 하고 싶은 것이 많았고 저의 진로에 관하여 많은 고민을 하고 있었습니다. 그러다 기계공학에 관심 있는 친구들끼리 '○○○'라는 동아리를 만들었고 활동하면서 기계에 큰 흥미를 느끼고 진로를 기계공학자로 바꾸게 되었습니다.

'○○○'에서 기계와 전기에 관해서 기초적인 회로 이론 등 기본지식에 대해 공부했습니다. 그 이후에 서로 회의를 통해 실용적이고 저희가 배우는 내용과 관련 있는 탐구 주제를 정하고 여러 프로젝트를 수행했습니다. 처음에는 시중에서 볼 수 있는 R/C카와 BB탄총을 결합하여 군대에서 인명 피해 없이 정찰 및 전투기능을 수행할 수 있는 군사로봇을 제작하였습니다. 또한 북한 무인 정찰기에 관해서 영감을 받아 드론에 관해서 탐구하고 헬리캠을 장착한 트라이콥터 형식의 드론을 제작하였는데 제작 과정에서 설계를 잘못하여 드론의 로터가 회전할 때 2개의 로터가 서로 겹치게 되는 오류가 생겨 다 제작하였음에도 작지만 큰 실수로 인해 드론을 띄울 수 없게 되었습니다. 매우 안타까웠지만 그 때의 실수를 통해 기계 제작 시 기초가 되는 설계의 중요성을 깨달았습니다.

공학자에게 기초 설계가 중요함을 깨달은 후에 직접 실험을 설계하고 그에 따라 실험을 수행할 수 있는 물리실험 수업을 들었습니다. 물리 교과와 관련된 다양한 실험을 수행했고 그 중에서 반복실험의 중요성을 깨닫게 해준 빛의 굴절 실험이 기억에 남았습니다. 빛의 굴절 실험을 하고 첫 번째로 구했던 물의 굴절률 값이 예상결과와 차이가 크게 나와 당황했습니다. 하지만 쏘아준 레이저의 높이가 너무 높아 결과가 이상하게 나온 것을 인지하고 레이저 높이를 다시 조절한 후 반복실험을 하여 결과의 오차를 줄일 수 있었습니다. 이 실험을 통해 어떤 기술의 개발 또는 반도체 같은 부품들의 공정 및 사용 과정에서 오류를 줄이거나 없애기 위해 반복적인 검사가 중요함을 깨달았습니다.

같은 반 친구가 공부한 것에 비해 화학 모의고사 점수가 잘 나오지 않아 힘들어하는 모습을 보고 제가 그 친구에게 도움을 줄 수 있을 것 같아 동급생 멘토링 활동을 하였습니다. 친구가 원자의 구조, 산과 염기의 중화반응 등의 화학 I 내용에 대해 잘 숙지하고 있지만 그 내용을 이용하여 문제를 푸는 과정에서 어려움을 겪고 있었습니다. 특히 탄소 화합물의 분자구조만 나오면 겁을 먹었습니다. 이를 해결하기 위해 여러 유형의 문제를 풀며 각 유형별 문제들의 접근법, 그 문제에서 필요한 개념에 대해 다시 한 번 설명하여 친구가 개념에 대해 충분히 이해하고 문제를 풀 때 자신감을 갖도록 하였습니다. 멘토링을 하면서 친구의 성적이 오르는 것을 보고 뿌듯함을 느끼고 멘토링 활동을 준비하면서 저도 친구에게 설명할 내용들을 복습하며 좋은 성적을 유지할 수 있었습니다.

3. 학교생활

1학년 입학하고 나서 학기 초에 일렉트릭 기타를 배워보고 싶어 전자기타동아리인 '울림'에 가입했습니다. '울림'에 모인 친구들은 모두 초보자였습니다. 기타에 대해서 아는 것도 없고 잘 치지도 못하지만 열정만으로는 가득 찼기에 시간이 남을 때면 항상 친구들과 함께 컨테이너에 가서 연습을 하였습니다. 하지만 저희 모두 공연할 실력이 못 되 공연을 나가지 못했습니다. 공연을 나가지 못한 아쉬움을 달래기 위해 1학년 후배들에게 더욱 연습을 시켰고 후배들이 신입생 OT 공연 때 나갈 수 있었습니다. 1학년 친구들의 공연 곡을 고르는 데 조언을 해 주었고 공연 전에 음향을 체크하며 1학년 친구들이 성공적인 공연을 펼치도록 노력했습니다.

또한 풋살 팀 '○○○○'에 가입하고 활동하였습니다. 풋살은 경기장이 작아 혼자서 개인기를 이용해 골을 넣기가 힘들다 보니 자연스레 팀원들과 패스를 많이 하게 되고 팀 전체의 호흡을 맞추어 팀워크를 향상시킬 수 있었습니다. 하지만 리그 경기를 하는 동안 팀원들이 승부에 집착하여 큰 문제가 생겼습니다. 소위 축구팀에 1군과 2군이 있듯이 저희 팀에도 실력이 좋은 1군과 실력이 조금 부족한 2군이 있었습니다, 초반에는 모두가 평등하게 선수교체를 자주 하여 비슷하게 뛰었지만 몇몇 승부욕에 불 타 체력과 정신을 높이고 팀원들과의 협동심을 기르는 스포츠 동아리의 본래 목적에 벗어나 이기는 것에만 집착한 주장이 경기할 때 대부분의 시간을 1군만 뛰게 했습니다. 이런 결정이 부조리하다고 생각한 저와 몇몇 팀원들은 반대 의견인 팀원들과 갈등이 생겼습니다. 이를 해결하기 위해 대화를 하며 서로의 생각을 말하였습니다. 이 과정에서 저는 우리 팀이 승리하는 것은 좋지만 승리보다 팀의 화합이 더 중요함을 주장하였고 팀의 협력된 플레이를 통해 더 많은 승리를 거머쥘 수 있음을 근거로 대립하던 팀원들을 설득시킬 수 있었습니다. 갈등을 해결하는 과정에서 저희 팀은 한층 더 성장할 수 있었고 저 또한 이 경험을 통해 공동체의 의미에 대해 되새겨볼 수 있었습니다.

4. 도서목록

유배지에서 보낸 편지(정약용 저/박석무 역)

이 책은 제목 그대로 다산 정약용 선생께서 유배생활 동안 아들, 가족에게 보낸 편지들을 엮은 것입니다. 하지만 다산의 편지는 단순히 가족의 안부를 확인하는 것만이 아니라 그의 두 아들, 제자들에게 학문적, 도덕적으로 바라는 점들을 포함하고 있어 편지의 내용에서 그의 종합적인 가치관을 확인할 수 있었습니다. 특히 다산은 독서를 할 때 마구잡이로 그냥 읽지 말고 독서 도중에 모르는 글자를 보면 그 글자에 대해 고찰하고 연구하여 글 전체를 이해할 수 있어야 한다고 강조했습니다. 이 내용을 보고 책을 읽다가 이해하기 어려운 부분이 많이 나오면 금방 질려 책을 그만 읽었던 저의 모습을 되돌아보았습니다. 이후 밀레니엄 수학 난제들을 다룬 책을 읽다가 이해가 가지 않았던 내용을 인터넷에서 찾아보고 푸앵카레의 추측과 관련해 더 자세히 나온 책을 도서관에서 찾아보며 이 난제가 증명되기까지의 과정 및 다른 자세한 내용들을 습득하는 등 항상 저에게 도움이 될 수 있는 독서를 하도록 노력했습니다.

공학이란 무엇인가(성풍현 외 카이스트 교수 18명 저)

이 책은 제가 본교에 지원하는데 큰 도움이 되었습니다. 저의 진로를 정할 때 단순히 자연현상을 이해하는 연구보다 우리가 평소에 느끼는 불편한 점에 대해 해결책을 줄 수 있는 연구를 하고 싶었고 그에 맞는 학문이 공학이었습니다. 하지만 저의 진로는 공학이라는 큰 틀만 잡고 그 안에서 가고 싶은 학과가 자주 바뀌어서 갈등도 되고 힘들었지만 그 때마다 이 책을 읽으며 각 학과에 관련된 정보를 얻을 수 있었고 자동차 엔지니어라는 최종 진로를 정할 수 있었습니다. 또한 자동차라고 모두 기계공학과 관련된 것이 아님을 깨닫고 21세기 전자공학 기술이 자동차, 센서 등 다양한 영역에 융합되어 발전함을 알게 되었습니다. 이를 통해 전기 전자 분야 뿐 아니라 제어 시스템, 반도체에 대해 공부하여 무인자동차, 미래에 출시될 자동차에 쓰이는 ADAS기술과 이 기술에 사용되는 차량용 반도체를 연구하는 목표를 가졌고 그 꿈을 이루기 위해 본교 전기전자공학부에 지원했습니다.

반도체 제대로 배우기(강구창 저)

이 책을 읽고 저의 목표를 구체화 할 수 있었습니다. 1학년 때 과학시간에 반도체에 대해 배우고 더 자세히 알고 싶어 처음 이 책을 읽었지만 그 당시에 모르는 내용이 많아 책의 내용을 제대로 이해할 수 없었습니다. 3학년이 되어서 자동차 엔지니어로 진로를 정하고 자동차와 관련해 찾아보다가 차량용 반도체에 흥미가 생겼고 예전에 이해 못했던 책의 내용을 제대로 이해하고 싶어 다시 이 책을 읽었습니다. 다시 읽어보니 물리1, 물리2 과목을 이수하면서 배운 반도체, 트랜지스터, 축전기 등 전기와 관련된 내용이 많아 이해하기 쉬웠고 PMOS, CMOS등의 반도체의 종류, 공정 과정, 논리 회로에 대해 알 수 있었습니다. 책을 읽고 차량용 반도체에 대해 조사하면서 현재 자동차 산업이 빠르게 디지털화되는 가운데 자동차 공정에 반도체가 중요한 요소임을 깨닫고 IT기술이 융합된 자동차에 필수적인 아날로그 반도체를 연구하는 목표를 가졌습니다.

5 서울대로 통하는 자기소개서 연습 노트

1. 학업노력 및 학습경험

2. 의미 있는 활동

3. 학교생활

4. 도서목록

선정 도서		선정 이유
도 서 명		
저자/역자		
출 판 사		
도 서 명		
저자/역자		
출 판 사		
도 서 명		
저자/역자		
출 판 사		

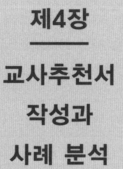

제4장

교사추천서

작성과

사례 분석

> 신뢰는 사람과 사람이 교류하는데 있어서 필수적인 요소이기 때문에 사람의 마음을 움직이는데 중심적인 역할을 한다. 따라서 사람이 사람에게서 신뢰를 받게 되면 신뢰하는 사람의 행동과 생각을 변화시킬 수 있다(김태우, 2008: 129).

많은 대학들은 학생부종합전형의 지원 서류 중 하나로 교사추천서를 요구한다. 대학은 학생들과 함께 시간을 보낸 교사가 학생 개인의 학업 소양이나 학업 외 소양에 대한 조언이 추천서에 기록되어 있다고 믿기 때문이다. 그래서 교사추천서를 통해 입학사정관은 자기소개서와 마찬가지로 결과 위주의 학생부에서 보여주지 못하는 학생 개인의 노력 과정에 대한 우수성을 판단하게 된다.

이를 감안하면 자기소개서만큼 교사추천서도 중요하다. 따라서 교사추천서는 학생의 개별적 특성을 가장 잘 알고 있는 교사가 작성하는 것이 필요하다. 특히, 학생부의 기록이 결과 중심으로 기술되어 있다면 3년간 학생의 활동 과정을 지켜보고 조언해 준 교사의 추천서는 입학사정관으로부터 신뢰를 받을 수 있을 것이다. 이와 관련하여 노스런던컬리지잇스쿨 제주North London Collegiate School Jeju에 근무하는 진학상담사인 에리카 토렌과 앨런 네스빗의 말은 시사하는 바가 많다.

에리카 토렌 진학상담사는 "반드시 학습과 연관된 비교과 활동만을 권유하진 않는다"면서 "학생이 축구클럽에서 활동했더라도 이런 경험이 리더십, 열정 등을 드러내는 소재로 입시에 활용되는 경우도 많다. 이 같은 경험이 오히려 더 좋은 결과를 낼 때도 있다"고 말했다.

앨런 네스빗 진학상담사는 "두 가지 비교과 활동을 두고 고민하는 경우 '둘 다 해보라'고 조언하기도 한다"면서 "많은 활동은 다양한 시행착오를 동반한다. 학생들은 시행착오를 겪으며 내적으로 성장하므로 이것이 입시에서 긍정적으로 활용되는 경우가 많다"고 말했다(동아일보, 2016.01.05.).

에리카 토렌은 반드시 학습과 연관된 비교과 활동만을 권유하진 않는다는 것이며, 앨런 네스빗은 두 가지 비교과 활동을 두고 고민하는 경우 '둘 다 해보라'고 조언하기도 한다는 것이다. 학생들의 고민을 들어주고 조언하는 교사의 추천서에는 "학생이 어떤 고민을 거쳐 학교생활을 했는지, 어떻게 성장해왔는지"(동아일보, 2016.01.05.)가 기술될 수 있을 것이다. 이를 잘 보여주는 사례들 중에서 먼저 학업능력과 관련된 추천서는 다음과 같다.

GOOD G 사례

지원자는 평소 수학 시간에 다른 학생들보다 적극적으로 답을 먼저 하는 편은 아니지만, 누구보다도 진지한 태도로 수업에 임하며 치열하게 고민한 끝에 문제 상황에 대한 답을 결국에는 찾아내는 학생입니다. 때로는 그 해결방법이 훌륭해서 추천인이 감탄하는 경우도 많습니다. 일례로 미분 단원의 심화수업을 할 때였습니다. 미분 가능성에 대한 문제였는데 여러 가지 함수의 예를 그래프로 그리면서 차이점을 설명해 나가는 과정이 정확하고 명료해서 추천인의 풀이 방법보다 더 좋았습니다. 또한 극한 단원에서 다수의 학생들은 대수적 방법으로 접근하는 문제를 상황에 대한 직관으로 간단하게 정리하는 지원자를 보고 감탄한 기억이 있고, 공간도형 단원에서는 벡터를 이용한 남다른 풀이 방법을 선보여 함께 공부하는 친구들이 박수를 쳤던 적도 있습니다. 지원자의 무한한 수학적 능력을 엿볼 수 있는 순간들이었습니다(박종서, 김철종, 김경식, 안세봉, 손규상, 2012: 163-164).

이 사례는 서울대를 지원한 학생을 위해 작성된 교사추천서이다. 일반적으로 많은 추천서가 구체화되지 못하는 경우가 있는데, 이 사례는 그렇지 않다. 추천교사는 학생의 진지한 태도와 고민에 의한 문제해결 방법을 부각시키고 있다. 미분 단원의 심화수업에서 보여준 학생의 문제풀이 과정, 극한 단원에서 다른 학생과는 차별화된 직관적 정리, 공간도형 단원에서 벡터를 이용한 남다른 풀이 방법 등을 들어 학생 개인의 개별적 특성을 구체화하고 있다. 이 과정을 거쳐 추천교사는 학생의 무한한 수학적 능력을 엿볼 수 있다는 평가를 내리고 있다. 따라서 이 사례는 학생의 교과학습능력에 대한 개별적 특성을 잘 담아내고 있는 좋은 추천서가 될 것이다.

다음으로, 학업능력과 학업태도를 보여주는 사례는 다음과 같다.

GOOD **G 사례**

교내 과학 논술 경시대회에서 몇 개의 기체 알갱이가 한정된 공간의 절반을 차지하고 있을 때와 한정된 공간의 전체 공간을 차지할 경우의 수와 그 물리적 의미를 묻는 문제를 제시하였다. ○○○ 학생은 경우의 수를 정확히 정량적으로 계산하였고 엔트로피의 의미를 "에너지의 공간적 분산과 우주의 팽창"과 연관 짓는 답안을 작성하였던 것으로 기억한다. 엔트로피의 의미를 단순히 무질서한 배열 등으로 잘못 생각하는 학생들이 대부분이나 ○○○ 학생의 경우는 현대적인 엔트로피의 개념을 정확히 알고 있었고 경우의 수를 수학적으로 분석하는 능력도 지니고 있었다. 이는 평소 과학 관련 독서량이 풍부한 것을 방증한다(박종서 외 4인, 2012: 165).

이 사례는 과학논술경시대회에 제시된 문제와 관련된 학생의 학업능력을 평가한 것이다. 추천교사는 경우의 수에 대한 수학적 계산능력, 현대적인 엔트로피의 개념 지식을 들어 다른 학생들과 차별화하고 있다. 또한 독서량이 풍부하다는 사실을 덧붙이고 있다. 따라서 이 사례는 지식의 확장과 활용 측면에서 학업능력뿐만 아니라 학업태도도 함께 엿볼 수 있는 추천서로 여겨진다.

마지막으로 학업 외 소양을 잘 담아낸 사례는 다음과 같다.

GOOD G 사례

'공부 잘하는 아이는 자기밖에 모르고 이기적이다'는 인식이 일반적입니다. 하지만 위 학생은 다른 학생에게 피해를 주지 않고 모든 일에 최선을 다하려 노력하는 학생입니다. 담임을 하면서도 제일 지도하기 힘든 시간 중 하나가 청소시간입니다. 많은 학생들이 청소를 귀찮은 것으로 여기고 자기가 맡은 구역이 있음에도 불구하고 화장실을 가거나 다른 반 친구와 이야기를 나누기가 다반사입니다. 그러나 위 학생은 한 번도 자기가 맡은 구역의 청소를 게을리 한 적이 없으며 청소가 부족한 구역도 친구들을 독려하며 자기가 앞장서서 청소하는 모습을 보였습니다.

몇몇 공부 잘하는 아이들이 자신의 공부를 위해 반장이나 학급의 임원을 하는 것을 꺼리지만 위 학생은 1학년 때는 학급의 부반장으로 반장을 도와 반의 면학분위기 조성과 학급의 어려운 학생 돕는 데 앞장섰으며, 2학년 때는 전교 생활지도부원으로 활동하면서 매일 아침 등교지도와 점심시간 급식지도를 성실히 수행하였습니다. 또한 주말과 방학을 이용하여 울산 인근에 지체장애 아동의 수용시설인 '수연재활원'을 찾아가 학습 및 놀이활동 보조, 생활실 청소 및 식사지원 등의 봉사활동을 지속적으로 실시하였습니다. 처음에는 낯설고 힘들었지만 시간이 지나고 봉사 횟수가 늘어나면서 그들과 교감하며 장애인을 어떻게 도와야 하는지 알게 되었고, 장애에 대한 인식도 많이 달라졌다고 말하는 모습에서 봉사활동을 통해 진정한 봉사의 의미를 깨달아가고 있는 것 같습니다. 이러한 활동을 인정받아 대한적

십자사로부터 사회봉사부문 표창장을 수상하기도 하였습니다(박종서 외 4인,
2012: 168-169).

이 사례는 학생에 대한 담임교사의 평가로부터 출발한다. 즉, 모든 일에 최선을 다하는 학생이 그것이다. 이러한 평가에 대한 첫 번째 근거는 학생이 맡은 구역의 청소를 성실히 하며 청소가 부족한 구역까지 앞장서서 청소하는 모습이다. 이는 청소를 귀찮게 여기는 학생들과 차별화되고 있다. 두 번째 근거는 1학년 때 학급 부반장으로서 면학분위기 조성과 불우학생 돕기에 앞장서고, 2학년 때 전교 생활지도부원으로서 아침 등교지도, 점심 급식지도에 있다. 이는 몇몇 공부 잘하는 학생들과 차별화되고 있다. 세 번째 근거는 수연재활원 봉사활동을 하면서 장애인들에 대한 인식의 변화와 진정한 봉사의 깨달음에 있다. 이는 스펙만을 쌓기 위해 봉사활동을 하는 학생들과 차별화된다. 마지막 근거는 사회봉사부문 표창장이다. 이러한 근거는 추천한 학생의 책임감, 성실성, 나눔 등의 학업 외 소양에 대한 신뢰성을 부여한다.

제5장

면접 및
구술고사와
학습 방법

면접 방식과 사고 과정 파악

> 사람은 무엇을 하든 간에 기본 소양이 되어 있어야만 한다. 그 기본 소양은 바로 학업을 통해서 이루어진다. 그래서 동양에서는 남녀노소, 귀천을 따지지 않고 학업에 열중하는 사람들을 칭송하고 그 행위 자체를 귀하게 여겼던 것이다(임채영, 2010: 112).

서울대의 면접은 크게 제출서류를 기반으로 진행되는 면접과 제시문을 활용하여 출제된 문항을 바탕으로 진행되는 두 가지 방식의 면접이 있다. 이를 〈그림 3〉으로 나타내면 다음과 같다(서울대학교 입학본부, 2016b: 13).

〈그림 3〉 면접의 두 가지 방식

서류 기반 면접은 학생부종합전형에 지원한 학생들 중에서 지역균형선발전형과 기회균형선발특별전형 I의 1단계 합격자를 대상으로 한다. 이 면접은 지원자가 제출한 학생부와 자기소개서를 중심으로 확인이 필요하거나 의문이 드는 사항을 질문하고 대답하는 방식으로 진행된다. 질문은 서류 평가기준인 학업능력과 학업태도를 확인하는 것에서 크게 벗어나지 않는다. 하지만 면접관이 필요하다고 판단되는 경우 교육과정에 의한 교과 수업의 내용이나 교과 수업의 실제 운영 여부와 관련하여 질문하기도 한다. 따라서 학교는 교육과정에 짜인

대로 정상적인 수업 과정이 이루어져야 하며, 학생은 교과활동이나 창의적 체험활동 및 독서활동 등과 관련된 학생 개인의 노력 과정을 의미 있게 되돌아보는 것이 필요하다.

제시문 활용 면접은 학생부종합전형에 지원한 일반전형 1단계 합격자를 대상으로 한다. 이 면접은 서류 기반 면접과 달리 제시문을 활용한다. 제시문의 문항은 고등학교 교육과정의 범위를 중심으로 하며, 학생의 학업능력과 전공적합성을 평가한다. 인문·사회계열의 학생에게는 주로 "정답 여부보다는 답변을 이어가는 과정에서 보이는 사고력, 논리력 등이며 전반적인 학업 소양에 중점"(서울대학교 입학본부, 2016b: 14)을 둔 평가를 한다. 그리고 자연계열의 학생에게는 "정답 여부보다는 지원자가 문제를 풀어가는 과정에서 보이는 고등학교 교육과정에서 이수한 교과 지식, 깊이, 사고력, 응용력 등을 평가하며 모집단위에서 필요한 소양"(서울대학교 입학본부, 2016b: 14)을 확인한다.

권오현 서울대 입학본부장이 15일 한양대에서 열린 '고교-대학연계포럼'에서 "서울대 구술면접은 말로 보여주는 학생부"라고 말한 것이야말로 서울대 구술면접을 가장 잘 드러내는 말이다. 학생부를 통해 드러낸 학업능력을 면접을 통해 말함으로써 증명해내라는 이야기로 풀이된다. 여기서 서울대가 말하는 학업능력은 '지원자의 종합적 사고력'이다. 권 본부장은 "구술면접은 문항을 기반으로 정답을 푸는 능력을 측정하기보다는 지원자의 종합적 사고력을 측정하려는 데 목적이 있다"고 덧붙였다(베리타스알파, 2016.06.22.).

서울대 웹진 아로리 4호에는 일반고 출신의 일반전형 구술면접 우수자들이 들려주는 면접이야기가 있다. 이 이야기의 참석자들은 A 학생(고고미술사학과), B 학생(인류학과), C 학생(경영학과), D 학생(경제학부), E 학생(자유전공학부), F 학생(통계학과), G 학생(물리천문학부), H 학생(화학부), I 학생(생명과학부), J 학생(지구환경과학부), K 학생(식품영양학과), L 학생(산림과학부), M 학생(자유전공학부), N 학생(간호학과)으로 모두 14명이다. 이들의 이야기 중에는 서울대 구술면접이 정답이 아닌 사고 과정을 본다는 것을 밝히고 있다.

E 학생: 그냥 어떤 상황을 던져놓고 너는 어떻게 생각하고 있냐라는 물음
　　　에 대한 의견을 제시하는 과정에서 학생이 어떠한 사고의 과정을
　　　거치는가 … 사회과학, 수학 둘 다 공통적으로 느낀 것은 저는 사
　　　고의 흐름을 보고 싶어 하는 문제구나라는 …

E 학생: 수능보다는 확실히 면접에서 하는 수학이 확실히 생각의 폭이 넓
　　　은 것 같아요. 이렇게도 접근해 보고 … 저렇게도 접근할 수 있고

F 학생: 정답을 맞추는 게 중요한 것이 아니라, 이런 사고를 할 수 있는
　　　가, 어떻게 생각을 하는가 … 생각의 방향을 보는 것 같다는 느낌
　　　은 확실히 받았던 것 같습니다 …

G 학생: 면접관들이 정답을 물어보기보다는 어떤 식으로 해결했는지를
　　　물어 보셨고, 저도 어떤 식으로 풀었는지 제 풀이를 설명했고 …
　　　문제가 손도 못 댈 문제, 그런 것이 아니고 생각하면 나올 수 있
　　　는 문제들이기 때문에

H 학생: 그런 일을 보면(면접은) 단순 지식(을 얼마나 알고 있느냐)보다 그것
　　　을 얼마나 깊게 생각해 보고 이렇게도 해석할 수 있구나 또 저렇
　　　게도 해석할 수 있구나 하는 생각을 많이 해본 사람이 잘 풀었을
　　　… (화학)면접의 경우에는 … 이런 상황에서 어떻게 적용할 수 있
　　　나라는 생각이 필요하니까 …

J 학생: (면접장에 들어가서는) 일단 1번부터 차례대로 제가 다 설명을 해드
　　　리고 그 다음에 교수님이 추가적인 질문을 하셨어요. 각 문항 간
　　　소문제들이 연결이 되어 있고… (제 생각에는) 생각을 이끌기 위한
　　　질문인 듯 했어요(서울대 입학본부, 2016c).

　학생이 어떠한 사고의 과정을 거치는가, 사고의 흐름을 보고 싶어 하는 문
제, 생각의 폭이 넓은 것(E 학생), 생각의 방향을 보는 것(F 학생), 어떤 식으로 해
결했는지(G 학생), 얼마나 깊게 생각해 보고 이렇게도 해석할 수 있구나 또 저렇

게도 해석할 수 있구나 하는 생각(H 학생), 생각을 이끌기 위한 질문(J 학생) 등은, 서울대 구술면접이 정답을 요구하는 것이 아니라 학생의 사고 과정이 어떻게 전개되고 있는가를 본다는 것을 밝히는 말이다.

2 제시문 활용 면접과 학습 방법

인재에 대한 정의 또는 조건은 시대에 따라 변한다고 생각합니다. 21세기는 남과 다른 자기만의 전문성을 확실히 확보한 상태에서 다른 분야의 전문가들과 언제라도 공동 작업이 가능한 멀티 플레이어를 원한다고 생각합니다(허병민, 2009: 47).

서울대 구술면접의 진행방식은 사교육걱정의 주장과 달리 단순한 교육과정 내 출제 여부에 따라 교육과정 위배를 판단할 수 없게 만드는 중요한 대목이다. 서울대 구술면접은 사전에 제시문을 읽고 준비하는 입실 전 준비 과정을 거쳐 모집단위별 교수사정관 앞에서 팁을 받아 적절한 설명과 함께 생각과 과정을 진전하는 방식으로 진행된다. 한 책상을 사이에 두고 면접관과 지원자가 마주보는 형태다. 지원자가 문제풀이를 하는 과정에서 면접관은 끊임없이 질문을 던지고 팁을 제시하며 문제풀이의 과정을 지켜본다(베리타스알파, 2016.06.22.). 이는 사고의 깊이를 통해 학업능력을 파악하기 위함이다.

> ✔ 고등학교 교육과정에서 자주 접할 수 있는 이해력, 논리력, 창의력 등은 인지적 사고력의 유형들이다. 이들 유형과 그 하위의 유형에 대해서는 김종률(2014)을 참고할 수 있다.

서울대가 제시문을 활용하여 학생들에게 던지는 질문은 고등학교 교육과정 내에서 이루어지는 것을 볼 수 있는데, 이는 질문 내용과 사고력 및 교과서 출처를 보면 알 수 있다.

인문학의 경우는 내용 찾기, 요지 파악, 상호관련성, 인물의 가치관, 말이나 글의 함의 등과 관련된 질문에 대해 설명하기와 유추하기를 통한 이해력, 논리력, 창의력 등✔을 평가하며, 그 출처는 독서와 문법 교과서에 있다. 교과서 본문과 학습활동에서 주로 다루는 내용과 질문이다. 이러한 질문은 '의사소통 능력', '문제해결 능력', '사고 능력', '탐구 능력'(교육과학기술부, 2012b: 117) 신장이라는 과목 목표에 부합한다.

사회과학의 경우는 삶의 질적 중요성, 연령 관련 구성, 불평등, 변화가능성 등과 관련된 질문에 대해 설명하기, 문제해결 방안 제시하기 등을 통한 이해력, 논리력 등을 평가하며, 그 출처는 사회, 사회·문화, 경제, 윤리와 사상 교과서에 있다. 교과서 본문과 학습활동에서 주로 다루는 내용과 질문인데, 사회과와 도덕과 교과에 기술된 동일한 주제에 대한 통합적 사고가 요구된다. 질문은 사회과와 도덕과 교육과정 각 과목의 세부적인 목표와 부합한다.

사회 과목의 목표는 '복합적인 사회 현상 이해', '탐구 능력', '문제해결 능력'(교육과학기술부, 2012d: 55) 신장이며, 사회·문화 과목의 목표는 '자료 수집, 분석, 종합, 평가', '지식 구성 능력', '문화적 쟁점에 대한 가치 탐구 능력', '문제해결 능력', '의사결정 능력'(교육과학기술부, 2012d: 150) 신장이다. 그리고 경제 과목의 목표는 '지식 활용', '경제 운영 원리 이해', '경제 현상에 내재된 인과관계 설명', '정보 수집, 분석, 평가', '문제해결을 위한 합리적인 의사결정'(교육과학기술부, 2012d: 135)에 있다. 윤리와 사상 과목의 목표는 '윤리적 문제 성찰', '도덕적 해결 능력'(교육과학기술부, 2012c: 47)에 있다.

수학의 경우는 경우의 수 합의 법칙과 곱의 법칙 및 조합, 도형의 닮음, 삼각형의 내접원, 등비수열, 무한등비급수, 자연수의 성질, 다항식과 연산, 수열, 행렬의 곱셈, 부등식, 두 점 사이의 거리, 점과 직선 사이의 거리, 중복순열, 계차수열, 합성함수의 미분, 역함수의 미분, 곡선 길이, 부분적분, 치환적분 등과 관련된 질문에 대해 구하기, 보이기, 표현하기, 설명하기, 나타내기 등을 통한 계산력, 이해력 등을 평가하며, 그 출처는 중학교 수학 1·2·3, 고등학교 수학, 수학 Ⅰ·Ⅱ, 적분과 통계 교과서에 있다. 교과서 본문과 학습활동에서 주로 다루는 내용과 질문이다. 이러한 질문은 '계산 능력', '관계 이해 능력', '수학적 사고', '의사소통 능력', '합리적·창의적 해결 능력'(교육과학기술부, 2016d)이라는 수학과 교육과정의 목표와 부합한다.

물리의 경우는 로런츠 힘, 전하량, 전기장, 전기력선, 훅의 법칙, 알짜힘, 대전체 등과 관련된 질문에 대해 구하기, 설명하기, 계산하기를 통한 계산력, 이해력, 논리력, 상상력 등을 평가하며, 출처는 물리 I · II 교과서에 있다. 교과서 본문과 학습활동에서 주로 다루는 내용과 질문이다. 이러한 질문은 '개념 이해', '자연 현상 탐구', '문제해결 적용과 활용', '탐구 능력', '창의적 문제해결', '상호 관계 인식'(교육과학기술부, 2016a: 79)이라는 과목 목표에 부합한다.

화학의 경우는 증기 압력 내림, 라울의 법칙, 화학 평형, 상평형, 깁스자유에너지, 보일 법칙, 샤를 법칙, 아보가드로 법칙, 이상 기체 방정식, 평균 원자량, 질량 분석기, 동위원소, 분자량, 결정 구조 등과 관련된 질문에 대해 설명하기, 유도하기, 계산하기, 구하기, 예측하기 등을 통한 이해력, 논리력, 계산력을 평가하며, 그 출처는 화학 I · II 교과서에 있다. 교과서 본문과 학습활동에서 주로 다루는 내용과 질문이다. 이러한 질문은 '이해 능력', '탐구 능력', '문제해결 적용과 활용', '과학적 해결 능력', '상호 관계 인식'(교육과학기술부, 2016a: 95)이라는 과목 목표에 부합한다.

생명과학의 경우는 우열의 법칙, 연관, 연관군, 형질, 멘델법칙의 확장, 연관과 교차, 생명공학기술, 형질발현, 세포의 구조와 기능, 세포막을 통한 물질 이동, 유전자 돌연변이, 유전적 부동 등과 관련된 질문에 대해 설명하기 등을 통해 이해력, 논리력을 평가하며, 그 출처는 생명과학 I · II 교과서에 있다. 교과서 본문과 학습활동에서 주로 다루는 내용과 질문이다. 이러한 질문은 '이해 능력', '문제해결 적용과 활용', '탐구능력', '과학적 해결 능력', '상호관계 인식'(교육과학기술부, 2016a: 112)이라는 과목 목표에 부합한다.

지구과학의 경우는 지진, 지진파, 진앙, P파, S파, PS시, 탄성반발설, 판구조론, 잔류자기, 자기극, 복각, 지각열류량, 판 경계, 해령, 화산열도, 해구, 지질, 암상, 열류량, 붕괴열, 보웬의 반응계열, 판구조론, 발산경계, 해령, 수렴경계, 섭입대, 마그마, 마그마분화작용 등과 관련된 질문에 대해 설명하기 등을 통해 이해력, 논리력을 평가하며, 그 출처는 지구과학 I · II 교과서에 있다. 교과서 본문과 학습활동에서 주로 다루는 내용과 질문이다. 이러한 질문은 '이해 능력', '문제해결 적용과 활용', '탐구능력', '과학적 해결 능력', '상호관계 인식'(교육과학기술부, 2016a: 131)이라는 과목 목표에 부합한다.

하지만, 현장교육은 이러한 목표에 다가서지 못하고 단편적인 지식을 암기하는 수준에 그칠 뿐, 탐구력이나 창의적 문제해결력, 통합적 사고력을 지향하지 못하고 있다. 따라서 제시문을 활용한 구술면접은 고등학교 교육과정의 목표를 실행할 수 있는 대안이 될 수 있을 것이다. 5지 선다형 문제풀이나 단답식 서술형 문제풀이, OX 퀴즈식의 문제풀이로는 개념의 통합적 이해력, 분석과 논증에 의한 논리력, 판단과 평가에 의한 비판력, 문제해결에 의한 창의력 등을 신장하는 데에 분명 한계가 있다. 서울대 일반전형에 합격한 14명의 면접이야기는 기존의 교육 방식에 대한 비판적 성찰의 측면이 강하다. 이들이 들려준 이야기에는 우리가 깊이 새겨야 하는 학습 방법이 녹아 있다.

〈인문학, 사회과학〉

A 학생: 다양한 독서입니다. 정말로 폭넓게 독서를 했거든요. 분야를 문학, 역사, 철학, 과학 이런 식으로 나눈 다음에 각 분야별로 책을 몇 권씩 골라서 읽고 독후감을 작성하고 …… 제 생각을 명확하게 정리하고 그것을 말이나 글로 표현하는 연습을 했던 것이 면접에서 문제를 보고 답을 유추하고 그것을 말로 표현하는데 도움이 되었던 것 같아요.

B 학생: 책을 많이 읽고, 독서토론 동아리에 들어갔었고, 학교 특색사업으로 NIE를 했었는데 … 저는 고등학교 3학년 때까지 동아리와 NIE를 놓지 않았어요. …… 제가 면접을 잘 볼 수 있었던 가장 큰 이유는 스스로 말하고 생각을 정리하고 글로 써보는 활동을 많이 찾아서 했기 때문이라고 생각을 해요.

C 학생: 고등학교 2학년 때부터 저희 학교에서 철학적인 내용을 토론하

는 것을 수업시간에 많이 준비를 했는데요. 그 시간에 철학뿐만

아니라 생명과학, 사회 이슈, 생각의 창의적 의견 … 정의론 등을

다루면서 기본적인 지식을 좀 쌓았던 것 같고

C 학생: 저희 학교에서는 인문사회 심화과정이라는 프로그램이 있어서

좀 더 심화된 인문적, 사회적인 이슈들, 그리고 책의 내용, 철학

분야 등에 대한 발표하는 수업을 했었습니다. …… 저는 과목별

로 가끔 선생님들께서 발표를 하고 싶은 사람이 있으면 수행평

가과제에 대해서 자신이 PPT로 만들어 제출하라고 하셔서… 그

때마다 PPT를 만들어서 애들 앞에서, 잘 경청하지 않는 친구들

앞에서도 당당하게 발표를 했어요. 이런 게 발표하는 능력에 큰

도움이 되었던 것 같아요.

D 학생: 도움이 되었던 활동은 … 친구들이 모르는 문제를 물으러 왔을

때 제가 무척 성의 있게 대답을 많이 해주곤 했었는데, 그게 친

구들이 반응이 좋아져서 많은 친구들이 모르는 문제를 가지고

제게 찾아 왔어요. 그것을 설명해 주고, 또 모르는 것은 찾아서

설명해 주고 … 하는 과정에서 …… 남에게 알기 쉽게 정리하고

설명해 주는 능력을 더 키울 수 있었던 것 같습니다(서울대 입학본

부, 2016c).

이들이 들려주는 이야기에는 '다양한 독서', '생각을 정리하고 말이나 글로
표현하는 연습'(A 학생), '책을 많이 읽고', '스스로 말하고 생각을 정리하고 글로
써보는 활동'(B 학생), '철학적인 내용 토론', '발표'(C 학생), '알기 쉽게 정리하고
설명'(D 학생)이 나온다. 정리하면 국어와 사회 교과의 학습 방법은 읽고 생각하
며 쓰고 말하는 것이다. 이는 학습에서 '독서 - 사고 - 표현(글쓰기, 설명하기, 발표
하기, 토론하기)'의 과정이 중요함을 알려준다.

〈수학〉

D 학생: 수학공부를 할 때 약간 비틀어서 생각하는 것을 좋아했는데, 어떤 문제를 배우고 문제를 이렇게 푸는 거다 … 라고 배우면, 꼭 그렇게 풀 수밖에 없는지 생각해 보고 다른 방법은 없겠는지 많이 생각해 보는 편이라서 … 처음에는 남들보다 조금 늦게 배우는 것처럼 보였는데, 그게 나중에 좀 어렵고 심화된 문제를 풀 때에 도움이 되었던 것 같습니다.

E 학생: 수능보다는 확실히 면접에서 하는 수학이 확실히 생각의 폭이 넓은 것 같아요. …… 뭔가 패턴이 정해져 있지 않다는 말은 … 이게 아니면 이거 … 라는 식이 아니라 '어떻게 접근해야 되지?'라는 생각을 먼저 해야 하고 저는 그게 사고력이라고 생각을 하거든요. 그게 진짜 수학에 더 가깝다고 생각해요.

E 학생: 제가 공부했던 방법은 그냥 던져놓고 계속 생각을 했거든요. 왜냐하면 친구들이 생각하는 것에 익숙하지가 않아요. 남들이 알려주고, 답지 보고, 맞춰 보고. 그냥 이렇게 푸는 거구나 하고 머릿속에 패턴화 시키는데 익숙하지 내가 처음부터 어떻게 문제를 풀어내는가 하는 과정 자체는 친구들이 많이 생각해보는 문제도 아니고 익숙하지도 않거든요.

F 학생: 수학 시간에 선생님들께서 문제를 친구들 앞에서 풀게 하는 활동을 했었어요. 거기서 그 면접 및 구술고사라면 어떻게 했을까 … 라는 생각을 해보면서 준비했던 것 같아요.

F 학생: 중학교 때부터 수학에 관심이 많아서 깊이 보고 생각하고 했던 것이 많은 도움이 되었던 것 같은데 … 어려운 문제를 해결하려고 노력했던 과정에서 내가 더 많은 것을 생각해 봤던 경험들이 중요했던 것 같아요. 하나에 대해서 오랜 시간을 들여서 생각해 보고 깨달음을 얻는 것 자체가 중요한 것 같아요(서울대 입학본부, 2016c).

이들의 이야기에는 '꼭 그렇게 풀 수밖에 없는지 생각해 보고 다른 방법은 없겠는지 많이 생각해 보는 편'(D 학생), '어떻게 접근해야 되지 라는 생각', '어떻게 문제를 풀어내는가 하는 과정', '사고력이라고 생각'(E 학생), '어려운 문제를 해결하려고 노력했던 과정에서 내가 더 많은 것을 생각해 봤던 경험', '하나에 대해서 오랜 시간을 들여서 생각해 보고 깨달음을 얻는 것'(F 학생)이 담겨 있다. 이들의 말을 종합하면, 수학 교과의 학습 방법은 '다양하고 깊이 있는 사고 과정에 의한 문제해결'에 있다.

〈물리, 화학, 생명과학, 지구과학〉

H 학생: 수능은 …… 처음 보는 상황을 접했을 때 자기가 배운 지식을 가지고 수능에서는 한 상황에서 한 원리만 적용해서 어떻게 빨리 풀어내느냐가 관건인데, (화학)면접의 경우에는 … 이런 상황에서 어떻게 적용할 수 있나라는 생각이 필요하니까 … 공부하면서 좀 다양한 상황들을 생각할 수 있었으면 좋겠어요. 저는 좀 괜찮은 방법이라고 느낀 게, 가르쳐 주면서 하면 자기보다 이해가 부족한 사람한테 어떻게 하면 이해를 쉽게 시킬 수 있을까 생각을 할 때, 그 때 굉장히 다양한 예시를 생각해 보게 되더라고요.

I 학생: 아무래도 과학(생명과학) 과목 특성상 보고 암기만 하는 경향들이 있잖아요. 공부할 때. 그런데 면접에서는 암기만해서는 아무 소용이 없는 것 같아요. 그러니까 공부를 할 때 어떤 원리가 나오면 아! 이게 왜 이렇게 나왔는지 그런 과정 같은 것을 평소에 생각해 보는 … 그런 과정이 제일 중요한 것 같아요. 생명과학의 경우는 왜 이런 현상이 나타났는지에 대해서 그 과정에 대해 의문을 갖고 그 과정에 대해서 책을 읽고, 친구들과 의견을 서로 교환해 보고, 또 선생님께서 조언을 해 주시고 … 하는 것이 도움이 되었던 경험 같아요.

N 학생: 내신과 수능만 준비했을 때는 공부를 그냥 단편적으로 했거든요. 교과서가 있으면 이것저것 외워야 … 그런 식으로 공부했는데, 구술고사를 공부하면서 굉장히 크게 느낀 점이 최대한 호기심을 가지려고 노력해서 다른 과목 내용도 끌어오고 … 하다 보면 뭔가 사고 영역이 넓어지고, 무엇보다 재미있어서 (공부)하게 되는 게 정말 좋았던 것 같아요. 그냥 억지로 암기 하려고 하면 잘 안 되는데, 왜 그런지 이유를 자꾸 찾으려다 보니까 억지로 안 외워도 원리가 이해되고 …

J 학생: 솔직히 학교에서는 진도 나가다 보면 시간을 빼서 실험을 하기 어려운데, 자율동아리에서 실험도 하고, 그러다 보니 더 이해도 잘 되고 했습니다(서울대 입학본부, 2016c).

이들의 이야기에는 다양한 상황 생각, 다양한 예시 생각(H 학생), 원리 생성의 과정 생각, 현상의 원인과 과정에 대한 의문(I 학생), 원리 이해, 사고 영역의 확장(N 학생), 실험을 통한 이해(J 학생)를 말하고 있다. 이들의 말을 종합하면, 물리, 화학, 생명과학, 지구과학의 학습 방법은 교과 지식을 단순히 암기하기보다는 '기본적인 개념 이해와 폭넓은 사고'에 있다.

지금까지의 논의를 토대로 할 때, 교과학습은 문제풀이 중심의 암기와 획일적 학습에서 벗어나 다양한 독서와 기본적인 개념 이해, 폭넓고 깊이 있는 생각(사고), 글쓰기, 설명하기, 발표하기, 토론하기와 같은 표현 학습이 이루어져야 한다. 따라서 수업 방식의 변화가 요구된다.

셋

학 생 부
종합전형과
학생 중심의
수   업

제1장

질문과
대답

인간은 왜 이렇게 굳이 사소한 변화에도 영향을 받게 만들어졌을까? 만일 그렇지 않다면 더 이상할 것이다. 인간은 1과 0 혹은 그렇다 아니다 둘 중 하나만 고르거나 판단하는 존재가 아니기 때문이다(김경일, 2013).

교실 수업에서 중요한 것 중의 하나가 질문과 대답이다. 질문과 대답의 주체에 따라 학생들의 학습 방식은 변화될 수 있다. 교사가 질문하고 대답할 수도 있고, 교사가 질문하고 학생이 대답할 수도 있으며, 학생이 질문하고 교사가 대답할 수도 있고, 학생이 질문하고 학생이 대답할 수도 있다. 어떤 형태의 질문과 대답이든 수업은 이루어진다. 하지만, 질문과 대답의 주체가 교사인지 아니면 학생인지에 따라, 또 어떤 유형의 질문과 대답인지에 따라 학생의 학습 방법이나 태도, 사고력은 달라질 수 있다.

〈질문과 대답의 주체에 따른 5가지 방식〉

A. 교사/교사: 교사가 질문하고 교사가 대답하는 방식

B. 교사/학생: 교사가 질문하고 학생이 대답하는 방식

C. 학생/교사: 학생이 질문하고 교사가 대답하는 방식

D. 학생/학생: 학생이 질문하고 다른 학생이 대답하는 방식

E. 학생/학생: 학생이 질문하고 교사가 대답을 유도하여 학생이 대답하는 방식✔

✔ 질문과 대답의 주체에 따른 5가지 방식 중 A, B, C, D는 조벽(2011: 109)에서 참조한 것이다. E는 필자가 교실 수업에서 사용하는 방식을 추가한 것이다.

이러한 수업 방식은 나름대로 의미가 있지만, 교사가 질문하고 교사가 대답하는 방식(A)은 교사 중심의 수업이다. 학생이 수업에 참여하지 못하는 일방적인 강의식 수업이라고 할 수 있다. 이 수업 방식이 지속되면 학생들은 소극적이고 수동적인 학습 형태로 나아갈 수 있다. 특히 학습활동에서 자기주도적인 활동을 하지 않는 모습을 보이기도 하며, 참고서에 의지하려는 경향도 보인다. 특히, 학습 내용에 대해 단편적인 지식만을 추구하며 암기 위주의 학습에서 벗어나지 못하는 경우도 볼 수 있다. 따라서 이 수업 방식은 암기 위주의 학습을 했던 학력고사 시대에 적절한 '낮은 수준의 수업'이라고 할 수 있을 것이다.

교사가 질문하고 학생이 대답하는 방식(B)은 교사 중심의 수업에 학생을 참여시키는 것이라고 할 수 있다. A 수업 방식에서 조금 발전한 수업이라고 해야 할 것이다. 이 수업 방식은 학생들의 소극적이고 수동적인 학습 형태에서 벗어나 적극적이고 능동적인 학습 형태로 옮아갈 수 있는 바탕을 마련해 준다. 하지만, 자기주도적인 학습활동이 이루어지기는 어렵다. 이 수업 방식은 주로 학습 내용을 확인하는 정도에 그치는 경우가 많다. 학생이 학습 내용을 기억하고 있는지, 아니면 어느 정도 이해하고 있는지를 교사가 확인하는 경우가 그러하다. 만약 이러한 형태의 수업이 지속된다면 학생들은 기억과 이해의 수준에서 머무는 학습 형태를 보여줄 가능성이 높다. 특히, 학습 내용에 대한 호기심이나 의문을 갖지 않는 학습 태도를 보일 가능성도 높아 학습 내용과 관련된 독서활동은 거의 이루어지지 않는다. 교과 지식의 확장이나 활용도 기대하기는 어렵다. 따라서 이 수업 방식은 학력고사 시대를 넘어서는 '조금 발전한 수준의 수업'이라고 할 수 있을 것이다.

학생이 질문하고 교사가 대답하는 방식(C)은 교사 중심의 수업에서 벗어나 학생 중심의 수업이 될 수 있다. 학생이 수업 내용과 관련하여 이해의 정도가 낮을 때나 기존에 알고 있는 지식과 차이가 있을 때, 또 의문이 생겼을 때 등 다양한 질문을 하게 된다. 자기주도적 학습의 가능성이 높다. 하지만, 문제는 이 질문에 교사가 대답을 한다는 것이다. 이는 수업 내용과 관련된 학생의 사고 과정을 알 수 없다는 것을 의미한다. 즉, 학생의 이해력은 높일 수 있으나, 논리적·비판적·창의적 사고 과정은 알 수 없다는 것이다. 따라서 이 수업 방식은 B 수업 방식보다 발전된 형태로 '약간 바람직한 수준의 수업'이라고 해야 할 것이다.

학생이 질문하고 다른 학생이 대답하는 방식(D)은 학생 중심의 수업이다. 질문과 대답이 모두 학생 중심으로 이루어지기 때문에 적극적이고 능동적인 수업 형태가 이루어질 수 있다. 뿐만 아니라 자기주도적인 학습활동이 가능하며 학습 내용과 관련된 지식의 누적이나 확장도 기대할 수 있다. 하지만 질문한 학생의 사고 과정을 알기는 어렵다. 대신에 대답하는 다른 학생들의 이해적·논리적·비판적·창의적 사고 과정은 알 수 있을 것이다. 따라서 이 수업 방식은 '높은 수준의 수업'이라고 할 수 있을 것이다.

학생이 질문하고 교사가 대답을 유도하여 학생이 대답하는 방식(E)도 학생 중심의 수업이다. D 방식과 마찬가지로 질문과 대답이 모두 학생 중심으로 이루어져 적극적이고 능동적인 수업 형태가 이루어질 뿐만 아니라 자기주도적인 학습활동이 가능하다. 또한 학습 내용과 관련된 지식의 누적이나 확장도 기대할 수 있다. 특히, D 방식과는 달리 질문한 학생의 사고

> ✔ D와 E 수업 방식은 학생 중심 교육의 기본이 될 수 있다. 학생들의 참여도를 높여서 학생이 자신의 교육을 스스로 책임지도록 이끄는 것이다. 학생 중심 교육이란 학생들이 원하는 대로 해주는 것이 아니다. 학생이 자신의 교육을 주도할 수 있는 능력을 키워주는 것이다. 이것이 평생 교육의 기본이다(조벽, 2011: 15).

과정을 알 수 있다는 점이 가장 큰 특징이다. 교사가 대답을 유도함으로써 학생의 이해적·논리적·비판적·창의적 사고 과정을 알 수 있을 뿐만 아니라 그 사고력도 신장할 수 있다는 장점을 지니고 있다. 따라서 이 수업 방식은 학생부종합전형에 적절한 '높은 수준의 수업'이라고 할 수 있을 것이다.✔

그런데 교사나 학생의 질문이 어떤 유형인가에 따라 수업의 질적 수준에 변화를 줄 수 있다. 정답이 하나밖에 없는 유형, 정답이 여러 개 있는 경우, 정답이라고 볼 수 있는 대답이 여러 개인 경우, 정답이 따로 정해져 있지 않은 경우가 그것이다.

닫힌 질문: 정답이 하나밖에 존재하지 않는 질문

· 삼국 통일이 몇 년도에 이루어졌습니까?

· 엔트로피가 증가하지 않는 경우는?

수렴적 질문: 정답이 여럿 존재하는 질문

· 삼국 통일에 공을 세운 신라 장군은 누구누구입니까?

· 엔트로피 법칙을 수식으로 쓰면?

발산적 질문: 정답이라고 볼 수 있는 대답이 여럿 존재하는 질문

· 당나라와 신라는 어떤 관계였나요?

· 엔트로피 법칙이 시간 개념에 주는 의미는?

열린 질문: 정답이 아예 없는 질문

· 만약 백제가 삼국을 통일하였다면?

· 엔트로피 법칙을 사회, 특히 정치 현상에 비유한다면?(조벽, 2011: 108)

　　학생들에게 닫힌 질문을 많이 할수록 학생들은 위축되거나 소극적인 태도를 취할 가능성이 높아진다. 정답이 하나밖에 없는 질문을 할 경우에 정답을 아예 모르는 학생들은 고개를 숙여버리고 교사의 시선을 피하는 경우가 많다. 이는 부담이 크기 때문일 것이다. 그러나 열린 질문을 많이 할수록 학생들의 수업 참여도는 적극적이고 능동적으로 변화된다. 정답이 존재하지 않기 때문에 자신의 생각이나 의견을 말하는 경우가 많아진다. 물론 대답의 수준은 학생들마다 달라질 수는 있다. 하지만, 그 대답이 정답을 요구하는 것이 아니라는 사실을 학생들은 알기 때문에 대답하는데 부담이 많이 줄어든다. 수업의 참여도는 높아질 것이다. 특히, 열린 질문은 학생의 사고 과정을 알 수 있다는 점이 특징이다. 따라서 이 질문은 학생의 논리력이나 비판력, 창의력을 평가하기에 적절하다.

학생의 지적 수준에 따라 질문의 유형을 적절하게 활용할 필요가 있다. 다만, 고등학생에게 암기 위주의 질문은 곤란하다. 왜냐하면 이 질문은 학생들의 지적 호기심이나 자기주도성(적극성과 능동성), 기억을 뛰어넘는 수준의 사고력, 교과 지식의 활용 등과 같은 학업태도를 기대하기는 어렵기 때문이다. 따라서 지적 수준을 고려한 과정별 질문을 〈그림 1〉로 나타내면 다음과 같다.✔

〈그림 1〉 지적 수준을 고려한 과정별 질문

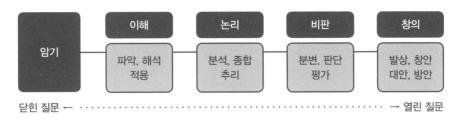

닫힌 질문 ← ·· → 열린 질문

학생의 지적 수준이 이해에 도달하였다면 분석이나 종합 또는 유추할 수 있는 논리가 요구되는 질문을 할 수 있을 것이다. 하지만 학습 내용이 이해가 되지 않은 지적 수준을 보인다면 내용 파악과 해석을 할 수 있도록 유도하는 질문을 던져 학생이 충분히 이해할 수 있도록 해야 할 것이다. 이와 같이 질문은 학생의 지적 수준을 고려한 질문이 학생의 수업 참여도를 높이면서 지적 호기심을 유발할 수 있을 것이다.

✔ 이 그림은 김종률(2014: 61)의 '국어과 인지적 사고 영역의 체계'를 연구 목적에 맞게 재구성하였다. 만약 지적 수준에 의한 과정별 질문이 수업시간에 잘 활용된다면, 학생들의 사고는 신장될 것이다. 이러한 신장은 완결된 글쓰기를 하는데 기반이 될 수 있다. 즉, 탐구보고서나 연구보고서를 작성할 때 복합적 사고가 작용되는 설명적 글쓰기, 논증적 글쓰기, 비평적 글쓰기, 문제해결적 글쓰기 등을 수행하는데 효과적일 수 있다.

제2장

발표

한 친구가 혹시 수학과 도서관에 가면 해결의 실마리를 찾을 수 있지 않겠느냐는 조언을 해주었다. 지푸라기라도 잡는 심정으로 시간만 나면 수학과 도서관으로 달려가서 문 닫는 시간까지 해답을 찾으려고 매달렸다. 한 달가량 수학과 도서관에 있는 모든 책을 거의 다 훑었을 때 드디어 해답을 찾을 수 있었다. 하늘을 날아갈 듯이 기뻤다. 논문 발표 날짜를 몇 주일 앞둔 시점이었다(임창우, 2009: 16).

발표는 시각자료를 활용하면서 학생들에게 말하기 때문에 호소력이 강하다. 최근에는 수업 시간이나 보고서 발표대회, 독서토론발표대회를 통해 학생들이 직접 제작한 PPT로 발표하는 경향이 강하게 나타난다. 학습 내용과 관련된 주제를 선정하거나 동아리활동에서 여러 명의 학생들이 하나의 주제를 놓고 토론을 한 뒤 발표를 하기도 한다. 또 체험학습을 한 후 보고서를 작성하여 발표하기도 한다.

발표의 주제는 다양할 수 있다. 수업과 관련하여 한국인들의 식생활을 배웠다면 '청소년의 식습관과 학업 생활', '국민 간식 떡볶이의 유래', 개인 간의 갈등을 학습했다면 '개인 간 갈등 관리 방안', 읽기의 방법과 글쓰기의 방법을 배웠다면 '논리적 읽기 가능한가', 체험활동으로 순천만 습지를 다녀왔다면 '연안 습지의 다양한 기능-순천만을 중심으로-', 북한산 둘레길을 다녀왔다면, '북한산 둘레길을 다녀와서', 자율활동으로 학교 급식 개선을 위한 회의가 있었다면 '학교 급식의 문제해결 방안', 학급의 면학 분위기에 대한 회의가 있었다면 '학급 면학 분위기 조성', 화장실 청소를 하였다면 '수세식 화장실의 유래', '수세식 변기의 기원', 동아리활동과 관련해서는 '학교 동아리 활성화를 위한 제언', '여성의 사회 활동과 가사 활동', '국가별 행복 지수와 GDP의 관계 분석' 등 학교활동에서 이루어지는 교과활동이든 비교과활동이든 모든 것이 주제로 선정될 수 있다.✔

주제는 반드시 거창해야만 하는 것은 아니다. 사소한 것일지라도 관심이 있거나 의문이 들거나 호기심이 생기면 주제가 될 수 있다. 학교생활을 하면서 주변에 있는 사물을 유심히 바라보면 하찮은 것이라고 하더라도 궁금증이 생겨난다. 그때 자료를 수집하고 선정하여 소논문이나 보고서 형식으로 작성하면 된다.✔✔

✔ 주제 중 일부는 이삼형, 권순각, 김중신, 김창원, 양정호, 이성영, 정재찬, 조형주, 최지현(2011), 송시한, 정낙식, 박진호(2011), 김동환, 황재웅, 주영민, 안은희, 박혜진(2014)를 참조하였다.

✔✔ 과학기술 분야에서 글쓰기 능력이 중요시됨에 따라 최근 국내외 대학은 글쓰기 교육을 점차 강화하고 있는 추세다(강명구, 김상현, 김재영, 김재호, 김준성, 김희준, 오윤선, 이경우, 이상원, 정병기, 정윤석, 2011: 24). 서울대나 포스텍, 카이스트, MIT 등이 그러하다. 이러한 점에 비추어 볼 때, 대학에서 원하는 학생은 학생 개인의 노력 과정이 잘 나타날 수 있는 결과물일 것이다. 따라서 생각에만 머물지 않고 소논문이나 보고서를 작성하고 발표나 토론 활동을 자기주도적으로 한 학생이 입학사정관에게 돋보일 것이다. 이는 인문·사회 분야도 같은 맥락에서 바라보아야 할 것이다.

'행복 모둠의 커피 보고서'(박영민, 박형우, 정미경, 박종임, 구자경, 이수나, 2014: 91-93)를 발표한다고 가정하자.

이 보고서와 관련된 내용 중 핵심만 가려내 PPT를 제작하고 다음과 같은 순서로 발표할 수 있을 것이다.

〈주제와 차례 열기〉

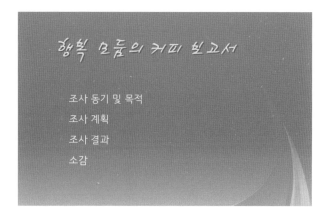

주제: 행복 모둠의 커피 보고서

차례: 조사 동기 및 목적, 조사 계획, 조사 결과, 소감

〈조사 동기 및 목적 열기〉

1. 조사 동기 및 목적

최근 성인뿐만 아니라 학생들도 물이나 음료수 대신에 커피를 마시는 경우가 부쩍 늘고 있다. 그런데 정작 커피에 대해서는 모르는 것이 많다. 그래서 우리 모둠에서는 학생들의 커피 섭취 실태를 조사하고, 커피의 성분과 커피가 청소년에게 미치는 영향. 카페인 적정 섭취량 등을 조사해 보았다. 이를 통해 커피 섭취 양상을 점검해 보고자 한다.

〈조사계획 열기〉

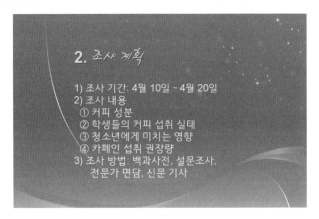

2. 조사 계획

1) 조사 기간: 4월 10일 ~ 4월 20일.

2) 조사 내용: 커피 성분, 학생들의 커피 섭취 실태, 청소년에게 미치는 영향, 카페인 섭취 권장량.

3) 조사 방법: 백과사전, 설문 조사, 전문가 면담, 신문 기사.

〈조사 결과 열기 ①〉

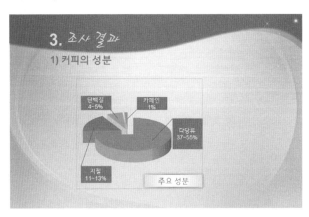

3. 조사 결과

1) 커피의 성분

커피 생두는 다양한 성분으로 구성 되어 있는데, 그중에서도 다당류, 지질, 단백질, 카페인 등이 주요 성분이다. 이들 성분의 함량은 생두의 종류나 생산 지역, 재배 환경에 따라 조금씩 다르기는 하지만, 일반적으로 다당류 37~55%, 지질 11~13%, 단백질 4~5%, 카페인 1% 가량이 포함되어 있다. 다당류는 열을 가하면 커피색을 띠는 동시에 향기와 감칠맛을 낸다. 지질과 단백질 등도 커피의 독특한 향미를 내는 작용을 한다. 카페인은 함유량은 매우 적지만 커피의 특성을 결정하는 성분으로, 중추 신경에 자극을 주어 일시적으로 졸음을 없애 주기도 하고, 긴장감을 유발하여 집중력을 높여 주기도 한다.

〈조사 결과 열기 ②〉

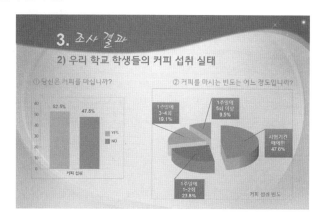

2) 우리 학교 학생들의 커피 섭취 실태

① 당신은 커피를 마시고 있습니까?

우리 학교 학생 80명 중에서 커피를 마신다고 응답한 학생은 42명으로 전체 응답자의 52.5%를 차지하였고, 커피를 마시지 않는다고 응답한 학생은 38명으로 전체 응답자의 47.5%를 차지하였다. 커피를 마신다고 응답한 학생의 비율이 조금 더 높긴 하지만, 대략 2명 중 1명의 비율로 커피를 마시고 있다.

② 커피를 마시는 빈도는 어느 정도입니까?

커피를 마신다고 응답한 42명 중에서 한 달에 1~2회 또는 시험 기간에만 마신다고 응답한 학생은 20명(47.6%)으로 나타났다. 1주일에 1~2회를 마신다고 응답한 학생은 10명(23.8%), 1주일에 3~4회를 마신다고 응답한 학생은 8명(19.1%)이었다. 또한, 1주일에 5회 이상을 마신다고 응답한 학생도 4명(9.5%)이나 되었다. 10명 중 1명은 거의 매일 커피를 마신다는 것이다.

〈조사 결과 열기 ③〉

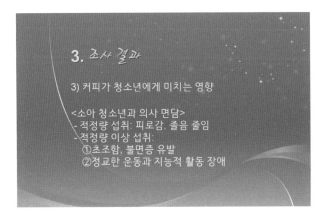

3) 커피가 청소년에게 미치는 영향

〈소아 청소년과 의사 면담〉

"커피에 들어 있는 카페인은 중추 신경계를 흥분시켜 정신 기능, 감각 기능 및 운동 기능을 일정 시간 동안 활발하게 만들어 주는 각성 효과를 일으킵니다. 그래서 피로감과 졸음을 줄이는 데에 효과적인 작용을 하죠. 하지만 청소년들은 성인보다 카페인이 몸속에 더 오랜 시간 머물기 때문에 청소년들이 카페인을 적정량 이상으로 섭취할 경우에는 초조함과 불면증이 유발되고 정교한 운동이나 지능적 활동에 오히려 장애가 올 수 있습니다."

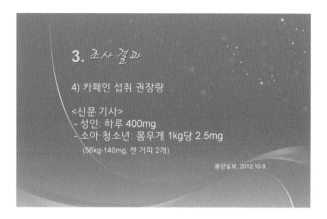

4) 카페인 섭취 권장량

〈신문 기사〉

　카페인의 과잉 섭취를 막기 위해 식품 의약 안전청이 카페인 섭취 권장량을 마련했다. 이른바 건강에 피해를 주지 않는 하루 섭취 상한선이다. 이 권장량에 따르면 성인은 하루 400mg 이하, 소아·청소년은 몸무게 1kg당 2.5mg이다. 몸무게가 50kg이면 카페인 125mg, 70kg이면 175mg인 식이다. 만 18세 여학생의 평균 몸무게가 56kg임을 감안하면 하루 카페인 섭취 권장량은 140mg이며, 이는 캔 커피 2개에 해당한다.

〈소감 열기〉

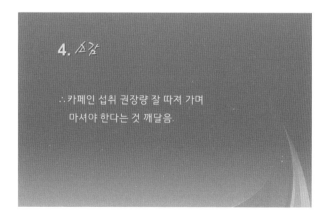

4. 소감

이번 조사로 커피에 대해서 다양한 것들을 알게 되었다. 커피의 주요 성분을 알게 되었고, 우리 학교 학생들의 커피 섭취 실태도 알 수 있었다. 또한, 커피의 성분 중 하나인 카페인을 과다하게 섭취할 경우에는 건강에 해가 될 수 있다는 것과 카페인 섭취 권장량도 알 수 있었다. 이를 통해 커피를 섭취할 때에는 잘 따져 가면서 마셔야 한다는 것을 깨달았다.

이러한 발표는 지적 호기심에 의한 자기주도적 활동이 된다. 설사 호기심이 아니라고 하더라고 수업 내용과 관련된 하나의 주제가 주어지고 발표를 해야 한다면, 적극적이고 능동적으로 활동할 필요가 있다. 이는 학생 개인의 노력 과정이 잘 드러나기 때문이다.

발표는 그 유형에 따라 크게 두 가지로 나누어 볼 수 있다. 하나는 정보전달을 위한 설명형이고, 다른 하나는 생각이나 의견을 밝히기 위한 설득형이다.

설명형 발표의 경우, 주제의 성격에 따라 시간적·공간적 구성, 비교·대조 구성, 원인·결과 구성 등을 적절히 사용한다. 이때 정보를 평면적으로 나열하는 데 그치는 것이 아니라, 설명의 흐름이 잘 드러나도록 구성해야 한다. 대상의 성격에 따라 설명이 가장 잘 되도록 내용을 구성해야 한다. 설득형 발표의 경우, 보편적으로 문제·해결 구성을 사용한다. 사안의 문제점을 분석하고, 문제의 원인을 규명한 후 이에 대한 대안으로 해결책을 제시하는 내용 구성 방식이다. 설득형의 경우 내용 구성이 문제 제기에서만 그치는 경우가 있는데, 문제에 대한 해결책까지 구체적으로 제시하는 것이 좋다(이창덕, 임칠성, 심영택, 원진숙, 박재현, 2011: 392).

학생들의 발표에 참석해 보면 대체로 자연계열의 학생들은 설명형 발표를 하는 경우가 많으며, 인문·사회 계열의 학생들은 설득형 발표를 하는 경우가 많다. 그런데 어떤 유형의 발표를 하던 간에 그 발표에 의미부여를 할 수 있어야 한다. 만약 가설을 세우고 실험을 했다면, 그 실험의 결과도 중요하겠지만 그것보다는 실험을 하게 된 동기를 밝히고 또 그 실험이 학생 개인에게 미친 영향이 무엇인지를 피력하는 것이 더 중요할 것이다.

제3장

이야기식
독서토론

캐넌 교수가 학생들에게 바라는 것은 학생들이 이미 습득한 배경 지식에 갇히지 않고, 다른 분야의 사람들과 전문적인 언어를 사용해 대화하는 방법을 배우는 것이다. 그래서 그는 학생들에게 주제를 정해주고 일방적으로 토론을 지시하는 대신, 특정 아이디어 혹은 쟁점들을 가지고 구체적으로 토론하도록 지도한다. 이렇게 동기 유발된 학생들은 마지못해서가 아니라 자발적으로 자료를 읽고 토론에 적극 참여한다(EBS 최고의 교수 제작팀, 2008: 100).

고전연구회 사암, 손인순(2008)에 의하면, 토론만 중요시해서도 안 되고 독서만 중요시해서도 안 된다. 토론과 독서는 수레의 바퀴나 새의 날개와 같다고 한다. 수레의 바퀴는 양쪽이 동일해야만 굴러가고, 새의 날개는 양쪽 모두 있어야 하늘을 날 수 있다. 만약 토론 없는 독서가 된다면 타인의 생각을 듣지 못해 편협한 지식으로 머물 가능성이 있고, 독서 없는 토론이 된다면 자신의 생각을 깊고 폭넓게 발전시키지 못할 가능성이 있다. 따라서 독서와 토론은 분리되는 것이 아니라 연계되어야 한다.

그런데 문제는 독서를 한 후 토론을 어떻게 할 것인가에 있다. 특히 고등학생을 대상으로 수업 시간에 토론을 한다면, 기존의 토론 방식이나 유형은 얼마나 효과적일까? 널리 알려진 교육 토론의 유형으로는 표준 토론(고전적 토론, 전통적 토론), 교차 심문 토론(반대 신문식 토론, 상호 질의형 토론), 링컨·더글러스 토론, 의회식 토론, 칼 포퍼 토론, 모의 법정 토론 등이 있다(이삼형 외 8인, 2011: 139).

하지만 현장교육에서 이를 실행하기에는 많은 어려움이 따른다. 교실환경의 열악함이나 과밀 학급, 잡무 등을 제쳐 두고라도 수능 중심의 교육에서 이 유형들이 유의미한 것인지 의문이다. 특히, 교육 토론으로 수용된 유형들이 교사 구성원보다는 사회 구성원에 의해 형성되고 발전된 것들이라는 점에서 더욱 의구심이 든다. 학생부종합전형을 염두에 두고 기존의 토론 유형을 가지고 수업을 실현한다고 하더라도 얼마나 지속적으로 할 수 있을까? 학생들 수준과 흥미, 태도 등을 고려한다면 성인 기준의 토론 유형들은 학교 수업에서 고려되어야 할 것이다.

뿐만 아니라 교과의 특수성에 따라 이런 유형의 토론이 거의 불가능한 경우도 있을 수 있다. 수학의 경우가 그러하다. 연역적 풀이 과정에 의해 수학적 문제를 해결하는 과정이 중요한 수학 과목은 기존의 토론 유형으로 수업을 진행하기는 어려울 것이다. 따라서 교과의 특수성을 고려하되 학생들의 흥미와 관심을 불러일으킬 수 있는 토론이 필요하다.

최근 학교현장에서 대상 도서를 읽고 서로의 생각을 이야기식으로 나누는 언어활동이 이루어지고 있다. 이야기식 독서토론이 그것이다. 이는 책을 읽고 특정 주제에 대해서 입장을 선택하고, 읽은 책에서 얻은 정보를 활용하여 자신의 생각을 펼쳐 나가는 것을 말한다. 서로의 입장을 비판하고 자신의 의견만이 옳다고 주장하는 '논쟁'보다도 읽은 책에 대해서 독자 서로 간에 생각과 느낌을 주고받는 '대화하기' 방식을 강조한다. 이렇게 보면 독서토론의 의미를 독자가 토론을 통해서 읽은 내용의 의미를 나름대로 해석하고 새롭게 만들어내는 것이라는 데까지 확장시킬 수 있다(박정애, 2011: 20).

이야기식 독서토론은 쉬는 시간 교실에서 친구들과 가볍게 담소를 나누듯 편안한 분위기에서 이야기를 하도록 유도하는 토론 방법으로, 사회자와 토론자 간 1 : 1, 1 : 다多, 1 : 모둠 등 다양한 방식이 가능하다. 그래서 수업 시간뿐만 아니라 독서토론 시간이나 동아리활동 시간에도 활성화될 수 있다. 기존의 토론 유형과 달리 어떤 일정한 형식이나 절차에 지나치게 얽매일 필요가 없기 때문이다.

이야기식 독서토론의 진행 과정은 크게 3단계로 이루어진다. 이를 〈그림 2〉로 나타내면 다음과 같다(임영규, 김양희, 김동준, 이인옥, 예경순, 노인석, 2005b: 114).✔

〈그림 2〉 이야기식 독서토론 과정

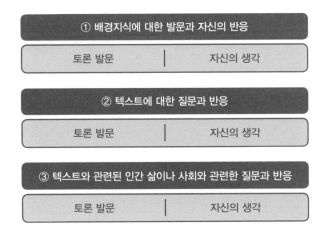

1단계는 '배경지식에 대한 발문과 자신의 반응'으로, 텍스트에 대한 이해를 위해 배경지식에 대한 발문과 자신의 반응을 정리하는 단계이다. 이 단계는 토론을 위한 래포rapport를 형성하는 단계라 할 수 있다(임영규 외 5인, 2005a: 81). 그래서 텍스트의 세부적인 내용과 관련된 발문을 하기보다는 조금 포괄적인 내용의 발문을 다루는 것이 좋다. 예를 들면, 텍스트의 제목과 관련된 발문을 던져 작품에 대한 전체적인 이해를 도모하는 것이다. 토론자들이 어느 정도 이야기가 마무리 되면 자신의 생각을 정리한다. 이는 2단계나 3단계에서도 동일하다.

✔ 임영규(2004)에서는 이야기식 독서토론의 모형 양식이 4단계로 되어 있다. 1단계는 인용문과 반응 적기, 2단계는 배경지식에 대한 발문과 자신의 반응 적기, 3단계는 작품에 대한 질문과 반응 적기, 4단계는 작품과 관련한 인간 삶이나 사회와 관련한 질문과 반응 적기이다. 교사는 수업 목적이나 필요에 따라 3단계나 4단계를 취할 수 있으며, 마지막 단계에 소감 발표를 덧붙여 5단계로까지 변용이 가능할 것이다.

2단계는 '텍스트에 대한 질문과 반응'으로, 텍스트의 내용 중에서 토론할 주제를 추출하여 서로의 의견을 나누는 단계이다(임영규 외 5인, 2005a: 81). 텍스트에 대한 발문은 1단계보다는 좀 더 세부적인 내용으로 들어가 토론의 주제를 선정하고 서로의 생각이나 의견을 편안하게 나누면 된다.

3단계는 '텍스트와 관련된 인간 삶이나 사회와 관련한 질문과 반응'이다. 이 단계에서는 텍스트의 내용과 관련해 인간 삶이나 사회로 확장된 범위의 주제를 선정하고 자신의 생각이나 의견을 나누게 된다. 2단계에 비해 참여자들의 생각이나 의견이 폭넓고 다양하게 전개될 수 있다. 그래서 사고의 누적이나 확장이 가능하다.

이제 이야기식 독서토론 과정에 따른 발문 사례를 보자. 대상 텍스트는 이효석의 「산」이며, 대상은 고등학생이다.

1. 배경지식에 대한 발문
· 일제 치하 고통을 왜 산으로 비유했을까?
· 왜 제목을 산으로 정했을까?
· 산에 대한 느낌은?
· 왜 주인을 오해하게 되었을까?

2. 텍스트의 내용과 관련된 발문
· 노루를 발견했을 때 기뻐하면서도 불쌍하게 생각한 이중적인 모습에 대해 어떻게 생각하는가?
· 소금 맛이 그립다고 한 것은 산이 싫어진 것일까?
· 중실이 김영감 집에서 쫓겨 나와 산으로 들어간 것을 두고 '중실의 성격에 문제가 있다'는 의견이 있다. 이에 대한 여러분의 생각은?

3. 텍스트와 인간 삶이나 사회와 관련된 발문
· 사람을 고립시키는 사회적 문제에는 어떤 것들이 있는가?

· 우리가 이중적이게 되는 경우는 어떤 경우일까?

· 사회에서 약자들에게 행사하는 권력자의 횡포에는 어떤 것이 있을까?

· 이 소설을 통해 작가가 하고 싶은 말은?

· 만약 내가 '중실'이었으면 나는 어떤 행동을 하였을까? 즉 누명을 벗은 후에도, '중실'처럼 김영감에게로 돌아가지 않을 것인가, 아니면 누명이 벗겨졌으니 김영감에게로 돌아갈 것인가?(임영규 외 5인, 2005b: 115)

다음은 수업 시간에 모둠을 활용하여 이야기식 독서토론을 진행할 수 있는 순서를 〈표 1〉로 나타낸 것이다(신홍규, 2016: 162).

〈표 1〉 이야기식 독서토론의 진행 순서

진행 순서	발언자	시간	진행 정보
진행 방법 안내	사회자	2′	밝은 분위기에서 토론이 진행될 수 있도록 함(사회자).
1단계 발문 (배경지식)	모둠3~ 모둠 양옆	10′	텍스트 관련 교과 내용이나 신문기사 내용 등 배경지식과 관련된 발문을 자유롭게 생각하고 토론할 수 있도록 유도(사회자).
2단계 발문 (텍스트 내용)	모둠5~ 모둠1	20′	텍스트의 내용과 관련된 발문을 취하여 토론이 제대로 이루어질 수 있도록 유도(사회자).
3단계 발문 (텍스트 주제의 확장 내용)	모둠1~ 모둠5	15′	토론자들이 적극적으로 토론을 할 수 있도록 유도(사회자). 특히, 삶이나 사회의 제반 문제와 관련해 자신의 생각이나 의견을 명확하게 이야기함(토론자).
마무리(소감 발표)	모둠5~ 모둠1	3′	수정이나 보완할 점 등을 간단하게 이야기함.

이러한 진행 순서에서 토론자의 발언 순서는 자유롭게 이루어지며 그 순서가 별도로 정해져 있는 것은 아니다. 다만, 모둠을 활용한 것이기 때문에 모든 토론자가 이야기하기는 어려울 수도 있다. 이런 경우에는 모둠의 장이 대표로

이야기하거나 아니면 모둠에서 자유롭게 1~2명의 토론자가 이야기할 수도 있을 것이다. 다만, 토론자가 없을 경우 토론을 원활하게 진행하기 위해서는 사회자가 토론자를 지정하거나 한 모둠을 지정하여 이야기할 수 있도록 유도하는 것이 좋다.

사회자 시나리오 사례

사회자: [토론 도서 발표] 안녕하십니까? 오늘 토론의 진행을 맡은 ○○○입니다. 이번 토론의 주제는 '불균형'입니다. 토론 도서인 우오즈미 나오코의 『불균형』을 모두 읽었으리라 생각하며, 불균형에 대한 해결 방안을 모색하는 이야기식 토론을 하도록 하겠습니다. 제 오른쪽부터 시계 방향으로 돌아가면서 모둠별 대표 토론자께서 대상 도서를 읽고 느낀 점을 간단하게 말씀해 주세요.

토론자 1: 안녕하세요? (목례한다. 모둠 토론 때는 박수를 치지 않는다.) 저는 이번 토론을 위해 『불균형』이라는 책을 읽고 ~ 이러한 점을 느꼈습니다.

사회자: 네 잘 들었습니다. 의미 있는 느낌을 받으셨군요. 그럼 다음 토론자 말씀해 주세요.

(같은 방식으로 사회자에게 발언권을 받아 차례로 발언한다.)

사회자: [1단계 발문 진행] 모두 책을 읽고 토론 준비하느라 수고하셨습니다. 지금부터 본격적으로 토론 주제인 '불균형'에 대해 생각 나누기를 하겠습니다. 제가 질문을 드리면 생각을 말씀하실 분은 손을 들어주시기 바랍니다. 발언 기회는 모둠별로 한 번씩 기회를 드리니 다른 사람들을 배려하는 마음을 가져 주시기 바랍니다. 다른 사람의 발언에 대해 웃거나 야유하는 행동은 삼가야 하겠으며, 자신의 생각과 다르거나 궁금한 점은 나중에 발언권을 받아 질문하시면 됩니다. 그럼 시작하겠습니다. 첫 번째, 배경지식에 관한 발문입니다. 여러분은 주위에서 어려운 일을 당한 사람들을 본 경험이 있나요? 이것에 대해 말씀해 주실 토론자 계십니까? 먼저 거수

하시는 토론자께 발언권을 넘기도록 하겠습니다. 만약 아무도 거수하지 않으시면 원활한 진행을 위해 잠시 후 사회자가 지명하도록 하겠습니다.

모둠원 2: (손을 든다.)

사회자: 말씀하세요.

모둠원 2: 저는 ~해야 한다고 생각합니다.

사회자: 잘 들었습니다. ~을 해야 한다는 말씀이군요. 해당 모둠원들 모두 비슷한 내용을 준비했으리라 생각합니다. 다르게 생각하시는 모둠원 계십니까? (둘러본다.) 없으면 다른 질문으로 넘어가도록 하겠습니다. 불균형과 관련한 ○○○ 사례의 경우 ~로만 보기에는 애매합니다. 이에 대해 여러분은 어떤 생각을 가지고 계신지 의견을 듣도록 하겠습니다. 어느 토론자께서 발언을 하시겠습니까? (중략)

사회자: [2단계 발문 진행] 다음은 텍스트 내용에 대한 발문입니다. 주어진 발문에 대한 자신의 생각을 이야기하시기 바랍니다. 책에서 주인공 '나'는 계속해서 악몽을 꾸고 있습니다. 왜 그런 꿈을 꾸고 있을까요. (중략)

사회자: [3단계 발문 진행] 마지막으로, 텍스트 주제에서 비롯된 인간 삶이나 사회 문제에 관련한 발문입니다. 주어진 발문에 대한 생각이나 의견을 말씀해 주세요. 학교나 사회 등 불균형 관계가 유지되는 곳이 많습니다. 다음의 사례를 듣고 해결 방안에 대해 이야기해 주십시오. (중략)

사회자: [소감 발표 진행] 지금까지 토론에 참여해 주신 여러분 모두에게 감사드립니다. 토론하면서 느낀 소감을 이야기해 주시기 바랍니다. 이번에는 진행자의 왼편부터 말씀하도록 하겠습니다. (손바닥을 하늘로 향하게 펴서 상대를 지목한다.)

모둠원 1: 오늘 생각나누기를 하면서 자료 준비를 철저히 해야겠다고 느꼈습니다. 그리고 발언할 때 질문거리를 생각하는 것 자체가 큰 도움이 되었습니다.

(사회자에게 발언권을 받아 차례로 발언한다.)

사회자: [토론 종료] 네, 감사합니다. 이것으로 독서토론을 마치겠습니다.

토론자 전체: (서로에게 목례를 한다.) (신홍규, 2016: 164-166)

인용자가 연구 목적에 맞게 부분적으로 수정함.

황아람(2013)에 의하면, 이야기식 독서토론은 학생들의 독서 태도에 긍정적인 영향이 미친다고 한다. 즉, 관심 있는 책을 구입하기 시작하고, 어떤 문제를 해결하기 위해 책을 찾아보는 경우가 생기기 시작한다. 또한 숙제가 아닌 자신 스스로 읽는 책이 생기기 시작하고 책을 꾸준히 읽으면서 독서하는 속도도 빨라지게 된다. 그리고 집에서 TV를 보거나 컴퓨터게임을 자주하기보다 책을 읽게 되고 학생들이 책의 내용에 집중하여 읽게 된다.✔

이러한 긍정적인 영향은 소극적이고 수동적인 학습태도를 보이는 학생들에게 특히 유의미할 수 있다. 이야기식 독서토론은 자기주도적 학습능력이나 문제해결적 사고력을 신장하는 데 효과적일 수 있기 때문이다. 만약 교사가 교과별, 단원별 내용을 분석하고 주제와 관련된 도서를 선택하여 학생들과 함께 이 토론을 한다면, 학습활동과 독서활동 및 토론활동은 유기적으로 연계될 수 있을 것이다.

> ✔ 황아름(2013)의 이와 같은 연구 결과는 이야기식 독서토론이 기존의 토론에 비해 의미 있음을 알려준다.

놓치기
아까운
핵심정보

학생부 영역별 입력 가능 최대 글자수✔

(교육정보시스템, 2016년 기준)

영역	세부항목	최대 글자수 (한글 기준)	비고
1. 인적사항	학생 성명	20자	영문 60자
	학부모 성명	15자	영문 55자
	주소	300자	
	특기사항	500자	
2. 학적사항	특기사항	500자	
3. 출결상황	특기사항	500자	
4. 수상경력	수상명	100자	
	참가대상(참가인원)	25자	
5. 자격증 및 인증 취득상황	명칭 또는 종류	100자	
6. 진로희망사항*	희망사유	200자	
7. 창의적 체험활동*	자율활동 특기사항	1,000자	
	동아리활동 특기사항	500자	
	봉사활동 특기사항	500자	
	진로활동 특기사항	1,000자	
	봉사활동실적 활동내용	250자	
8. 교과학습발달상황*	일반과목 세부능력 및 특기사항	과목별 500자	전문교과II 능력단위별 500자
	개인별 세부능력 및 특기사항	500자	
	예체능과목 세부능력 및 특기사항	과목별 500자	
	개인별 특기사항	500자	

영역	세부항목	최대 글자수 (한글 기준)	비고
9. 독서활동상황*	공통	1,000자	
	과목별	500자	
10. 행동특성 및 종합의견*	행동특성 및 종합의견	1,000자	
11. 학년이력	전공·과정 비고	250자	

* : 최대 글자수 기준은 학년 단위임.

※ 교육정보시스템에서 입력 글자의 단위는 Byte이며, 한
  글 1자는 3Byte, 영문·숫자 1자는 1Byte, 엔터Enter는
  2Byte임.

> ✔ 교육부(2016a),
> 2016 학교생활기록
> 부 기재요령.

창의적 체험활동 영역별 세부활동 내용✔

영역		세부활동 내용
자율 활동	적응활동	입학, 진급, 전학, 기본생활습관 형성, 축하, 친목, 사제동행, 학습·건강·성격·교우 등의 상담활동 등
	자치활동	학급회, 학생회 협의활동, 모의 의회, 토론회, 자치법정 등
	행사활동	시업식, 입학식, 졸업식, 종업식, 전시회, 발표회, 학예회, 경연대회, 학생건강체력평가, 체육대회, 수련활동, 현장학습, 수학여행, 문화답사, 국토순례 등
	창의적특색활동	학생·학급·학년·학교·지역특색활동, 학교전통수립·계승활동 등
동아리 활동	학술활동	외국어회화, 과학탐구, 사회조사, 컴퓨터, 인터넷, 신문활용, 발명, 다문화탐구 등
	문화예술활동	문예, 창작, 회화, 조각, 서예, 전통예술, 현대예술, 성악, 기악, 뮤지컬, 오페라, 연극, 영화, 방송 등
	스포츠활동	구기, 육상, 수영, 체조, 배드민턴, 인라인스케이트, 하이킹, 야영, 민속놀이, 씨름, 태권도, 택견, 무술 등
	실습노작활동	요리, 수예, 꽃꽂이, 조경, 사육, 재배, 설계, 목공, 로봇제작 등
	청소년단체활동	스카우트연맹, 걸스카우트연맹, 청소년연맹, 청소년적십자, 우주소년단, 해양소년단 등
	학교스포츠 클럽활동	정규교육과정 이외의 학교스포츠클럽 활동 (방과후 학교스포츠클럽 등)
	또래조력활동	또래 상담, 또래 중재(조정, 중조)
봉사 활동	교내봉사활동	학습부진 친구, 장애인, 병약자, 다문화가정 학생 돕기 등
	지역사회봉사활동	복지시설, 공공시설, 병원, 농·어촌 등에서의 일손 돕기, 불우이웃돕기, 고아원, 양로원, 군부대에서의 위문 활동, 재해 구호, 국제협력과 난민 구호 등
	자연환경봉사활동	깨끗한 환경 만들기, 자연 보호, 식목 활동, 저탄소 생활 습관화, 공공시설물, 문화재 보호 등
	캠페인활동	공공질서, 교통안전, 학교 주변 정화, 환경 보전, 헌혈, 각종 편견극복 등

영역		새부활동 내용
진로 활동	자기이해활동	자기 이해 및 심성 계발, 자기 정체성 탐구, 가치관 확립 활동, 각종 진로 검사 등
	진로정보탐색활동	학업 정보 탐색, 입시 정보 탐색, 학교 정보 탐색, 학교 방문, 직업정보 탐색, 자격 및 면허제도 탐색, 직장 방문, 직업 훈련, 취업 등
	진로계획활동	학업 및 직업에 대한 진로 설계, 진로 지도 및 상담 활동 등
	진로체험활동	학업 및 직업 세계의 이해, 직업 체험 활동 등

✔ 교육부(2016a),
2016 학교생활기록
부 기재요령.

참고문헌

1. 인터넷 신문

국민일보.

내일신문

데일리안

동아일보

베리타스알파

오마이뉴스.

조선에듀

중앙일보

한겨레

한국일보.

KOREA JOONGANG DAILY

2. 논문 및 저서

2045 인터넷@인간·사회 연구회(2016), 2045 미래사회@인터넷, 한국인터넷진흥원.

강명구, 김상현, 김재영, 김재호, 김준성, 김희준, 오윤선, 이경우, 이상원, 정병기, 정윤석(2011), 과
　　　학기술 글쓰기, 서울대학교출판문화원.

고전연구회 사암, 손인순(2008), 정조 이산 어록, 포럼.

교육과학기술부(2012a), 과학과 교육과정.

교육과학기술부(2012b), 국어과 교육과정.

교육과학기술부(2012c), 도덕과 교육과정.

교육과학기술부(2012d), 사회과 교육과정.

교육과학기술부(2012e), 수학과 교육과정.

교육부(2015), 2015 학교생활기록부 기재요령(중·고등학교).

교육부(2016a), 2016 학교생활기록부 기재요령(중·고등학교).

교육부(2016b), 학교생활기록부 기재 개선 방안(보도자료).

김경범(2016), 학교생활기록부 정보의 재구조화(RR 2015-1), 서울대학교 입학본부.

김경일(2015), 질문의 방식에 따른 대답의 차이, 네이버캐스트, 2013.04.01.

김동환, 황재웅, 주영민, 안은희, 박혜진(2014), 고등학교 화법과 작문, 미래엔.

김종률(2014), 인지적 사고와 국어교육론, 역락.

김춘수(1996), 꽃을 위한 서시, 미래사.

김태우(2008), 미코노미, 한빛미디어.

매일경제 세계지식포럼 사무국(2010), 세계지식포럼 리포트 슈퍼 모멘텀 2010, 매일경제신문사.

문용린(2006), 부모들이 반드시 기억해야 할 쓴소리, 갤리온.

박영민, 박형우, 정미경, 박종임, 구자경, 이수나(2014), 고등학교 화법과 작문, 비상교육.

박정애(2010), 독서토론 활성화가 학교도서관 이용효과에 미치는 영향 연구-독서토론 동아리 활동을 중심으로, 강남대학교 석사학위논문.

박종서, 김철종, 김경식, 안세봉, 손규상(2012), 대학을 사로잡는 자기소개서, 추천서, 이담.

백미숙(2014), 스피치, 커뮤니케이션북스.

백종환, 송인태(2012), 긍정의 에너지 인성으로 소통하라, 미디어숲.

서울대학교 입학본부(2016a), 2016년 서울대학교 학생부종합전형 우수성과 공유 컨퍼런스.

서울대학교 입학본부(2016b), 2017학년도 서울대학교 학생부종합전형 안내.

서울대학교 입학본부(2016c), 웹진 아로리 4호, snuarori.snu.ac.kr

서정명(2008), 워렌 버핏처럼 부자되고 반기문처럼 성공하라, 무한.

성균관대학교 입학처(2016), 2017학년도 성균관대학교 학생부종합전형 안내.

송시한, 정낙식, 박진호(2011), 고등학교 화법과 작문 Ⅱ, 교학사.

신창호(2004), 공부 그 삶의 여정, 서현사.

신홍규(2016), 이야기식 토론, 독서평설 301, 지학사.

오정화(2011), 책에게 말을 걸다, 북포스.

유성은(2008), 대한민국 2030 모닝파워, 중앙경제평론사.

윤수정(2010), 크리에이티브 테라피, 상상마당.

이규민, 반재천, 도승이, 김현진(2011), 혼자 하는 공부가 통한다, 웅진윙스.

이동연(2007), 리더십, 불변의 법칙, 인물과사상사.

이삼형, 권순각, 김중신, 김창원, 양정호, 이성영, 정재찬, 조형주, 최지현(2011), 고등학교 화법과
작문 II, 지학사.

이창덕, 임칠성, 심영택, 원진숙, 박재현(2011), 화법 교육론, 역락.

임영규(2004), 독서토론 수업의 구체적 적용 방법, 교육전남 104, 전라남도 교육과학연구원.

임영규, 김양희, 김동준, 이인옥, 예경순, 노인석(2005a), 독서는 힘이 세다(독서교육법), 다산북스.

임영규, 김양희, 김동준, 이인옥, 예경순, 노인석(2005b), 독서는 힘이 세다(현장 사례집), 다산
북스.

임창우(2009), 충고, 신원문화사.

임채영(2010), 엄격한 율곡씨, 북북서.

정순원(2008), 세너지, 마젤란.

정윤경, 김윤정(2011), 내 아이를 망치는 위험한 칭찬, 담소.

조관일(2009), 상창력, 흐름출판.

조벽(2011), 조벽 교수의 명강의 노하우&노와이, 해냄.

채널 스토리온·영재의 비법 제작팀(2010), 영재의 비법, 넥세스BOOKS.

하영목(2009), 입학사정관제의 비밀 50, 아이비하우스.

한국철학사상연구회(2007), 철학을 만나면 즐겁다, 북섬.

한근태(2007), 청춘예찬, 눈과마음.

허병민(2009), 20대 네가 진짜 원하는 게 뭐야, 흐름출판.

한국교육평가학회(2004), 교육평가용어사전, 학지사.

한국문학평론가협회(2006), 문학비평용어사전(하), 국학자료원.

EBS 최고의 교수 제작팀(2008), 최고의 교수, 예담.

Balthasar Gracian, 임정재 역(2012), 너무나 인간적이지만 현실감각 없는 당신에게, 타커스.

James Kouzes & Barry Posner, 김경섭 역(2007), 최고의 리더, 비즈니스북스.

Matthew Kelly, 이창식 역(2015), 위대한 나, 세종서적.

Marco von Münchhausen, 장혜경 역(2003), 균형잡고 살아라, 웅진닷컴.

Nicholas Carr, 최지향 역(2011), 생각하지 않는 사람들, 청림출판.

Stephen Covey & David Hatch, 김경섭 역(2007), 스티븐 코비의 오늘 내 인생 최고의 날, 김영사.

柳師軍, 김경숙 역(2010), 청소년 독서학습법, 북포스.

3. 기타

수학여행 보고서, http://cafe.naver.com/ehrorh/887.

큐넷, http://www.q-net.or.kr/

합격생 사례로 분석한

서울대로 통하는
학생부종합전형

1판 1쇄 펴낸날 2017년 2월 20일

지은이 김종률

펴낸이 서채윤 펴낸곳 채륜
책만듦이 오세진 책꾸밈이 이현진

등록 2007년 6월 25일(제2009-11호)
주소 서울시 광진구 자양로 214, 2층(구의동)
대표전화 02-465-4650 팩스 02-6080-0707
E-mail book@chaeryun.com Homepage www.chaeryun.com

이 도서의 국립중앙도서관 출판예정도서목록(CIP)은 서지정보유통지원시스템 홈페이지 (http://seoji.nl.go.kr)와 국가
자료공동목록시스템(http://www.nl.go.kr/kolisnet)에서 이용하실 수 있습니다. (CIP제어번호 : CIP2017001574)

채륜서(인문), 앤길(사회), 띠움(예술)은 채륜(학술)에 뿌리를 두고 자란 가지입니다.
물과 햇빛이 되어주시면 편하게 쉴 수 있는 그늘을 만들어 드리겠습니다.